编委会

主　任　郭　炜（华中科技大学）

委　员　（以姓氏拼音排序）

　　　　陈　敏（中南财经政法大学）

　　　　贺　欣（中南财经政法大学）

　　　　贺远琼（华中科技大学）

　　　　宋京津（江西财经大学）

　　　　吴文莉（华中科技大学）

　　　　詹　雷（中南财经政法大学）

　　　　朱金凤（西安外国语大学）

全球考试通关
中文辅导用书

高级财务管理
Advanced Financial Management (AFM)

郭 炜 主编

华中科技大学出版社
http://press.hust.edu.cn
中国·武汉

内 容 简 介

"AFM 高级财务管理"是 ACCA 专业阶段的课程,是基础阶段"FM 财务管理"的后续课程,更加注重解决一些复杂的战略财务管理问题。AFM 主要考查:①在跨国企业的环境下,高级管理者在满足不同利益相关者需求时扮演的角色和负有的责任;②在本国和国际环境下,投资决策和融资决策对战略结果的影响;③在复杂的公司结构下财务管理部门的角色,其中包括企业存在的风险和管理相应风险的战略;④财务问题的相关影响。AFM 的视角是作为一名高级财务管理者如何运用相关知识、技巧和专业判断来为企业财务管理提出建议。AFM 所涉及的问题通常对企业具有重大战略意义或者属于风险很高的领域,需要面对复杂的财务状况和内外部环境,根据职业判断挑选可以使用的模型方法,然后针对各种方法的适用性和可靠性做出全面的讨论评价,通过综合考虑内外部环境、利益相关者的需求后做出最佳决策。

本书是 AFM 课程的辅助学习资料,适用于所有参加 AFM 考试的考生和有志于成为企业高级管理者的实务人士,不仅能够提高应用能力和综合能力,也有助于提高决策能力。

图书在版编目(CIP)数据

高级财务管理/郭炜主编.—武汉:华中科技大学出版社,2023.12
ISBN 978-7-5680-4944-3

Ⅰ.①高… Ⅱ.①郭… Ⅲ.①财务管理 Ⅳ.①F275

中国国家版本馆 CIP 数据核字(2023)第 249071 号

高级财务管理
Gaoji Caiwu Guanli

郭　炜　主编

策划编辑:周晓方　宋　焱　肖丽华
责任编辑:封力煊
封面设计:原色设计
责任校对:王亚钦
责任监印:周治超
出版发行:华中科技大学出版社(中国·武汉)　　电话:(027)81321913
　　　　　武汉市东湖新技术开发区华工科技园　　邮编:430223
录　　排:华中科技大学惠友文印中心
印　　刷:武汉科源印刷设计有限公司
开　　本:787mm×1092mm　1/16
印　　张:15
字　　数:356 千字
版　　次:2023 年 12 月第 1 版第 1 次印刷
定　　价:59.80 元

本书若有印装质量问题,请向出版社营销中心调换
全国免费服务热线:400-6679-118　　竭诚为您服务
版权所有　侵权必究

总序一

ACCA(特许公认会计师公会)是全球最具规模的国际专业会计师组织,为全世界有志投身于财务、会计及管理领域的专才提供首选的资格认证。作为最早进入中国的国际专业会计师组织,ACCA 目前在中国拥有超过 24000 名会员及 61000 名学员,并有越来越多的学生和在职人士选择 ACCA 作为其开拓职业生涯的强力后盾!

ACCA 自 1904 年成立以来,一直秉承着独特的核心价值,即机遇、多元性、创新、诚信和责任。我们深信,会计师能够在经济发展的各个阶段创造价值。ACCA 致力于培养会计师的专业能力,支持采纳统一的最高的国际标准。我们的价值观与各行各业的雇主保持一致,并且确信,ACCA 培养的是能够为企业增值的会计师。ACCA 让来自不同背景的有志之士都有机会进入财会行业,并且不断创新、修订并推广我们的专业资格,满足学员和雇主的多样化需求。

ACCA 早在 20 多年前就与中国的高等院校合作,开创性地推动合作教学的革新,树立会计学本科教育国际化的标杆。目前,全国有超过 100 所院校与 ACCA 深入合作,融入 ACCA 资格体系来培养具有国际视野的财会全才。ACCA 在中国的成功离不开广大院校勇于创新的精神以及老师们兢兢业业的付出。这次,非常高兴得知华中科技大学出版社发起并组织多名具有丰富 ACCA 教学经验的优秀专业教师针对中国 ACCA 学员的特点编制了这套"ACCA 全球考试通关中文辅导用书",希望这套教辅丛书能切实帮助中国学员解决学习和备考的实际困难,令广大学员学得更扎实,考得更顺利,成为更加出色的财会专业人才!

梁淑屏
二〇二三年六月

总序二

ACCA(特许公认会计师公会)作为全球最具规模和影响力的国际专业会计师组织,近年来成为越来越多的有志于投身财务、会计以及管理领域的学生和职场人士的首选资格认证。ACCA的科目大纲设计科学,涵盖了专业会计师所须具备的方方面面。同时,课程设置从知识模块到技能模块,逐渐过渡到专业模块,为广大学员提供了一条切实可行的进阶通道。

ACCA考试的广度、严谨度及灵活度是有目共睹的,尤其是专业阶段的科目,学术层级相当于会计专业硕士水平,考题实操性极强。很多题目都要求学员站在CFO(首席财务官)或财务总监角度从战略层面分析解决实际案例问题,这对国内ACCA学员来说无疑是很大的挑战。国内ACCA学员在学习过程中普遍存在对考试体系、考核重点、考试技巧把握不充分的问题,对案例问题往往缺乏深入解析和表述专业意见的能力。这些问题的产生当然与学员相对有限的英语理解能力和学习时间有关。

为了更好地帮助中国的广大ACCA学员深入扎实地通过ACCA学习掌握相关知识技能并提升考试成功率,华中科技大学出版社特组织编写了"ACCA全球考试通关中文辅导用书"。该套教辅丛书以ACCA认可出版机构的教材为基础,按照其章节顺序编写,从知识要点的导读、重点和难点的讲解、经典试题的分析等方面展开每一章节的辅导训练。丛书的重点在于系统构建知识体系,总结提炼考点思路,深度解析经典例题,精准点拨应试技巧和解题思路,帮助考生切实消化知识点和考点,从而顺利通过考试,并提升专业技能。

该套教辅丛书是学员学习和复习阶段的辅助用书,应结合ACCA认可出版商的教材配套使用。它对ACCA认可教材中各章节所涉及的背景知识与专业术语进行了详细解释,大大节省了学员查阅其他资料和归纳总结所需要的时间,使学习更加轻松有效,也有利于提升考试成功率。

该套教辅丛书由国内多位具有丰富ACCA教学经验的优秀专业教师编写,适合所有参加ACCA考试的中国学员(包括大学在读学生和在职学员)。此外,对于有兴趣了解ACCA的学生和希望提升专业财会技能的在职人士而言,通过阅读该套丛书,也会有丰富的收获。

对于该套丛书中的疏漏、错误之处,恳请读者指正。

丛书编委会
2023年6月

前言

一、课程内容

AFM(高级财务管理,Advanced Financial Management)是 ACCA(特许公认会计师公会,The Association of Chartered Certified Accountants)专业阶段的高级财务管理课程,是基础阶段 FM(财务管理,Financial Management)课程的延伸,更加注重解决一些复杂的战略财务管理问题。根据 ACCA 的教学大纲,基础阶段(以下简称 F 阶段)课程覆盖了各类会计师必须掌握的主要技术领域,专业阶段(以下简称 P 阶段)课程则以 F 阶段的知识为基础,探索会计师的高级技能和技巧。

AFM 进一步详细解释了财务管理课程中的部分内容。AFM 考查的是作为一名高级财务人员或咨询人员如何运用相关知识、技巧和专业判断来为企业财务管理提出建议。此外,AFM 课程还涉及职业道德、财报分析和公司战略等方面的内容,因此 AFM 也与 SBL(企业战略领导力,Strategic Business Leader)和 SBR(企业战略报告,Strategic Business Reporting)课程间接相关。

二、考试

AFM 的考试时长为 3 小时,分为 A 和 B 两个部分,其中 A 部分为必选题,只有一道题,分值为 50 分;B 部分包含 3 道题目,每题分值为 25 分,可以从中任选两题作答。

AFM 考试满分为 100 分,题目分数的分配比例基本保持为 50 分必选题和 50 分任选题。

P 阶段当中 AFM 的通过率一直较低,通过该课程的考试有一定难度。

三、学习方法

AFM 对考生的角色定位是作为企业的高级管理者,去解决一些复杂的战略财务管理问题。与 FM 课程相比,AFM 课程特别要求考生具备更深层次的知识和更好的分析技巧,能够合理地综合运用相关知识做出更加专业的判断和决策。

AFM 考试的考点比较集中,关键的知识点几乎每次考试都会进行考查,所以,考生必须掌握好关键知识点。

AFM 所涉及的问题存在于对企业具有重大战略意义或者风险很高的领域，而不同的利益相关者具有不同的目标和诉求，因此对考生而言要首先明确分析问题的角度，尤其要认识到财务管理者对问题涉及的所有利益相关者应该负有的责任，不能仅从操作层面寻求方案，而是要综合考虑内外部环境、利益相关者的需求之后做出最佳决策。

AFM 考题的背景通常是规模更大、情况更加复杂和更加国际化的组织机构，往往还会涉及与之相关的伦理问题和环境问题等。因此，对考生而言，财务管理环境这一部分的知识必须掌握和深化。在分析时，考生必须了解自己所处的工作环境，应该充分考虑道德、环境因素、利益相关者的担忧，以及这项决定对企业的潜在影响。此外，考生还必须了解最新的宏观经济状况、管理贸易活动的金融机构的运营状况，以及国际金融市场的相关状况。本书所举的例题截至 2014 年部分章末附有该章例题的电子资源，考生可扫章末二维码进行学习。

投资评价决策属于必考的内容。在 FM 中学到的所有投资评估方法，在 AFM 中都进行了简单回顾，其中最重要的是净现值（Net Present Value，NPV）法，此外，AFM 扩充的新知识还包括修正内部收益率（Modified Internal Rate of Return，MIRR）、调整现值（Adjusted Present Value，APV）法，以及计算海外项目的净现值。另外，考生还应该了解风险价值的应用，以及如何运用线性规划法解决多期资本限额问题。

合并和收购也是常考的内容。考生应该能够区分不同类型的收购，进行恰当的估值，并从不同利益方的视角评估针对某一企业的并购方案。考生也应该能够探讨此类交易的基本原理，以及企业能够采取哪些行动来对抗并购。

重建方面的内容经常会在论述题中进行考查。考生应了解并探讨造成财务困境和失败的潜在原因，以及如何评估失败风险。考生应了解所有企业重建中可能用到的基本流程，这可以帮助他们更好地理解题目给出的情境以及题目要求他们做什么。

外汇和利率的风险问题在 AFM 考试中也是重点，经常要求考生回答企业在经营中如何用衍生金融工具管理汇率、利率风险。考生应该学习如何从更广泛的视角对风险进行思考，发现情境描述中的风险，并且针对如何管理风险提出建议。这些问题通常会涉及金融衍生产品的风险对冲管理和决策，计算量大，很多知识点比较难。

四、考试建议

（1）注意答题结构的规范性，这一点非常重要。整洁有条理的答案是通过 P 阶段考试非常重要但又常常不被注意的关键。A 部分通常会要求起草一份报告，并且对报告的规范性打分。因此，考生应该做到：报告要加上简洁恰当的报告标题，表明报告是谁写的、给谁看的、报告的日期和主题；报告以简介开头，使阅卷人了解报告的大致内容；使用次级标题说明考生当前正在处理哪个问题，保持句子和段落简短，易于阅读；段与段之间留出空白行，这样看起来更加专业，且便于阅卷人阅读；以简短的总结结尾，尽可能保持卷面干净。

（2）AFM 分析时给出结论很重要，因为分析本身不是目的，使学员成为一名合格的决策者是 ACCA 真正的目标。在答题的时候一定要联系案例来进行分析，不能想当然地认为考官会知道你在说什么，而是要联系案例进行对策分析和结论陈述。考生撰写的答案与题目情境相关，并且具有实用价值，总能得到更高的分数。

（3）考生必须能够准确掌握公式表中的所有公式。考试的目的是考查考生将知识实际应用在题目中的能力，而不是简单的死记硬背的能力。AFM考试有大量的计算，计算并不简单，所以一定要自己动手做题，做熟历年真题非常重要，考生应尽可能地通过研究过去的试题来学习如何应用技能。在理解的基础上练习，在练习的基础上加深理解。

（4）不要轻视AFM的文字阐述，一定要认真阅读考题。文字阐述是很重要的拿分点。在回答计算类题目时不能只写计算过程，必须有必要的文字叙述。考生应该学会对计算过程给出简短的解释。如果考生不解释自己在做什么或者不阐述自己的思路，这样的答案就很难得到高分。

（5）读题时要先看考题，带着问题再去读题干会帮助考生快速识别重点信息，提高做题效率。

我的教学感悟

笔者于2009年开始担任华中科技大学会计系副主任并创建了本科ACCA专业,于2010年担任MPAcc教育中心主任并于2014年9月在会计硕士层面开设了ACCA方向班,长期以来一直担任ACCA专业"FM财务管理"和"AFM高级财务管理"课程、CPA专业"财务成本管理"课程的任课教师,在上述课程的教学方面积累了丰富的经验,教学效果也一直深受好评。曾荣获"ACCA全国十大优秀指导教师""全国宝钢优秀教师奖""全国高校教师教学创新大赛二等奖""校教学质量优秀一等奖""校青年教师教学竞赛一等奖""大学生科技创新活动优秀指导教师""全国大学生创业大赛国赛金奖指导教师""首届研究生知心导师""校研究生'职引人生导师'"等荣誉。

笔者按照"学位教育与国际(国内)注册会计师执业证书教育相结合"的应用型培养模式进行教学,根据会计专业的最新动态以及职业能力的国家级考核标准,将国际(国内)注册会计师考试的主要内容全面融合于会计专业的教学内容之中,讲授过程中注意将CPA和ACCA的内容进行对照和融合,让学生理解教材上每一个重要的知识点;在夯实学生平时知识的基础上,穿插进行往年真题的讲解和分析,让学生掌握答题的技巧;对案例进行深入剖析,锻炼学生思考问题的角度,注重培养学生在面对复杂的财务状况和内外环境时,根据背景情况挑选适用的模型方法,然后针对各种方法的适用性和可靠性做出全面的讨论评价,最后结合企业和社会的需求做出最终决策,提高学生的应用能力和综合能力。

笔者感到欣慰的是,学生不仅在"FM财务管理"和"AFM高级财务管理"课程上取得了很高的通过率,而且在大学期间ACCA课程的全科通过率方面也获得了令人满意的成绩。

郭炜

2023年7月

目录

第一章 财务战略：制定 1
    本章重难点分析 1
    第一节 财务目标 1
    第二节 投资决策 2
    第三节 融资决策 3
    第四节 股利决策 5
    第五节 风险管理 8
    第六节 代理问题的解决策略 8
    第七节 与利益相关者沟通的政策 9

第二章 财务战略：评价 11
    本章重难点分析 11
    第一节 资本成本 11
    第二节 评估公司业绩 13
    第三节 风险管理 14
    第四节 不同类型的风险 17
    第五节 行为金融 18

第三章 现金流量折现技术 21
    本章重难点分析 21
    第一节 净现值 21
    第二节 内部收益率 30
    第三节 净现值和内部收益率的比较 33
    第四节 风险和不确定性 37
    第五节 蒙特卡罗模拟法与投资评估 39

第四章 期权定价理论在投资决策中的应用 43
    本章重难点分析 43
    第一节 基本概念 43

第二节　期权价值的决定因素　46
第三节　实物期权　48
第四节　实物期权的估值　52

第五章　国际投融资决策　55
本章重难点分析　55
第一节　概述　55
第二节　汇率假设对项目价值的影响　55
第三节　预测国外项目的现金流　62
第四节　外汇管制的影响　64
第五节　折算、交易和经济风险　65

第六章　资本成本和风险　67
本章重难点分析　67
第一节　资本结构理论　67
第二节　项目特定的资本成本　71
第三节　调整现值法　75

第七章　融资和信用风险　81
本章重难点分析　81
第一节　融资来源的适用性　81
第二节　信用风险　87
第三节　信用利差和债务资本的成本　89
第四节　久期　92

第八章　收购与兼并的估值　96
本章重难点分析　96
第一节　估价过高的问题　96
第二节　企业估值的原则　97
第三节　基于资产的模型　98
第四节　基于市场的模型　101
第五节　基于现金流的模型　103
第六节　高速成长的新企业估值　112
第七节　用期权定价模型评估违约风险　115

第九章　收购：战略问题和监管　117
本章重难点分析　117
第一节　公司的扩张方式：兼并与收购　117
第二节　产生协同效应　120
第三节　探讨收购在增加股东价值方面的高失败率　121
第四节　反向收购　122
第五节　收购监管　123

第六节　恶意收购中的防守策略　126
第十章　融资并购　128
　　本章重难点分析　128
　　第一节　合并融资的方法　128
　　第二节　评估要约　131
　　第三节　收购对财务状况和业绩的影响　134
第十一章　资金管理的作用　137
　　本章重难点分析　137
　　第一节　净额结算　137
　　第二节　资金管理　139
　　第三节　使用期权管理风险　141
第十二章　管理外汇风险　146
　　本章重难点分析　146
　　第一节　汇率　146
　　第二节　远期合约　150
　　第三节　货币市场对冲　152
　　第四节　选择对冲方法　157
　　第五节　货币期货　159
　　第六节　货币期权　167
　　第七节　货币互换　175
　　第八节　制定外汇对冲策略　176
第十三章　管理利率风险　180
　　本章重难点分析　180
　　第一节　利率风险　180
　　第二节　用远期利率协议对冲　182
　　第三节　利率期货　185
　　第四节　利率期权　188
　　第五节　利率互换　194
第十四章　财务重组　199
　　本章重难点分析　199
　　第一节　财务重组计划　199
　　第二节　财务重组方式　200
　　第三节　杠杆收购　201
第十五章　公司重组　202
　　本章重难点分析　202
　　第一节　公司重组的方式　202
　　第二节　分拆　203

第三节　管理层收购和管理层换购　205
第四节　拆分和公司价值　207

第十六章　跨国环境下的贸易和规划　208
本章重难点分析　208
第一节　国际机构　208
第二节　分红能力　210
第三节　转移定价　212
第四节　世界金融市场的发展　215
第五节　国际贸易的理论和实践　217
第六节　信用违约掉期　219

第一章 财务战略：制定

 本章重难点分析

本章讨论的是公司的战略目标、财务目标和财务政策。

记住三种主要的财务管理决策（投资、筹资、股利）。任何时候都要记住，大纲中从头到尾都在讲公司是为了股东的利益而运营，因此，决策应当尽可能反映出股东的利益。

第一节 财务目标

公司财务管理的主要目标是股东财富最大化（maximisation of shareholder's wealth）。

一、公司的主要财务目标

为了衡量股东财富，必须能够衡量公司及其股票的市场价值，如何做到这一点呢？
（1）财务状况表价值。
（2）清算基础。只有当公司面临破产清算时才会使用该基础。
（3）市场价值。该价值与公司的财务目标密切相关。

如果是私营公司的股票，没有在股票市场上交易，那么没有简单的方法来衡量它们的市场价值，但是这些公司的主要目标依然应该是使普通股东财富最大化。

股东财富有两个来源——收到的股利和所持有股票的市场价值。

股东的投资收益来自股利和由于股票市场价值增加而获得的资本利得。

二、每股收益增长

关键术语

每股收益＝归属于普通股股东的净利润（亏损）/普通股加权平均数

每股收益在比较若干年的结果时尤其有用。投资者会寻找每股收益与上年同期相比的增长情况。此外,公司必须证明其能够持续盈利来支付股利以及为未来发展而对企业进行再投资。

三、其他财务目标

除了每股收益、每股股利这些目标,公司还可能设定其他财务目标(见表1-1)。

表 1-1 其他财务目标举例

财务目标	举例
限制负债比例	例如,产权比例不超过1∶1,或者融资成本不高于经营利润的25%
利润留存	例如,股利保障倍数(年利润/股利)不超过2.5倍
经营利润	销售利润率目标,或已动用资本回报率ROCE(Return on capital employed)的最低目标
现金生成能力	如同产生利润一样,企业需要产生足够的现金来确保其流动性

这些目标不是主要目标,但是能够帮助公司在不承担过度风险的情况下实现其主要目标。这些目标往往是短期(1年)目标而不是长期目标。

拥有多个次要财务目标的问题在于这些目标间可能会相互冲突。在这种情况下,为确保实现整体的主要目标可能要作出妥协。

第二节 投资决策

支持股东财富最大化目标的三项基本决策是:①投资决策;②融资决策;③股利决策。这些决策的基础是风险管理,包括汇率管理和利率管理。在任何时候,财务经理人都应该记住他们做决策是为了增加股东财富。财务经理人应该时刻记住:这些决策不是孤立的,而是相互关联的。

一、自然的内部增长

一个计划成长的公司必须决定是选择追求自然的内部增长政策,或是收购已存在的其他公司政策,还是上述两种政策的混合。

自然的内部增长需要现金资金,而收购已存在的其他企业可以通过股票交易进行。选择自然的内部增长政策的公司需要考虑以下事项。

(1)公司必须提供财务支持,可能来自公司的留存收益。然而,公司应该清楚自己能够提供多少资金。通过精心管理,公司不应为了试图实现过快、过多增长而透支资金。

(2)公司可以使用现有的工作人员和系统来创建增长项目,这也会为其员工增加职业发展机会。

(3)公司应更有效地规划整体扩张的策略。例如,如果公司希望开设一个新工厂或仓库,可以将新工厂或仓库的地址选在有助于高效运营的地方(如接近其他工厂以减少运输成本)。

(4)获得规模经济。公司可以通过更充分使用中心负责人办公室职能(如财务、采购、人事和管理服务）来实现。

二、通过收购实现增长

公司可以通过发展自身的内部资源进行扩张或多元化，但也可能会考虑通过收购或兼并实现增长。这两种情况的结果都是公司的骤然增长，会造成公司消化不良，典型的问题有沟通问题、决策模糊及员工对公司和产品的认同感下降等。然而，收购或兼并的目标应该是在长、短期内均能够盈利。收购为公司进入市场或占有市场份额提供了一种方法，该方法与公司试图依靠其自身资源发展相比更快，或（和）成本更低。

三、自然的内部增长与收购的比较

如果单凭自然的内部增长不能够实现公司设定的增长目标，收购可能是唯一可取的方法。

自然的内部增长需要时间，而收购可以使目标公司的整个现有业务一下子被吸收进公司。如果换股交易能够被收购的买方和卖方同时接受，可以无需现金实现收购。

但是，收购会产生下列战略问题。

(1)可能太昂贵。一些收购可能会受到目标公司董事的抵制。根据反垄断法的条款，有一些可能要提交政府批准。

(2)目标公司的顾客可能会因为不满意突然的收购行为，而考虑转向其他的商品供应商。

(3)大体上，同化的新产品、新顾客、新供应商、新市场、新员工和不同的经营系统之间会出现很多问题，可能会造成收购公司的"消化不良"和管理超载。

第三节 融资决策

财务经理人需要决定长期资金的来源、成本和可能的长期资金来源风险的影响。在确定短期融资的最佳水平时，必须考虑盈利能力和流动性（需要随时可供使用的资金）之间的平衡。融资的另一个问题是财务主管希望使资金成本最小化，这意味着资金提供方得到的是更低的收益率。

一、资金来源

1. 短期来源

(1)透支，当活期存款账户的支出超过收入时会发生透支，以透支方式提供资金。透支是公司（个人）可获得的短期融资的最重要来源。它可以相对较快地被安排，并有一定程度的灵活性。只有当往来账户透支时才需要支付利息。

(2)短期贷款，一种在特定期限内数额固定的贷款。可以立即获得资金，然后在指定时间内偿还或分期偿还。通常会事先确定利率和还款结构。

(3)贸易信用，由于公司能够利用供应商提供的信用期，所以这是公司短期融资的一种主要手段。在高通货膨胀时期尤其有用。但是，公司必须考虑供应商提供的提前付款的折扣损失。任何不可接受的延迟付款都将会对信用评级产生不利影响。

（4）租赁，一种流行的融资来源，是购买资产的一种有效替代方式。租赁的两种主要类型是经营租赁和融资租赁。这两种租赁的不同之处在于承租人对租赁资产的责任范围（维修等）不同。

2. 长期来源

（1）负债。负债融资的选择取决于：公司规模（只有大公司才能够公开发行债券）、贷款的期限、更偏重于固定利率或浮动利率、安全性等。

（2）债券。债券是由公司支付利息而筹集的长期债务资本，通常是每半年按固定利率支付利息。债券分为可赎回的债券和不可赎回的债券。还有各种形式，包括浮动利率债券、零息债券和可转换债券。债券具有面值，以面值表明的数额为基础按规定的票面利率支付利息。票面利率是税前利率。长期负债需要注意的一个问题是到赎回日时公司偿还债务的能力。流动贷款的赎回日期是财务状况表的一个重要信息，由此可以知道该公司可能需要多少新的资金以及什么时候需要。

（3）股权。股权融资是通过增发新股或配售新股的方式，将普通股出售给投资者，以此来筹集资金。普通股持有人承担最后风险，因为在清算时他们处于债权人层次结构的底部。这种高风险的结果是股东期望在长期资金提供者中获得最高的收益，因此公司的权益成本经常高于债务成本。

二、优序融资理论

优序融资理论指的是公司使用不同来源融资的优先顺序，资金成本从低往高的顺序如下：①留存收益；②债务；③股权。

三、负债比例

融资决策的焦点在于公司应该使用多少债务，债务数额会明显影响公司的财务杠杆。合适的负债比例取决于一些实际问题。

（1）公司的生命周期阶段。如果公司刚刚设立或处于早期成长阶段，不鼓励高的资产负债水平。公司会发现很难准确预测未来现金流量，而且获得的任何债务都可能附有高利率。

（2）收益的稳定性。新公司和处于动荡行业的公司一样，其收益是波动的。不管收益水平如何，公司始终需要支付利息，不稳定的收益也不鼓励高的负债比率。

（3）经营杠杆。高的固定成本意味着相对于扣除了固定成本的利润而言，其边际贡献（销售收入—变动成本）也较高，即经营杠杆会较高。这种成本结构意味着不稳定的现金流量，因此不建议高负债比例杠杆水平。

（4）债务抵押。如果公司不能提供充足的抵押物，则很难获得债务资金。任何获批后的债务都将用高利率来反映其中抵押物不充足的风险。

四、财务计划与控制

为了生存，任何公司都必须有足够的现金净流入。公司应该试图为正的净现金流制订计划,但同时持有太多现金是不明智的。

当公司现金充裕时,它可能会选择以下方式使用它(或更多):

(1)计划使用现金,例如用于一个项目投资或竞标收购另一家公司;

(2)作为股利将现金支付给股东,让股东自己决定怎样更好地使用现金;

(3)回购其自身股票(股票回购)。

战略性计划与控制是决定组织目标及这些目标的变化、确定达到目标所需使用的资源、管制收购政策及使用和处理这些资源的过程。管理控制是经理人确保在实现组织目标的过程中资源被有效和高效获得和使用的过程。运营控制是确保具体任务被有效和高效执行的过程。管理控制有时候被称为战术或战术规划。运营控制有时候被称为运营规划。

第四节 股利决策

一、股利和公司的生命周期

公司的股利政策会随公司生命周期的不同阶段而变化。

如图 1-1 所示,拥有众多盈利投资机会的处于成长期的公司不太可能支付股利,因为其盈余要被用于投资。因此,股东对收到股利预期低或预期不能收到股利。

年轻公司	成熟公司
零/低股利	高稳定股利
高增长/投资需要	低增长
希望减少债务	能够并希望取得负债
	也可能回购股份

图 1-1 不同生命周期下的公司股利政策

成熟公司会积累足够的现金盈余以允许它们在支付股利的同时仍能够为支付股利提供资金。这些公司的股东可能也会从股票回购中获益,即他们的股份会被公司重新回购——这是将剩余资金返还股东的另一种方式。

二、投资、融资与股利决策的相互作用

采取融资决策时,经理人必须满足资金提供者的要求,否则不能得到资金。这种情况对股东来说可能特别困难,因为股利的支付由公司酌情决定。但是如果股东不能收到他们预期的股利,他们会卖掉他们的股票,股价会下降,公司在未来通过发行股份来筹集资金会更加困难。

尽管获得额外融资可能会存在风险,但企业未能获得投资的长期风险可能会更大,因此经理人必须平衡这些风险。投资可能会直接影响涉及财务管理的决策。如果投资结果是使销售扩大则可能需要额外的营运资本。经理人必须对此保持敏感并保证应收账款、存货和现金的平衡。经理人需要进一步考虑的问题是投资和融资的匹配。时间是一个方面,一项从长期来看能获利的投资,应为其匹配长期性的资金。

作为股利支付的剩余现金的数额对可用于投资的资金有直接影响。经理人在这里需要做一个艰难的决定:每年需要支付多少股利给股东以使他们高兴,需要保留多少资金在企业以用于投资会产生长期收入的项目?此外,如果不太可能获得债务融资,或者如果承担更多的债务会使公司处于经营风险中,可能需要从留存收益中获得资金。

三、股利政策

高层管理者必须决定一个合适的、能反映投资者期望和偏好的股利支付政策。如上所述,股利支付和企业生命周期紧紧联系在一起,因此,成长型公司的投资者不会在近期之内对股利抱有期望。

所有财务管理决策的重点在于企业的主要目标。如果股东希望支付股利,高层管理者必须平衡留存收益和股利支付政策,确保有足够的资金能用来满足盈利投资机会的资金需要,并实现股东价值最大化的目标。

(一)剩余股利理论

根据该理论,公司只有在所有盈利的投资机会的资金需求都得到满足以后才会支付股利。该理论假设内部资金是代价最小的资金来源,公司只有在可用的内部资金、当前的留存收益全都被用完时才会借助于外部融资。

(二)目标股利支付比率

根据目标股利支付比率理论,公司按盈利的一个固定比例来支付股利。公司有长期的目标股利支付比率。
(1)拥有稳定收益的成熟公司通常比成长性公司有更高的股利支付比率。
(2)相对于股利的绝对数额,管理者更注重于股利的变化。
(3)盈利的短暂变化通常不会影响股利支付。
(4)只有盈利的长期改变才会引起股利的变化。
(5)管理者不愿意改变股利支付比率,因为这是一种潜在信号,这种变化可能会传递到市场。

(三)股利作为信号

股利可以用来传递好(或坏)的信息。增加股利支付比率的公司可能是在发出信号,即公司预期未来现金流会增加,因为这个比例会在未来一段时间内趋于稳定。业绩差的公司也可能增加股利,来尝试说服市场该公司也预期未来现金流会增加,但是这种增加可能不能持续。如果承诺的增加股利没有实现,股利支付比率不可避免地会减少,这意味着将有来自市场的严厉惩罚。

(四)代理理论

股利支付可以是控制管理者的一个工具。公司支付股利时,公司通常需要到资本市场上为项目筹集资金。公司到资本市场上筹资时,会受到不同市场参与者的审核。例如,投资者会要求分析公司的信誉。公司经常把宣布支付股利与试图筹集新的资本结合在一起。

第一章
财务战略：制定

（五）股利和税收

股利和税收的理论基础是：一方面存在不同的企业和个人所得税，另一方面存在着不同的收入和资本利得税。假设没有个人所得税，那么股利（普通股的收入）税比资本利得税要高。因此，在存在个人所得税的情况下，公司不应该支付股利，因为投资者会对支付股利的公司要求更高的收益率。如果要向股东支付股利，公司应该选择其他替代方法，例如，股票回购。如果股利税高于资本利得税，上述情况就会发生。

但是，不同投资者会有不同的税率。高税率个人可能喜欢公司进行更多投资（因为对高税率个人来说，发放股利要因此多纳税），而低税率个人可能喜欢公司不做投资而是支付股利。投资者会选择股利政策接近其需求的公司。

考点
2013年6月的第4题就考查了公司的股利政策及其可能的投资。

四、股票回购方案

股利不是把留存收益分配给股东的唯一方法。在很多国家，公司有权利在遵守一定条件的情况下从愿意卖出的股东手中买回其股票，这被称为回购。

对一个只有少数几个股东的小公司而言，买回公司股票的原因可能是当某个股东希望卖掉其持有的股份时，找不到立即有意愿接手的购买者。对上市公司而言，股票回购可以为上市公司在股票市场上退市以及"私有化"提供一种手段。

（一）股票回购方案的好处

(1) 找到富余现金的用处（富余现金是"死资产"）。
(2) 通过减少发行的股票数量从而提升每股收益（EPS）。这会引起股价上升，公司则可以为剩余的股票增加股利。
(3) 增加财务杠杆。回购公司自己的股票允许债务替代权益，因而增加了负债率。这符合愿意增加财务杠杆但不愿增加长期债务资金的公司的兴趣。
(4) 对一个经营下滑的公司，可以把公司的权益调整到更合适的水平。
(5) 可能会阻止接管，或者使上市公司退市。

（二）股票回购方案的弊端

(1) 很难达成一个对卖出方和不愿卖的股东都公平的价格。
(2) 股票回购被视为公司不能将资金用于更好的用途。
(3) 相对于获得股利收入，股票回购会使股东因此交纳资本利得税。

第五节 风险管理

一、风险／回报的关系

所有企业都会面临一些风险,尽管风险大小会有所不同。投资者承担更高的风险会要求更高的回报。

无风险投资(如国库券、国债等)中,投资者只会为他们因为支持投资而推迟消费的事实得到补偿。由于投资者承担额外风险,他们要求的回报不仅要弥补延迟的消费,还包括一个额外的风险溢价。

一家公司愿意面临的风险水平将取决于其股东的风险偏好。保守型的股东有可能规避风险,偏好低风险和低回报,而冒险者准备承担更多的风险以换取更高回报的机会。风险和预期收益之间的关系如图 1-2 所示。

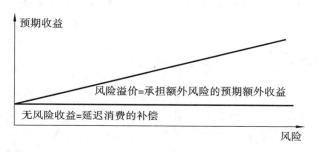

图 1-2 风险和预期收益之间的关系

二、管理风险

风险可以用几种不同的方法来管理。
（1）对冲(套期保值),即同时进行两笔行情相反、盈亏相抵的交易。
（2）多样化,这是对"把所有鸡蛋放入一个篮子"的有效预防。不同风险程度的投资组合,有助于减少公司的整体风险。
（3）减轻风险,包括将控制程序落实到避免投资风险高于股东要求水平的项目。

第六节 代理问题的解决策略

奖励体系、职责分离和公司治理有助于解决利益相关者之间的冲突。

一、奖励体系

代理理论是将公司员工包括经理人在内都看作是单个的个体,每个人都有自己的目标。公司的部门则有部门目标。如果实现了这些不同的目标也会实现公司的整体目标,这就是目标一致。

第一章

财务战略：制定

关键术语

目标一致是在组织内部行事的代理人的目标和组织整体目标相一致。

通过给予管理者与利润挂钩的薪酬或提供与利润或股价相关的激励，可能会更好地实现目标一致，可以更好地处理代理问题。薪酬激励的方式如下。

（1）与利润/经济增加值相关的工资，工资或奖金与利润或经济增加值的大小相关。

（2）用股票奖励经理人。当一家私人公司公开上市，经理人被邀请以一个有吸引力的价格认购股份时，会出现这种例子。在管理层买断或买进（后者涉及由新的经理人购买企业股票。前者由现有经理人购买）中，经理人变成业主经理人（或叫所有者经理人）。

（3）执行股票期权计划。在一个股票期权计划里，给选定的雇员一些股票期权，每一份期权赋予持有者在某一特定日期后以固定价格认购公司股票的权利。如果公司盈利了并且其股票价格上升，期权价值将增加。

这样的方法可以扩展到奖励管理，以此来兼顾其他关键利益相关者（诸如供应商、员工或者客户）的利益。

考点

在考试中，讨论管理的优先次序可能是一长串问题中的一部分。

二、职责分离

企业只要不把太多的权利归属于某个人，就可以减少权力的利益相关者按照自己的日程行事的风险。例如，董事长和首席执行官的角色应该分开。

三、公司治理

监控管理者行为的一个替代方法是采用企业决策框架来限制管理者权利和增加独立的外部各方在监管其职责方面的作用。例如，可以通过建立"管理审计"程序、引入额外的报告要求，或者是通过从管理者那里寻求股东利益优先是最重要的保证来实现。

第七节　与利益相关者沟通的政策

考点

在问题中你可能被告知公司的目标是尊重利益相关者的利益，并依照该目标来制定政策。教材中你会不时看到股东利益变得尤其重要的情况，例如在合并和收购的情况下，你可能被要求对不同利益相关者利益发生分歧的情况发表评论。

一、利益相关者团体的目标

利益相关者是指对组织活动有合理利益的个人和团体,通常包括顾客、员工、社团、股东、供应商和债权人。各种利益相关者会有不同的目标,部分取决于该组织的情况。利益相关者的目标如表 1-2 所示。

表 1-2 利益相关者的目标

股东	风险资本的提供者,目标是最大化财富
供应商	经常是其他企业,目标是按约定日期获得全额支付,但是希望继续长期贸易关系,因此也有可能接受延迟支付
长期贷款人	希望获得利息支付和还款到期日收到贷款本金
员工	最大化支付给他们的薪酬和福利,也喜欢连续就业
政府	政治目标,例如可持续经济增长和高就业
管理层	最大化他们的奖金

二、利益相关者的影响

利益相关者追求他们目标的行动可以对战略施加影响。利益相关者的权利越大,他们的影响也会越大。

很多经理人承认一些利益相关者(例如他们自己和员工)的利益应该被承认和提供,尽管这意味着股东利益可能会受到不利影响。并非所有利益相关者的利益在管理层做出决策时都会被注意到。那些被管理层承认和接受责任的利益相关者被称为公司的委托人。

第二章

财务战略：评价

 本章重难点分析

本章更为详细地介绍财务战略的四个领域，即资本结构政策、股利分配政策、资本投资监测过程及风险管理过程。资本资产定价模型支撑了下面章节涵盖的很多内容。

本章以行为金融和其在财务战略中的应用作为结尾。

你可能被问到财务战略计划的内容。比如，作为评估一个具体建议问题的一部分，你需要借鉴你的知识说明兼并和收购的原因，或者是纵向一体化和多元化的区别。

第一节 资本成本

一、权益资本

有两种计算企业权益资本成本的方法——股利增长模型和资本资产定价模型（CAPM）。

（一）股利增长模型

$$k_e = \frac{d_0(1+g)}{P_0} + g \quad 或 \quad k_e = \frac{d_1}{P_0} + g$$

式中，P_0——当前除息价；

d_0——最近一期的股利；

g——股利的固定增长率。

估计增长率为：

几何增长模型 $\quad g = \sqrt[n]{\dfrac{\text{Dividend in year } x}{\text{Dividend in year } n}} - 1$

戈登模型 $\quad g = b \times r_e$

式中，b——利润留存比率；

r_e——再投资收益率。

(二)资本资产定价模型(CAPM)

$$E(r_i) = R_f + \beta_i [E(r_m) - R_f]$$

CAPM 应用的问题：
(1)需判断风险溢价 $E(r_m) - R_f$。
(2)需判断无风险利率 R_f，通常用政府债券收益率，但利率会随借款期限而变化。
(3)计算 β 时的统计错误，β 值也会随时间变化。
(4)当出现低市盈率或者月度、周等时间效应时，不能准确预测。

二、债务资本

(1)不可赎回债券：

$$k_d = \frac{i(1-T)}{P_0}$$

(2)可赎回债券：

$$P_0 = \sum_{t=1}^{n} \frac{i(1-T)}{(1+k_d)^t} + \frac{P_n}{(1+k_d)^n}$$

用试错法求解 k_d。
(1)和(2)都是债券的税后资本成本。
(3)可转换债券成本：

$$转换价值 = P_0 \times (1+g)^n \times R$$

三、优先股成本

$$k_{pref} = \frac{d}{P_0}$$

四、加权平均资本成本（WACC）

$$\text{WACC} = \left(\frac{V_e}{V_e + V_d}\right) k_e + \left(\frac{V_d}{V_e + V_d}\right) k_d (1-T)$$

(一)在投资评价中使用 WACC

在投资评价中使用 WACC 需满足以下条件：
(1)待评价的项目与公司有一定关联性。
(2)保持相同的资本结构(有相同的财务风险)。
(3)相同的经营风险。

(二)使用 WACC 的争议

(1)新项目的经营风险可能与公司不同。

(2)筹集的资金会改变资本结构。
(3)如果筹集了浮动利率债务资金,WACC是变化的。

五、公司价值与资本成本间的关系

上述公式中将资本成本作为折现率,将价格 P_0 放在等式的左边,这就是公司价值。

六、资本资产定价模型(CAPM)和投资组合

(一)投资组合的 β 系数

(1)投资组合包含证券市场中的所有证券(每种证券权重相同),不包含无风险证券,其与市场整体的收益率相同,故其 $\beta=1$。
(2)无风险证券的 β 值为 0。
(3)投资组合的 β 值等于各证券 β 值的加权平均结果。

(二)CAPM 和投资组合管理

(1)投资组合的 β 值代表与市场收益率的相对变动关系,可以大于 1 或小于 1。
(2)熊市应持有低 β 值的股票。
(3)牛市应持有高 β 值的股票。

(三)国际 CAPM

$$E(r_i)=r_f+[E(r_w)-r_f]\beta_w$$

式中,$E(r_w)$——国际市场组合的收益率;
β_w——国际的系统风险。

第二节 评估公司业绩

公司业绩可以用诸如比率、趋势等方法来衡量。主要比率列示如下,这些比率不会在考试中给出。

一、杜邦比率体系

净资产收益率=投资收益率×总资产÷股东权益
投资收益率=销售净利率×资产周转率
销售净利率=净利润÷销售收入
净利润=销售收入−总成本
资产周转率=销售收入÷总资产
总资产=非流动资产+流动资产

二、盈利比率

资本收益率=息税前利润/占用资本
占用资本=股东资金+应付款项(一年以后到期款项)+长期负债及费用
=总资产−流动负债

净资产收益率＝归属于普通股股东的净利润/股东权益

资产周转率＝销售收入/占用资本

销售净利率＝息税前利润/销售收入

毛利率＝毛利润/销售收入

三、流动比率

流动比率＝流动资产/流动负债

速动比率＝（流动资产－存货）/流动负债

应收账款周转天数＝应收账款/赊销额×365

库存天数＝存货/销售成本×365

应付账款周转天数＝应付账款/采购成本×365

现金营运周期＝原材料作为存货的平均时间－从供应商获得的信用期
＋生产商品所用时间＋顾客为商品付款所用时间

四、股东的投资比率（股票市场比率）

股利收益率＝每股股利/每股市场价格×100％

每股收益＝归属于普通股股东的净利润/发行的普通股股数

股利保障倍数＝每股收益/每股股利

股利支付率＝每股股利/每股收益

市盈率＝每股市价/每股收益

五、债务和杠杆比率

财务杠杆比率＝优先偿付资本/股权资本（包括留存收益）（基于账面价值）

财务杠杆＝优先偿付资本的市场价值/（股权市场价值＋债务市场价值）
（基于市场价值）

经营杠杆＝边际贡献/息税前利润

利息保障倍数＝息税前利润/利息

负债比率＝总负债/总资产

第三节　风险管理

公司承担的风险应该给予回报。风险管理是一个过程，通过该过程公司可以决定与公司风险偏好一致的风险回报组合。风险管理需要识别、计量和转移风险。是否转移公司承担风险的决定取决于公司的转移成本和风险规避成本。

风险转移可以通过财务或保险市场或通过产品市场实现。风险管理并不一定意味着风险的减少。如果承担风险的预期回报能够得到保证，公司可能会增加其承受的风险。另外，风险缓解是公司减少其承受风险的过程。

第二章

财务战略：评价

一、风险管理的理由

（一）理论基础

风险管理的理论基础是股东价值的最大化。为了取得最大化的公司利益进而使股东价值最大化，公司应限制不确定性的风险以及管理投机的风险。

大多数风险应该被控制在一定范围内。当一些风险处在公司管理层的职权范围之外时，这些风险应当努力被消除掉。风险管理是公司战略中一个必不可少的部分，需要分析在组织活动中最主要的价值驱动是什么，以及与这些价值驱动因素联系在一起的风险。在风险管理标准中，风险管理研究机构应将关键价值驱动与主要风险种类联系在一起。

（二）实践理由

从实践的角度来看，公司应控制风险以保持在业务经营中的安全。对股东资金缺乏风险管控意识的公司在短期内可能会享有比平均水平高的回报，但是在长期内不可能维持这种有利局势。股东希望享有高回报，但大多数股东更愿意知道他们的资金是如何被处理的。

（三）管理层对风险管理的态度

在一个组织中有大量股权（相对于股票期权）的经理人更有可能会采取积极步骤来管理风险。这是由于该经理人会面临系统风险和非系统风险（而外部股东仅面临系统风险）。经理人不会通过管理非系统风险来增加股东价值，因为外部投资者自身应该已经分散掉了这种风险。

如果持有大量股权的经理人可以专注于他们能做的事情的风险上，他们将更有可能增加组织价值。持有股票期权而不是真实股票的经理人会更倾向于尝试增加组织风险，因为他们正在尝试最大化未来利润和股票价格。经理人会积极寻求更多的风险投资，在追求更高的利润和股票价格过程中，风险投资并不是该组织获得最佳利益的方式。

受外部经济的影响，公司可能面临更大的压力，其风险管理策略的效果便会显现。如果在一个极具风险的世界里没有这种策略，投资者对公司运营的信心将会降低，投资者不愿意让他们的资金来冒险资助公司。

二、风险缓解

风险缓解是公司减少承担风险的过程。因此，风险缓解与风险转移过程是紧密联系在一起的。

图 2-1 是风险评估矩阵——被称为严重性/频率矩阵或可能性/结果矩阵——可以用来为风险缓解确定优先次序。

图 2-1 风险评估矩阵

公司的风险转移策略可以同上面的严重性/频率矩阵以及公司的风险承担偏好联系起来。如图 2-2 所示。

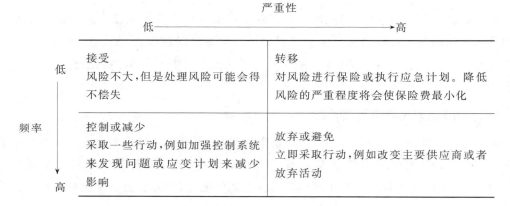

图 2-2 公司的风险转移策略

三、对冲策略

对冲涉及如何创造抵消或制衡现金流,使一个公司的风险消除或减少。根据使用工具的不同,对冲策略可以分为财务对冲和经营对冲。

(一)财务对冲

财务对冲涉及使用财务工具,主要是衍生金融工具以减少或消除风险。例如,进口原材料的公司可能担心由于本国货币的贬值而导致原材料价格的增加,可能会使用远期合约、期货或期权来对冲这种风险。

(二)经营对冲

经营对冲是通过经营活动使用非财务工具对冲公司风险行动的过程,执行经营对冲策略的主要工具是实物期权。实物期权给出了拖延、放弃、强化或转换活动的可能性。

例如,一家制造公司决定在海外创立子公司扩大其活动规模。母公司要承受需求风险和汇率风险,暴露的市场风险可以通过如远期合约这样的财务工具来对冲。但是财务工具不能用来消除需求风险。这种风险可以通过推迟生产决策至获取了关于需求的更精确的信息来进行管理。这种经营对冲是通过行使实物期权推迟额外投资来实现的。

四、多样化策略

多样化策略寻求减轻公司盈利的波动性。这可以通过产品或地域的多样化实现。

(一)产品多样化

产品多样化被认为是减少盈利波动性的主要策略之一,并且是集团兼并的主要动机。多样化的主要思想是不同行业的盈利受到不同风险因素的影响,当放在一起时会相互抵消,导致总盈利波动减少。

(二)地域多样化

当公司的成本和收入是一致的,通过这种方式他们可以承受同样的风险时,公司获得了地域多样化。例如,国内公司向海外市场销售,可以通过在海外市场设立一个生产设施,以保证他们的生产成本和销售收入处在同样的汇率水平下。

第四节 不同类型的风险

(一)系统风险和非系统风险

市场或系统风险是不能够被分散的风险。非系统风险适用于单一投资或某一类投资,并且可以通过多元化减少或消除。

(二)经营风险和非经营风险

经营风险是对一个组织净利润的威胁,该风险由债务人和股权持有人共同承担。经营风险的水平取决于组织做出的与其产品或服务有关的决策。非经营风险是对利润的风险,该风险不会受组织提供的产品或服务的影响。

经营风险来自组织参与的业务类型,并关系到对未来和组织的经营前景的不确定性。任何组织的资本成本都包括经营风险溢价。

1)经营风险的例子包括:
(1)长期产品报废的威胁;
(2)技术变化改变了生产过程的风险;
(3)长期宏观经济的变化,例如一个国家汇率的恶化。
2)非经营风险的例子包括:
(1)来自长期资金来源的风险;
(2)由于不利事件、事故或自然灾害,导致贸易崩溃的风险。

经营风险是系统风险和非系统风险的组合。系统风险来自像收入敏感性以及总成本结构中固定和变动成本的混合等因素。非系统风险由诸如管理能力和劳动关系这样的公司特定因素决定。

衡量经营风险的一种方法是计算公司的经营杠杆。

经营杠杆或杠杆比率=边际贡献/息税前利润(PBIT)

边际贡献是收入减去销售变动成本。

经营杠杆的重要性如下：

(1)如果边际贡献高但是 PBIT 低,固定成本会很高,并且刚刚由边际贡献覆盖。正如由经营杠杆衡量的那样,经营风险将很高。

(2)如果边际贡献没有比息税前利润高很多,固定成本将很低,并且很容易被涵盖。正如由经营杠杆衡量的那样,经营风险会较低。

(三)财务风险

财务风险是由股权持有人承担的系统风险。它是由于公司增加了负债水平,股东将面临收到的股利减少甚至是零股利的风险。最终的财务风险是组织不能够作为一个持续经营的组织继续运作。

财务风险包括与组织的融资结构有关的风险,尤其是包括那些与股本及债务资本组合有关的风险及不能够获得资金的风险,也包括对正在进行的交易量组织是否有长期资本不足的风险(过度交易)。

组织资本结构的杠杆水平越高,对普通股股东的风险会越大。这将会在一个较高的风险溢价里反映,因此有较高的资本成本。组织也必须考虑对财务资源欺诈和滥用的风险。

其他短期财务风险包括：

(1)信用风险——顾客付款违约的可能性；

(2)流动性风险——因为现金限制或需要更多现金,导致无法为信贷融资的风险；

(3)现金管理风险——与现金安全性有关的风险,该风险来自不可预测的现金流。

长期财务风险包括货币和利率风险,风险来自宏观经济环境的其他变化。

考点

很多考生容易混淆经营风险和财务风险。

(四)经营风险和财务风险之间的关系

为了提高股票价格,公司应该在不承担过度经营风险或财务风险的情况下力求获得更高的利润。为了从他们的投资中赚取利润,大多数股东愿意接受一定程度的风险。董事和经理人被期望在风险参数范围内做决策,来追求股东财富的最大化。

高经营风险的企业可能会被限制可以承受的财务风险数额。股东可接受的风险水平可能主要由经营风险水平构成,这意味着组织不能承担太大的财务风险。组织不能够在其资本结构里加入过多负债,因为这会增加财务风险,并可能将总风险推至超过股东的可接受水平。

第五节 行为金融

行为金融主要研究心理因素对财务决策的影响,这对"股价和投资者收益是由理性经济准则所决定"的看法提出了挑战。行为金融审查投资者和财务经理人做出财务决策背后的心理因素,主要内容如下。

一、影响财务经理人决策的心理因素

(一)动机

管理者受其目标推动,但是其目标有时与股东目标并不一致。例如,管理者的目标是要达到短期财务目标,这意味着他们不愿意投资没有良好短期收益的项目。

(二)分析

管理者有时会高估自己的能力。管理者相信自己可以使陷入困境的公司扭转局势,哪怕存在相反的证据,过度自信会导致管理者基于上述信念来选择并购。这可以解释为什么很多并购估值过高。

过度自信有助于解释为什么大多数董事会相信市场低估了其股价。这会导致管理者采取一些可能不符合股东最佳利益的举动,比如从证券市场退市,或者反对他们认为低估了公司价值的并购报价等。

管理者不愿意承认错误(称为认知失调)。这可以解释为什么管理者会坚持那些不可能成功的投资战略。例如,管理者经常不顾经济逻辑,推迟做出终止项目的决定,因为项目的失败暗示了管理者的失败。

二、影响投资者决策的心理因素

(一)动机

投资者也受其目标推动,使他们做出不一定理性的决策。例如,投资者企图捍卫其声誉,因此继续投资于未来表现不会好的股票,因为卖掉这些股票将暗示着他们从一开始就投资错误。因此,投资者会投资于那些可以带来可预见回报的公司,但是会忽略收益高风险大的公司(称为后悔厌恶)。

投资者也想给人留下这样一个印象,即他们正在积极创造价值,这会导致资金不理性流动。有些投资者更愿意投资于知名公司而忽略了小公司,这意味着小公司的股价被低估了(有时称为小公司的市值折扣)。

许多投资者无法做到目光远大,他们过于关注股价的短期波动。

(二)分析

行为因素会影响投资者对财务数据的分析。例如,投资者会寻找有用的信息用于引导决策,即使它不一定是相关的信息(称为锚定)。

比如,通过分析公司过去的收益来推断其未来绩效(实际上分析将来更重要)。这种行为会导致羊群效应,人们买(卖)股票是因为股价正在上升(下跌),这有助于解释证券市场泡沫(崩盘)。羊群效应也是基于随大流的心理舒适感。

仅仅因为股价过去上涨了,投资者就买入股票,股价强劲上升,又产生了对股票的进一步需求,证券市场泡沫就出现了。由于投资者随大流持续买入股票,股价因此被抬升到了即使未来潜在利润提升也无法企及的水平。

人们经常更关注那些突出的信息(称为可用性偏见)。而突出的信息往往是公司最近的信息,这有助于解释为什么公司财务结果公布后股价短期会大幅波动。

投资者和管理者抗拒改变自己的看法,他们会忽略那些能暗示其错误的信息,而聚焦于那些可以强化其投资决定的信息(称为确认偏差)。例如,如果公司利润比预期的好,由于投资者对此消息反应不足,股价就不会有大幅变动。

考点

考试中会要求考生评论行为问题,考生应该集中在那些与考试中设定场景相关的问题上,不要简单地重复这里提到的所有要点。考试中考生可能无法准确识别什么在激励着投资者或管理者,但是考生可以识别出一系列可能的影响。

第三章 现金流量折现技术

本章重难点分析

本章讨论投资评估的两个标准,净现值(NPV)和内部收益率(IRR),并探讨与这两个标准相关的一系列问题,例如,通货膨胀和税收的影响、蒙特卡罗模拟法。

现金流量折现法是解决考试中部分长篇幅问题的手段。以前的考题要求考生从一名高级财务经理人的角度,从项目本身及其对公司可能产生的影响两个方面,对资本投资项目提出评价建议。

第一节 净现值

关键术语

项目的净现值是指折现现金流总和减去最初的投资额。

问题

X 项目初始投资为 150000 美元,在接下来的 3 年里都将带来 60000 美元的现金流。该项目折现率为 7%。计算该项目的净现值,并且做出判断:该项目是否应该投资。

答案:

时间	现金流	折现系数	现值
0	−150000	1	−150000
1	60000	0.935	56100
2	60000	0.873	52380
3	60000	0.816	48960
			7440

该项目的 NPV 为 7440 美元。由于净现值是正值,所以 X 项目应予以采纳,因为它将增加股东的财富。

考点

在 2008 年 12 月的考试中有 30 分的必选题考查了 NPV 与税收和外汇的综合运用。2012 年 6 月考查了确定资金成本并计算 NPV。

一、净现值与股东权益最大化的关系

NPV 的主要优点在于它用与股东相同的方式评价项目,也就是说它关注的是单个项目将如何影响股东的财富。只有 NPV 为正的项目被接受,这意味着只有使股东财富增加的项目被采纳。

二、通货膨胀的影响

关键术语

实际现金流量(real cash flows)已经扣除了通货膨胀的影响,并且使用实际折现率折现。名义现金流量(nominal cash flows)包括通货膨胀的影响,使用名义折现率折现。

第一节中的例子(净现值计算)假设每年净现金流量不变。由于存在通货膨胀,这是不现实的。因为通货膨胀可以改变项目的净现值并最终决定该项目是否应该被接受,所以,在进行投资评估时适当考虑通货膨胀的影响很重要。

NPV 可以使用实际或者名义现金流量两种方式计算。

(一)实际利率和名义利率

实际利率已经扣除了通货膨胀的影响,代表了购买力(名义利率扣除通货膨胀影响)。当名义利率超过通货膨胀率,实际利率为正值;相反如果名义利率小于通货膨胀率,实际利率为负值。其计算公式为:

$$(1+i)=(1+R)(1+h)$$

式中,i——名义利率;

R——实际利率;

h——通货膨胀率。

这就是费雪等式。

(二)实际利率还是名义利率?

规则如下:

(1)如果现金流量以实际数额表示,并且它们的收支是在未来不同的日期,则使用名义利率。

(2)如果现金流量以不变价格表示,即零时点的价值,则使用实际利率。

(三)实际价值和实际收益率的优势和误用

虽然公司一般会以名义资本成本来对货币价值折现,而使用实际资本成本来折现实际价值也有某些优势。

(1)当成本和收益以和通货膨胀率相同的速率上升,实际价值与当前价值相同,所以折现之前没有必要对现金流量作进一步的调整。相反,当名义价值是以名义资本成本折现,在开始折现之前必须先计算未来几年的价格。

(2)政府可能更愿意设定一个真实收益率作为投资目标,因为它比商业资本收益率更为合适。

三、考虑税收

在投资评价中,通常假设税金延迟一年支付,但是考生应该仔查阅问题的具体内容。在任何问题中,考生应该检查税法允许计提折旧的详细情况。

问题中的典型假设如下所示。

(1)必须做出付款时间的假设。

①在赚取利润的当年支付一半税金,并在次年支付另一半税金。这反映了一个事实,就是大公司在某些制度下不得不按规定时间支付税金。

②当年产生应税利润,但税金推迟到下一年支付。如果一个项目在第 2 年增加应税利润 10000 美元,假设税率为 30%,将在第 3 年产生 3000 美元的应纳税款。

③税金在产生利润的当年支付。

考生应该弄清楚问题是使用哪一种假设。

(2)项目的净现金流量应该被视为项目的应税利润(除非另有指示)。

(一)税法允许计提的折旧

税法允许计提的折旧可以用来冲减应税利润,相应会减少纳税,减少的纳税要视为接受项目产生的现金节省(即减少纳税数额应被视为增加了现金流入)。

举个例子,假设厂房和机器的成本在计算税法允许折旧时,采用折旧率为 25% 的余额递减法,那么一家公司购买厂房花费了 80000 美元,每年的折旧如下所列:

年度	税法允许折旧 $	递减	余额 $
1	(成本的 25%)	20000	60000
2	(余额的 25%)	15000	45000
3	(余额的 25%)	11250	33750
4	(余额的 25%)	8437.5	25312.5

最后把厂房卖掉,卖出时的售价和递减余额的差额(CPA 教材中称为账面净值)应做如下处理:

(1)当售出价格超过递减余额时(资产处置产生了盈余),超过的数额被视为应税利润。

(2)当递减余额超过售价时(资产的处置出现了损失),其差额被视为税法允许的损失。

高级财务管理
Advanced Financial Management (AFM)

> **考点**
> 考题通常假设资产的处置损失立即发生,而实际上递减余额与售价的差额可能会继续每年按余额的 25% 予以核销。

税法允许计提的折旧所产生的现金流入,通过折旧额乘以税率计算得到。

考题可能简化关于税法允许计提折旧的假设。比如说,税法允许计提的折旧采用直线折旧法,每年按成本的 25% 折旧(4 年计提完)。

在确定税法允许计提折旧的起始时间时,有两种假设:

(1)假设折旧开始的时间在项目的第一年年初(第 0 年)。

(2)可能假设折旧的开始时间在第一年年末。

你要清楚所用的是哪一种假设。假设(2)是较为谨慎的,但假设(1)也完全可行。考题会指出需要使用哪一种假设。

(二)案例:税收

问题

一家公司正考虑从是否购进一台价值 40000 美元的机器,机器寿命期为 4 年,4 年后可以以 5000 美金的价格卖出,机器每年可以节约成本 14000 美元。

机器将采用余额递减折旧法,税法允许计提折旧比率为 25%,折旧将在当年年末的应税利润中扣除。在处置机器时将会产生结余免税额(CPA 为税赋损益)。税率为 30%,应付税金在当年先付一半,另一半延期一年支付。税后资金成本为 8%。

应该购买该机器吗?

答案:

首先从第 0 年开始计算税法允许计提的折旧。

成本:40000 美元

年度		允许计提折旧 $	递减余额 $
0	(费用的 25%)	10000	30000(40000－10000)
1	(余额的 25%)	7500	22500(30000－7500)
2	(余额的 25%)	5625	16875(22500－5625)
3	(余额的 25%)	4219*	12656(16875－4219)
4	(余额的 25%)	3164	9492(12656－3164)

* 表示此处采用四舍五入法,下同。

	$
变卖收入(第 4 年年末)	5000
减第 4 年年末的递减余额	
结余免税额(balancing allowance,资产处置损失)	4492

算出每年的折旧之后,再计算折旧抵税,它是在所计提折旧的下一年发生。

年度	允许计提折旧 $	折旧抵税 $	应税/抵税年度（每一年各50%）
0	10000	3000	0/1
1	7500	2250	1/2
2	5625	1688*	2/3
3	4219	1266*	3/4
4	7656	2297*	4/5
	35000*		

净成本＝40000－5000＝$35000

折旧抵税和税法允许计提的折旧相关,同时我们必须计算每年节省的14000美元所应付的税金。

净现金流量和NPV的计算如下：

年度	设备 $	节约 $	节约纳税 $	折旧抵税 $	净现金流量 $	折现系数（折现率为8%）	净现值 $
0	(40000)			1500	(38500)	1.000	(38500)**
1		14000	(2100)	2625	14525	0.926	13450**
2		14000	(4200)	1969	11769	0.857	10086**
3		14000	(4200)	1477	11277	0.794	8954**
4	5000	14000	(4200)	1782**	16582	0.735	12188**
5			(2100)	1148**	(952)	0.681	(648)**
							5530

** 表示此处采用取整数方式计数。

由于NPV为正,所以购买该机器是值得的。

(三) 更快捷的应税计算方法

在上面的例子中,可以合并计算税金,如下所示：

年度	0	1	2	3	4
	$	$	$	$	$
费用节省	0	14000	14000	14000	14000
应提折旧	10000	7500	5625	4219	7656
应税利润	(10000)	6500	8375	9781	6344
税率30%	3000	(1950)	(2512)**	(2934)**	(1903)**

** 表示此处采用取整数方式计数。

净现金流量计算如下：

年度	设备 $	费用成本 $	节约税金 $	净现金流量 $
0	(40000)		1500	(38500)
1		14000	525	14525
2		14000	(2231)	11769
3		14000	(2723)	11277
4	5000	14000	(2418)	16582
5			(952)	(952)

可见净现金流量与原来的计算完全相同。

(四)税收与现金流量折现法

税收对资本预算的影响在理论上很简单。公司必须纳税,而所从事项目产生的效益将会使每年的税负增加或者减少。增加的税收现金流量应当包含在项目的现金流量里,并且折现计入项目的 NPV。

当现金流量折现计算忽略税收时,折现率反映的是资本投资所要求的税前收益率。而当税包含在现金流量里时,则反映的是税后收益率。

如果问题中同时有税和通货膨胀,即使的现金流是一年后支付,也不用多算一年税金的通货膨胀。

问题

某项目要求原始投资 300000 美元购买机器,在未来 3 年每年带来按当前价格水平计算的 120000 美元的收入,到期后报废。机器将会采用 25% 余额递减折旧法折旧,折旧在当年年末的应税利润中扣除。处置机器时会产生税赋损益。

税率为 50%,并且税金在当年支付 50%,而另外 50% 可以延期一年支付。税前资本成本为 22%,通货膨胀率为 10%。假设该项目是 100% 债务融资。

要求:评估该项目是否可行。

答案:

税后:

年度	购买 $	通胀 系数 10%	通胀后的 现金流 $	税金 $	应提折旧 抵税 $	净现 金流 $	折现 系数 11%	现值 $
0	(300000)	1.000	(300000)		18750	(281250)	1.000	(281250)
1		1.100	132000	(33000)	32813	131813	0.901	118764
2		1.210	145200	(69300)	24609	100509	0.812	81613
3		1.331	159720	(76230)	42187	125677	0.731	91870
4				(39930)	31640	(8290)	0.659	(5463)

NPV=5534

NPV=118764+81613+91870-281250-5463=5534

应提折旧抵税的计算见草稿 1-3。

从财务的角度来看,该项目是应该进行的。

草稿:

(a)应提折旧(原始成本 300000 美元)。

	年度应提折旧 $	递减余额 $
0(成本的 25%)	75000	225000
1(余额的 25%)	56250	168750
2(余额的 25%)	42188	126562
3(余额的 25%)	31641	94921

(b)结余免税额。

	$
变卖收入(第 3 年年末)	—
递减余额(第 3 年年末)	94921
结余免税额	94921

(c)应提折旧抵税。

年度	税法允许计提的折旧 $	抵税 $	纳税/抵税年度
0	75000	37500	0/1
1	56250	28125	1/2
2	42188	21094	2/3
3	126562	63281	3/4
	300000		

四、税收损耗

关键术语

税收损耗,当公司将财务杠杆比率增大到某个程度时,会使得自己没有足够的应纳税额,换句话说就是负的应纳税额,因此不能享受所有的免税项目。

在大多数税务系统里,为了减少公司的税负水平和鼓励投资,会以资本支出来抵消税负。资本免税额有两种形式:一是首年免税额,这是在投资发生的当年用来抵消税负;二是允许计提的冲销折让,是在后续年度用来抵消税负。

资本免税额的作用从税后收益的定义可以体现出来。税后收益计算公式为:

$$税后收益 = 税前收益 - 税负$$

式中,税负=税率×(税前收益-资本免税额)。

在特殊的年度会出现这样的情况,资本免税额等于或者超过税前收益。遇到这种情况时,公司将不需要纳税。在多数的税务系统里,未使用的资本免税额可以无限期的结转。因此用来抵消任意年度税负的资本免税额,不仅包括特定年度的冲销折让,而且包括以往年度未使用的部分。

问题

假如某公司已经在厂房上投资了 1000 万美元。首年免税额是 40%,而余额在 4 年内冲销。税率为 30%。5 年的税前收益如下:

	第1年	第2年	第3年	第4年	第5年
	万美元	万美元	万美元	万美元	万美元
	300	250	350	380	420

(a)计算每年的税负和税后收益。

(b)若首年免税额改为60%,计算对收益的影响。

答案:

(a)第一年免税额是 $0.4 \times 1000 = 400$ 万美元。

由于资本免税额超过了税前收益,所以第一年的税负为0,而未使用的资本免税额为100万美元($400-300=100$),将加到第二年的冲销折让($0.6 \times 1000/4 = 150$ 万美元)上,使得第2年的资本免税额为250万美元。此时资本免税额与税前收益相等,税负再一次为0,而这一次没有多余的资本免税额结转。

每年的资本免税额如下:

(单位:万美元)

	第1年	第2年	第3年	第4年	第5年
税前收益	300	250	350	380	420
首年免税额余额	400				
结转数额		100	0		
冲销折让		150	150	150	150
总免税额	400	250	150	150	150

每年的税负和税后收益如下:

(单位:万美元)

	第1年	第2年	第3年	第4年	第5年
税负	0	0	60	69	81
税后收益	300	250	290	311	339

(b)当首年免税额改为60%时,资本免税额在前3年将变大,而后2年变小。

(单位:万美元)

	第1年	第2年	第3年	第4年	第5年
税前收益	300	250	350	380	420
首年免税额余额	600				
结转数额		300	150	0	0
冲销折让		100	100	100	100
总免税额	600	400	250	100	100

每年的税负和税后收益如下:

(单位:万美元)

	第1年	第2年	第3年	第4年	第5年
税负	0	0	30	84	96
税后收益	300	250	320	296	324

草稿:

余额的每年冲销数额＝40％×1000/4＝100

第2年结转数额＝600－300＝300,第2年总免税额＝100＋300＝400

结转到第3年的数额＝第2年的总免税额－第2年的税前收益＝400－250＝150

第3年可使用的结转数为250,而第3年的税前收益为350,超过了250,所以,转入第4年的数额为0。

五、多期资本限额

当没有足够的资金提供给全部可行的盈利项目时,就产生了资本限额(capital rationing)问题。内部因素(软资本限额)或者外部因素(硬资本限额)都会引起资本限额的发生。当资本限额跨越多个时期,将采用线性规划法来解决项目所遇到的问题。

问题

巴扎(Bazza)董事会已批准在未来3年的投资开支,具体数额如下所示:

单位:美元

第一年	第二年	第三年
16000	14000	17000

你已经确定了4个投资机会,每年需要不同的投资金额,详情如下:

需要的投资额

项目	第一年	第二年	第三年	项目净现值
项目1	7000	10000	4000	8000
项目2	9000	0	12000	11000
项目3	0	6000	8000	6000
项目4	5000	6000	7000	4000

哪些项目的组合能够使得总净现值最大,同时投资不超过年度投资限额?

答案:

用线性归纳法解该问题。

设 Y_1＝项目1的投资额

　　Y_2＝项目2的投资额

　　Y_3＝项目3的投资额

　　Y_4＝项目4的投资额

目标函数:Max(Y_1×8000＋Y_2×11000＋Y_3×6000＋Y_4×4000)

每年投资的限制函数:

Y_1×7000＋Y_2×9000＋Y_3×0＋Y_4×5000　16000(第1年限制条件)

Y_1×10000＋Y_2×0＋Y_3×6000＋Y_4×6000　14000(第2年限制条件)

Y_1×4000＋Y_2×12000＋Y_3×8000＋Y_4×7000　17000(第3年限制条件)

把目标函数和限制条件输入计算机程序,输出结果为:
$$Y1=1, \quad Y2=1, \quad Y3=0, \quad Y4=0$$

这表明应该选取项目 1 和项目 2 的组合,而把项目 3 和项目 4 剔除掉。该投资组合的净现值为 19000 美元。

如果是以下答案:
$$Y1=0, \quad Y2=0, \quad Y3=1, \quad Y4=1$$

同样满足限制条件,但是这并非最佳答案,由于项目 3 和项目 4 组合的净现值为 10000 美元,小于上面组合的净现值。

考点

确保你理解单期限额和多期限额时投资评价要使用不同的方法。2012 年 12 月的"考官报告"强调考生使用了错误的方法来处理资本限额问题。

第二节 内部收益率

任何投资的内部收益率是指净现值为零时的折现率。如果项目的内部收益率高于资本成本或目标收益率,才会选择该项目。

前期知识回顾:内部收益率(IRR)是净现值为零时的精确折现率。

当计算内部收益率时,我们采用插值法计算,方法如下:

(1)取一个整数做折现率计算得出一个净现值,使得该净现值接近于零。

(2)使用另一个折现率计算出第二个净现值。如果第一个净现值为正,要使用比第一个比率大的折现率;如果为负,则使用比第一个比率小的折现率。

(3)利用这两个折现率来计算内部收益率,公式如下:

$$IRR = a + \left(\left(\frac{NPV_a}{NPV_a - NPV_b}\right)(b-a)\right) \times 100\%$$

式中:a——所使用的两个折现率中较小的一个;

b——所使用的两个折现率中较大的一个;

NPV_a——折现率 a 所对应的净现值;

NPV_b——折现率 b 所对应的净现值。

这公式不会在试题中给出。

如果内部收益率大于资金成本或者目标收益率,项目可以接受。

公式的推导过程如下:

折现率	净现值
a	NPV_a
IRR	0
b	NPV_b

用上面 3 组折现率和净现值的数据构建下列等式:

第三章
现金流量折现技术

$$\frac{IRR-a}{b-a}=\frac{0-NPV_a}{NPV_b-NPV_a}$$

得到结果：

$$IRR=a+\left(\frac{NPV_a}{NPV_b-NPV_a}\right)\times(b-a)$$

一、内部收益率

问题

某公司正考虑购进一台价值 120000 美元的设备，将会在未来 5 年里每年节约 30000 美元。该设备在寿命期末会以 15000 美元卖出。公司要求每个项目的收益率为 10% 或以上，否则就拒绝项目。问是否应该购买该设备？

答案：

年折旧为：$\frac{120000-15000}{5}=21000$

步骤 1：

计算第一个 NPV，折现率采用的是投资收益率的三分之二。

投资收益率为：

$$\frac{30000-21000}{0.5\times(120000+15000)}=\frac{9000}{67500}=13.3\%$$

13.3% 的三分之二是 8.9%，所以开始用 9% 进行尝试。

内部收益率是指净现值为零的资本成本。

年度	现金流量 $	折现系数 9%	现金流现值 $
0	(12000)	1.000	(12000)
1—5	30000	3.890	116700
5	15000	0.650	9750
			NPV = 6450

计算的结果接近于零。净现值为正，意味着实际的收益率大于 9%。我们把 9% 作为使净现值接近零的两个折现率的其中一个。

步骤 2：

计算第二个 NPV，由于第一个折现率给出了一个正净现值，因此要使用比第一个比率更大的折现率。假设我们尝试取折现率 12%：

年度	现金流量 $	折现系数 12%	现金流现值 $
0	(12000)	1.000	(12000)
1—5	30000	3.605	108150
5	15000	0.567	8505
			NPV = (3345)

结果接近零且为负。因此实际收益率会大于 9%，而小于 12%。

步骤 3：

利用以上的两个净现值估算内部收益率。

插值法假设净现值在上述两个接近零的净现值之间是线性变化的。因此假设实际收益率在经过(r＝9％，NPV＝6450)和(r＝12％，NPV＝－3345)两点的直线上(该直线与横轴的交点就是内部收益率的近似结果)。

使用公式：

$$IRR \approx a + \left(\left(\frac{NPV_a}{NPV_a - NPV_b}\right)(b-a)\right) \times 100\%$$

$$IRR \approx 9\% + \left(\left(\frac{6450}{6450+3345}\right)(12\%-9\%)\right) \times 100\% = 10.98\%，取11\%。$$

如果采纳项目的政策是要求收益在10％或以上，那么应该进行该项目。

二、多重内部收益率问题

如果项目的现金流量不为正，那么基于内部收益率来接受项目，很容易受误导。

用于计算内部收益率的例题表明内部收益率和净现值得到相同的结论，即正净现值意味着$IRR \geq k$，而负净现值意味着$IRR < k$。然而，这只有在项目拥有正常的现金流量的情况下正确，即刚开始现金流量为负，然后是一系列正的现金流量。如果现金流量改变正负，那么内部收益率可能不唯一。这就是多重内部收益率问题。

关键术语

多重内部收益率：发生在现金流量改变正负号的时候，导致出现一个以上的内部收益率。

考虑以下情况，第二年的现金流量为负。注意此时有两个IRR都使得净现值等于零，分别为$IRR＝5.1\%$和$IRR＝39.8\%$。

时间	现金流量	折现系数	现值
0	－245000	1	－245000
1	600000	0.909	545400
2	－360000	0.826	－297360
			3040

如果我们把该项目在不同折现率下的净现值绘成曲线，如图3-1所示。

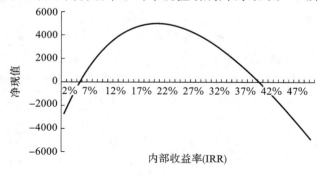

图3-1　不同折现率下的净现值

净现值一开始为负，然后上升变为正，到达最大值以后下降，并且再次变为负。根据决策规则，我们应该接受$IRR \geq k$的项目，然而这里的IRR有两个值。

第三章
现金流量折现技术

第三节　净现值和内部收益率的比较

根据净现值法进行投资的规则是对于互斥投资,应该首选净现值较高的投资项目。要是各项投资是独立的,只要它们拥有正净现值,那么全部的投资都应该接受。原因是它们能产生足够的现金流量,可以给出一个对于债务和权益融资提供者而言均可接受的回报。这就是所谓的净现值规则。

内部收益率规则指出当投资的现金流出之后接着的是现金流入,只要内部收益率超过资本成本,那么应该接受该投资。这是因为这样的投资能产生正的净现值。

一、内部收益率法的局限性

当我们处理独立投资时,内部收益率法通常应该与净现值法得到相同的判断结果。但是,它不能被用来区分互斥项目。这是因为它仅仅意味着项目具有正的净现值,没有告诉我们净现值的大小。因此,该方法不能评判哪个项目更优越。

二、互斥项目

问题

我们有两个初始投资都为10000美元的项目。项目A的年内部收益率为25%,项目B为20%,我们应该选择哪个项目?

答案相当清楚,即我们应选内部收益率较高的项目。但是,如果公司的资本成本为10%,并且相关数据如下所示:

（单位:美元）

时间	现金流量	
	项目A	项目B
0	(10000)	(10000)
1	12000	1000
2	625	13200

答案:

依靠内部收益率来选择互斥项目是不正确的。如果我们把两个项目的净现值计算出来,可以得出以下结果:

	项目A	项目B
净现值(10%)(美元)	1426	1818
IRR	25%	20%

我们可以看到的是,项目A拥有较高的内部收益率,但在公司10%的资本成本下净现值却较小。这说明在10%的资本成本下,项目B是首选,虽然它的内部收益率比A项目低。

然而,当资本成本是20%时,项目A可能是优先的,这是由于项目B的净现值接近于零,而项目 A 的净现值依然为正值。这表明该判断依赖的不是内部收益率,而是所使用的资本成本。

问题

更全面地考虑这个例子,如果我们计算不同资本成本下两个项目的净现值,可以发现:

(单位:美元)

资本成本(%)	项目 A 净现值 $	项目 B 净现值 $
5.0	1995	2925
7.5	1704	2353
10	1426	1818
12.5	1160	1319
15	907	815
17.5	665	412
20	434	0
22.5	212	(387)
25	0	(752)
27.5	(204)	(1096)
30	(399)	(1420)

答案:

把以上数据绘成曲线,我们得到图 3-2。

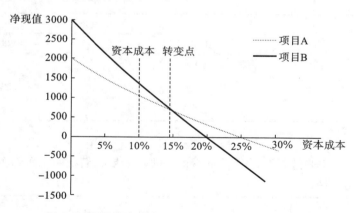

图 3-2　不同资本成本下项目 A 和项目 B 的净现值

我们可以看到,在资本成本超过约 14% 以前,项目 B 具有较大的净现值;超过约 14% 以后,项目 A 的净现值较大而要优先选择项目 A。对以上两个项目,它们的净现值曲线都随着资本成本的上升而下降。

三、净现值曲线不同的原因

净现值曲线在资本成本大约等于 14% 的位置相交,有两个原因导致该情况的产生。

(1) 每个项目的现金流量发生的时点存在差异。
(2) 项目大小(项目规模)存在差异。

在上面的案例中,项目规模没有差别,两个项目都需要 10000 美元的初始投资。但是不同之处在于现金流量的时间上,项目 B 在第 2 年具有高现金流量,而项目 A 却在第 1 年具有高现金流量。

项目 B 的净现值曲线显示为一条相对陡峭的线,这是由于它在靠后的年度里具有较高的现金流入,使得资本成本对它的影响更大。相反,项目 A 的较高现金流量发生靠前的年度,这意味着受资本成本的影响较小。

四、NPV 法和 IRR 法的排序冲突

上例中,当资本成本(折现率)大于 15% 时,基于较高的净现值或者较高内部收益率的投资选择可以得到相同答案。在这个例子里,当折现率在 15%～20% 之间时,项目 A 具有较高的净现值,同时也具有较高的内部收益率。当折现率小于 15% 时,基于内部收益率的选择结果与基于净现值法的选择结果相矛盾,应该选择项目 A,虽然项目 B 的净现值较高。

基于较高内部收益率的投资选择所带来的问题是,它假设现金流量在项目生命周期里能够按内部收益率进行再投资。相反,净现值法假设现金流量在项目生命周期里能够按资本成本进行再投资。

如果内部收益率作为再投资收益率的假设有效,那么内部收益率法将是更好的方法。然而,事实并非如此,所以净现值法更好。更好的再投资收益率假设是净现值法中使用的资本成本。

五、其他因素

对于具有非正常现金流量的项目,即现金流量正负的改变超过一次以上,将会得到一个以上的内部收益率。这意味着内部收益率法无法使用。

净现值法不像内部收益率法那样,它不能表明项目对于预测数字以及风险资本数额改变的敏感度。

六、修正内部收益率

修正内部收益率(MIRR)是当项目按内部收益率进行再投资的假设不成立时所产生的内部收益率。

修正内部收益率解决了再投资收益率假设的问题,以及项目生命周期里资本成本的改变不能纳入内部收益率方法的问题。

MIRR 指将投资项目的未来现金流入量按照一定的折现率(再投资收益率)计算至最后一年的终值,再将该投资项目的现金流入量的终值折算为现值,并使现金流入量的现值与投资项目的现金流出量达到价值平衡的贴现率。它以资本成本作为再投资收益率假设,比 IRR 更合理、谨慎。

高级财务管理
Advanced Financial Management (AFM)

考试公式

$$\left(\frac{PV_R}{PV_I}\right)^{\frac{1}{n}} \times (1+r_e) - 1$$

式中，PV_R——回报期（项目具有现金流入的时期）的净现值；

PV_I——投资期（项目具有现金流出的时期）的净现值；

r_e——资金成本。

 考点

内部收益率在2008年6月作为选做题的一部分被考到。考生要根据前面部分考题已估算出的项目现金流量，来计算正确的修正内部收益率。

这个考点同样在2008年12月作为一道30分的必做题被考到，即要求掌握MIRR的计算、对其优势的理解以及相对于净现值法的不足。2012年6月也考了IRR及其计算。

（一）修正内部收益率的例题

问题

考虑一个需要24500美元初始投资的项目，第1年和第2年现金流入为15000美元，第三年和第四年的现金流入为3000美元，资本成本为10%。

答案：

计算投资期和回报期的现值：

年度	现金流量 $	折现系数 $	现值 $
0	(24500)	1.000	(24500)
1	15000	0.909	13635
2	15000	0.826	12390
3	3000	0.751	2253
4	3000	0.683	2049

PV_R = 第1年到第4年的现值之和 = 30327 美元

PV_I = 投资成本的现值 = 24500 美元

$$MIRR = \left(\frac{30327}{24500}\right)^{\frac{1}{4}} \times (1+10\%) - 1 = 16\%$$

基于投资现金流入使用资本成本计算得到修正内部收益率。

 考点

确保你读过2008年刊登在《Student Account》上题目为"A better measure?"的文章，该文章内容涉及MIRR及其计算。

(二)修正内部收益率的优势

修正内部收益率相对于内部收益率的优势是以公司的资本成本假定为再投资收益率。而内部收益率法假定再投资收益率就是内部收益率本身,这通常是不现实的。

在许多情况下,会出现净现值法和内部收益率法相冲突,而修正内部收益率法会给出与净现值法相同的结果,所以它是正确的理论方法。这对于向经理人解释项目评估有帮助,他会发现收益率的概念比净现值的概念更容易理解。

(三)修正内部收益率的不足

然而,修正内部收益率像所有的收益率方法一样,都会遇到一个问题:项目虽然规模很大,能够产生较大的财富增长,但是因其收益率低,投资者也会拒绝投资该项目。

同样,一个有着高收益率的短期项目要优于一个较低收益率的长期项目。

第四节 风险和不确定性

一、风险

一个项目的资金成本表明了其风险,即资金成本越高,风险越大。

投资者对高风险的投资会要求更高的收益率。未来收益的风险越大,所要求的风险溢价也就越大。投资者也可能更偏好持有现金,所以对长期投资会要求更高的收益率。

还可以使用风险调整收益率来对特殊类型或不同风险等级的投资项目进行投资评价。在很久的将来发生的现金流对决策影响很小,所以要使用高折现率。对于新项目的启动,由于项目已经确立,可以使用低折现率来体现高初始风险溢价。

风险也能使用期望值纳入项目评估当中,即对每一个可能的结果给出一个概率。期望值是由每个现值乘以其概率然后相加所得。期望值越低,风险越高。

二、不确定性

不确定性更加难以计划,原因显而易见。在项目评估中有好几种处理不确定性的方法。其中三种是投资回收期法、敏感性分析法和折现回收期法。

问题

Nevers 公司某项目的资金成本为 8%,该项目最有可能的现金流量如下表:

(单位:美元)

年度	购买厂房	运营成本	节省
0	(7000)		
1		2000	6000
2		2500	7000

要求:度量项目对预期成本和节省水平变化的敏感性。

答案:

现金流量的现值如下:

年度	折现系数(8%)	厂房成本现值($)	运营成本现值($)	节省的现值($)	净现金流量($)
0	1.000	(7000)			(7000)
1	0.926		(1852)	5556	3704
2	0.857		(2143)	5999	3856
		(7000)	(3995)	11555	560

该项目的净现值为正,是值得投资的。项目达到收支平衡(净现值=0)时的现金流量变化如下:

(a)厂房成本需要增加560美元的现值,所以

$$\frac{560}{7000} \times 100\% = 8\%$$

(b)运营成本需要增加560美元的现值,所以

$$\frac{560}{3995} \times 100\% = 14\%$$

(c)节省需要减少560美元的现值,所以

$$\frac{560}{11555} \times 100\% = 4.8\%$$

敏感性分析的不足:

(1)该方法要求每一个关键变量的变化是独立的,然而管理层更关注的是两个或两个以上的关键变量变化的交叉影响。

(2)着眼于独立性因素是不现实的,因为它们往往都是相互依存的。

(3)敏感性分析不能确定成本或收入发生特殊变化的概率。

(4)关键因素可能超出管理者的控制范围。

(5)它本身并不提供一个决策规则,必须人为设定可接受的参数。

三、项目久期

通过计算项目久期,财务经理人将能够确定收回50%投资资金所需要的时间。项目久期是按项目的每一年以及当年收回现金流量现值所占的百分比加权计算所得。

问题

蒙蒂公司正在考虑一个要求初始投资为100000美元的项目,假设其按10%资金成本折现后的现金流如下:

(单位:美元)

年度	0	1	2	3	4	5
现值	(100000)	45455	36364	26296	13660	6209

计算项目久期。

答案:

首先要确定项目在整个生命周期的总现金流量,即从第1年到第5年的现金流量现值的总和。

现金流量的总现值＝127984 美元

接着是计算每个现值占总现值的百分比。

（单位：美元）

年度	1	2	3	4	5
现值	45455	36364	26296	13660	6209
占总现值比例	36%	28%	21%	11%	4%

项目久期是由每年的数值乘以相应百分比求和所得。

项目久期＝(1×0.36)+(2×0.28)+(3×0.21)+(4×0.11)+(5×0.04)=2.19

这意味着该项目将要花费 2.19 年的时间才能收回其现值，即 2.19 年后收回全部的现金流。与投资回收期不同的是，该方法着眼于项目整个寿命期的现金流，而不在于收回初始投资的时间点。

第五节 蒙特卡罗模拟法与投资评估

一、蒙特卡罗模拟法

蒙特卡罗模拟法用于估算项目的净现值，假设影响净现值的关键因素服从概率分布。

蒙特卡罗模拟法出现于 1949 年，在涉及不确定性的情况被广泛使用。该方法是采用特定的概率分布来确定影响净现值的不确定（随机）变量，然后利用模拟法生成随机变量的数值。为了分析不确定性，蒙特卡罗模拟法假设不确定的参数（例如增长率和资金成本 k）或者变量（如现金流量）服从特定的概率分布。其基本思路是通过模拟生成无数的参数或变量的数值，并且利用这些变量推导出净现值每一个可能的模拟结果。从结果数据中，我们可以得出净现值的分布。

假设某公司有一个运营第 1 年后预计现金流量 200 万美元的项目。现金流量永久以每年 5% 增长，资金成本 10%，原始投资 1800 万美元。项目现值通过固定增长模型计算。

$$NPV = \frac{2 \times (1+g)}{0.1 - g} - 18$$

上例中不确定性的唯一来源是增长率，可以假设增长率服从特定的概率分布。为方便起见，假定增长率服从均值为 5%、标准方差为 3% 的正态分布，模型为 $g \sim N(5\%, 3\%^2)$。

图 3-3 中列出了增长率的概率分布，蒙特卡罗模拟法的运用如下。从正态分布中抽取 1000 个变量 g 的随机数值。可以很方便地在 Excel 中使用随机函数从均值为 5%、标准方差为 3% 的正态分布中生成 1000 个随机变量。用前面的模型计算每个 g 值所对应的净现值。

$$NPV = \frac{2 \times (1+g)}{0.1 - g} - 18$$

通过计算 1000 个随机变量 g 值所对应的净现值并把净现值绘成图表，可以得到净现值的分布图。虽然变量 g 服从正态分布，但是净现值的分布并不是正态的。可以通过图

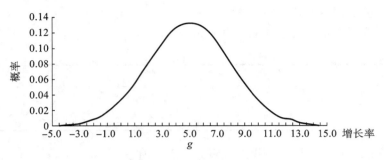

图 3-3 增长率的概率分布

3-4 所列的净现值累计频率构造出净现值的实际分布。净现值累计频率如图 3-4 所示。

图 3-4 提供了我们所采用的模型的净现值完整的描述分布。

举例说,净现值为负值的概率为 10%,有

$$P(\text{NPV}<0)=\frac{100}{1000}=0.1$$

同样的,如果净现值小于 3.6,所对应的概率是 48%。

由模拟结果得到的净现值频率分布如图 3-5 所示。表明大部分净现值分布在 200 万至 600 万之间,均值大约为 400 万。可以用标准差这样的统计指标去描述净现值的分布情况。分析结果表明,在大范围对增长率进行假设后所得到的项目净现值最有可能为正值。

二、项目的风险价值

项目的风险价值是指给定概率时的项目潜在损失。

风险值(Value At Risk,VaR)是指在一个特定的时间段和给定的概率水平内,投资或者投资组合的价值所降低到的最小值。另外也可以定义为:在一定的置信水平内能够承受的损失的最大值。例如我们可以说,风险值是 100000 美元的概率为 5%,或者风险值是 100000 美元的置信水平为 95%。第一种定义意味着有 5%的概率损失将超过 100000 美元,第二种则是我们拥有 95%的信心损失不会超过 100000 美元。风险值可以任意定义为某一概率或者置信水平,而最常见的概率水平是 1%、5%、10%。

<-5.7	1
<-5.1	2
<-4.5	3
<-3.9	4
<-3.4	11
<-2.8	16
<-2.2	29
<-1.6	40
<-1.0	50
<-0.4	76
<0.0	100
<0.7	172
<1.3	217
<1.9	279
<2.5	351
<3.1	417
<3.6	480
<4.2	563
<4.8	628
<5.4	689
<6.0	756
<6.5	805
<7.1	846
<7.7	875
<8.3	899
<8.9	929
<9.5	951
<10.0	971
<10.6	981
<11.2	990
<11.8	996
<17.0	1000
	1000

图 3-4 净现值累计频率

若以 V 表示头寸值,V^* 为头寸风险值,则出现 V 小于 V^* 的概率为 p。用正规书面形式表示为 $P(V<V^*)=p$,如图 3-6 所示。概率水平是曲线下的区域,可以根据曲线下对应面积所决定的随机变量值计算出来。

当随机变量服从正态分布,特定概率水平的风险值可以很容易以标准差的倍数计算

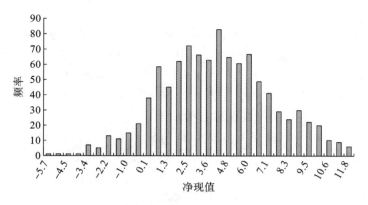

图 3-5 净现值频率分布

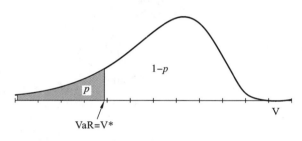

图 3-6 项目的风险价值

出来,例如 5% 风险值可简单表示为 1.645σ,1% 的风险值为 2.33σ。

举例来说,头寸的年标准差为 200000 美元,风险值为 $200000 \times 1.645 = 329000$ 美元。一年内只有 5% 的机会出现更大数值的价值下降。

对于超过一个周期的风险值,可以通过整个周期的标准差计算出来。例如,我们假设项目的周期为 2 年,我们可以计算 1 年的风险值,或者也可以计算 2 年的风险值。

$$V = V_1 + V_2$$

V_1 和 V_2 都有相同的标准差 $\sigma = 200000$ 美元,并且彼此独立,那么风险值为:

$$\text{VAR} = 1.645 \times 200000 \times \sqrt{2} = 465276 \text{ 美元}$$

这意味着在 2 年期间只有 5% 的机会使得损失超过 465276 美元。

一般情况下,风险值的计算如下:

$$\text{VAR} = k\sigma\sqrt{N}$$

式中,k 由概率水平决定,σ 为标准差,N 为我们需要计算风险值的时间周期。

给出了风险值的定义之后,把项目的风险值定义为:在项目的生命周期内在给定概率水平下可能产生的损失。

问题

预期项目的年度现金流会服从均值为 50000 美元、标准差为 10000 美元的正态分布。项目的周期为 10 年,问项目的风险值为多少?

答案:

项目 1 年的风险值为:$P\text{VAR} = 1.645 \times 10000 = 16450$ 美元

考虑整个项目周期的项目风险值为:$P\text{VAR} = 1.645 \times 10000 \times \sqrt{10} = 52019$ 美元

这是项目价值在95%的置信水平下所能下降的最大值。

目前为止,我们利用了正态分布计算风险值。项目现金流量或者价值服从正态分布的假设不一定符合实际。另外一种方法是利用蒙特卡罗模拟法得到对应的概率分布。例如,利用前面的图表我们可以看到,净现值低于-100万美元的概率为5%,所以项目在5%概率水平下的风险值为-100万美元,可以写成$V^*=-100$万美元。这意味着在上述项目中损失超过100万美元的可能性只有5%。

项目风险值可以由不同的概率水平计算得到。概率水平为10%的项目风险值为-570万美元,这意味着损失超过570万美元的可能性只有10%。

第四章
期权定价理论在投资决策中的应用

 本章重难点分析

这一章主要告诉我们如何在资本预算中应用期权估价模型。首先回顾期权定价的基本理论,然后介绍一系列嵌入在项目中的期权,比如延迟期权、放弃期权、扩张期权和转换期权。

第一节 基本概念

实物期权(real options)将期权估价模型应用于含有看涨或者看跌期权项目的资本预算决策中。例如,一个公司可能在项目生命周期内产生放弃期权,剩余现金流中看跌期权的价值与项目是密切相关的。如果不考虑实物期权的价值会导致做出错误的投资决策。

一、期权的种类

期权是指一种合约,赋予一方(指期权的买方或持有人)在签订合约后在未来某一特定时间或者未来的一段特定期间,以事先约定的价格进行交易的权利。

执行价格(也称为履约价格,strike price)指未来交易发生时的价格。期权费是指期权购买者支付给期权卖家的价格,以获取未来购买或者卖出标的物的权利。

看涨期权(call options)是指期权持有人获得在未来以特定价格优先买入标的物的权利,而不是义务。看跌期权(put options)是指期权持有人获得在未来以特定价格卖出标的物的权利,而不是义务。

欧式期权(european options)只能在到期日行权,而美式期权(american options)可以在到期日之前的任何时间行权。百慕大期权(bermudan options)则是在期权期限内的特定日期至到期日的期间之内可以提前行权。

当投资者买入期权时为多头(long positions),而卖出期权则处于空头(short positions)的位置。

在报纸上一种期权只有一个报价,但实际上期权一般都有两个价格,即买价和卖价。

二、到期日执行的看涨期权的种类

(一)买入看涨期权

在到期日行权的看涨期权只会在标的物价格高于行权价格时执行,否则期权将不会被执行(即期权的持有人会放弃该合约的履行)。看涨期权的价值等于以下两者中的较高者:

(1)当标的物价格高于行权价格时,看涨期权的价值等于标的物价格与行权价格的差额;

(2)当标的物价格等于或者小于行权价格时,则为0。

由于买入看涨期权还需要支付一定的费用,则买入看涨期权的收益为期权的价值减去支付的费用,计算公式为:

$$收益=看涨期权的价值-购买期权支付的费用$$

问题

假设你买入10月份的看涨期权,行权价格为550,期权费为21美分。计算在到期日时潜在的收益或损失。

答案:

收益或者损失可以由到期日股票可能的价格来计算,这里计算股票价格为从500—600范围之内的收益或者损失。

到期日股票价格	到期日股票价格一行权价格	期权价值	收益/损失
500	−50	0	−21
530	−20	0	−21
540	−10	0	−21
550	0	0	−21
560	10	10	−11
570	20	20	−1
600	50	50	29

如图4-1所示。

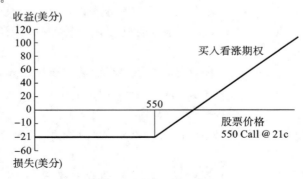

图4-1 买入看涨期权

（二）卖出看涨期权

看涨期权的卖出者在期权执行的时候会遭受损失，而在不行权的时候则得到了期权买方所支付的期权费。卖出看涨期权的价值正好与买入看涨期权的价值相反，卖出的看涨期权等于买入看涨期权的相反数，即以下两者间较大值的相反数：

(1) 标的物价格减去行权价。
(2) 0。

卖出看涨期权的收益为：

$$收益 = 收到的期权费 - 看涨期权价格$$

卖出看涨期权存在最大收益（期权费的收入），但可能产生无限损失。

三、在到期日行权的看跌期权的种类

买入看跌期权的最大收益和卖出看跌期权的最大损失发生在标的物价值为 0 时。

（一）买入看跌期权

看跌期权只有在标的物价格低于行权价格时才在行权日执行。行权时的期权价值为行权价和标的物价格的差额。

买入看跌期权的收益等于期权价值和期权费用之间的差额。

在买入看跌期权中，买入期权者的损失是有限的，其损失就是购买期权所支付的费用。但和买入看涨期权不同的是，买入看跌期权没有无限的收益，收益最大值在资产价格下跌到 0 时产生。

问题

假设你买入行权价格为 550 的 10 月份看跌期权，支付购买费用 46 美分，计算到期时的潜在收益或损失。

答案：

A	B	C	D
到期日资产价值	行权价格－资产价值	B 和 0 的较大者	C－费用
500	50	50	4
530	20	20	－26
540	10	10	－36
550	0	0	－46
560	－10	0	－46
570	－20	0	－46
600	－50	0	－46

如图 4-2 所示。

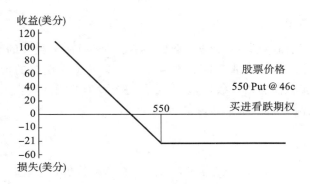

图 4-2　买进看跌期权

(二)卖出看跌期权

看跌期权价值为以下两者间的较大者：
(1)行权价格与到期日标的物资产价格之间的差额。
(2)0。

$$收益＝卖出期权收到的期权费－看跌期权价值$$

卖出期权者的最大利润为收到的期权费，并且只在看跌期权没有被执行时才发生（卖出期权到期日价值＝0）。

这种情况是在标的物价格大于行权价格时发生。

当标的物到期日价值等于期权费和行权价格两者之和时，收益为0。

当标的物价格为0时损失最大。最大损失将等于行权价格。

第二节　期权价值的决定因素

期权的价值取决于行权价格、标的物价格、至到期日的时间、标的物价格的波动性和利率。

一、简介

(一)行权价格

行权价格越高，看涨期权执行的可能性越低。因此，看涨期权会随着行权价格升高而降低。对于看跌期权，则正好相反。行权价格越高说明看跌期权被执行的可能性越高。因此，看跌期权价格随着行权价格升高而增高。

(二)标的物价格

当现有股价上升，看涨期权执行的可能性越大。因此，看涨期权价格会升高。看跌期权正好向相反方向变化。当股价上升，看跌期权执行的可能性越低，因此，看跌期权价格会降低。

（三）至到期日的时间

距离到期日的时间越长，看涨或者看跌期权的价值都会增长。原因是股票价格有更多的时间发生变动。但也有一些原因会导致相反的变动。比如说，当剩余时间延长时，行权价格的现值降低，这使看涨期权价值升高，使看跌期权价值降低。同样，当剩余时间延长时，则有更长的时间通过现金股利降低股价，从而降低看涨期权价值，使得看跌期权价值升高。

（四）标的物价格的波动性

看涨或者看跌期权都会随着标的物价格波动性增大而价格升高。期权购买者能获得好的结果的全部收益，同时能避免不好的波动带来的坏的结果（期权价格为0）。

（五）利率

利率（无风险利率）越高，行权价格的现值越低，因此，看涨期权的价值升高，看跌期权的价值会降低。

（六）内在价值和时间价值

期权价格包含两部分：内在价值（intrinsic value）和时间价值（time value）。内在价值是指期权立即执行产生的经济价值。

看涨期权：内在价值（时间 t 时）＝股票的现行价格－看涨期权行权价格

看跌期权：内在价值（时间 t 时）＝看跌期权行权价格－股票的现行价格

如果内在价值为正，则期权处于实值（in the money，ITM）状态。如果内在价值为0，则期权为平价（at the money）期权。如果内在价值为负，则期权处于虚值（out of the money，OTM）状态。

期权的市场价格和期权的内在价值之间的差额即为期权的时间价值。实值或者虚值期权的买者即是为了买其时间价值，而时间价值随着期权行权日的接近而降低，因此距离到期的时间越长，期权越可能结束实值状态从而增大其时间价值。在行权日，期权的时间价值为0，所有的期权价格都等于内在价值，此时可能为实值状态，也可能不是。

二、布莱克-斯科尔斯期权定价模型

（一）布莱克-斯科尔斯期权定价模型的公式

布莱克-斯科尔斯公式适用于欧式看涨期权：

$$C = P_a N(d_1) - P_e N(d_2) e^{-rt}$$

式中，P_a——标的物资产的现行价格；

P_e——行权价格；

r——无风险利率；

t——至到期日剩余年限，以年为单位，0.5则表示还有六个月到期；

e——自然对数。

$$d_1 = \frac{\ln\left(\frac{P_a}{P_e}\right) + (r + 0.5s^2)t}{s\sqrt{t}}$$

$$d_2 = d_1 - s\sqrt{t}$$

式中,s——标准差;

$\ln\left(\frac{P_a}{P_e}\right)$——当前价格除以行权价格后的自然对数。

(二)欧式看跌期权的价值

欧式看跌期权的价值与欧式看涨期权价值的计算方法相似,结果为:

$$P = C - P_a + P_e e^{-rt}$$

式中,P——看跌期权价值;

C——看涨期权价值。

该公式也被称为欧式期权的买—卖平价公式。

(三)美式看涨期权的价值

美式看涨期权可以在到期日之前的任何时间行权,但是行权早并不是最优选择,美式期权的价值应当至少不低于相应欧式期权的价值,也可以用布莱克-斯科尔斯模型估价。

(四)美式看跌期权的价值

没有精确的模型可以用于计算美式看跌期权的价值。可以用数值模拟和解析近似代替布莱克-斯科尔斯模型对美式看跌期权进行估值。

问题

假设距到期日还有六个月的股票价格为 $42,行权价格为 $40,无风险利率为 10%,波动性为 20%,计算期权价格。

答案:

根据题目所给信息可知 $P_a = 42, P_e = 40, r = 0.1, s = 0.2, t = 0.5$。

则可求出

$$d_1 = 0.77, d_2 = 0.63$$
$$P_e e^{-rt} = 38.049$$

查正态分布下的累积概率表可知

$$N(0.77) = 0.7794, N(0.63) = 0.7357$$

注意:ACCA 的累积概率结果与 CPA 的表述方法不同。ACCA 规定,如果 d 大于 0,则 $N(d)$ 的结果需要再加上 0.5;如果 d 小于 0,则用 0.5 减去 $N(d)$ 得到结果。

如果为欧式看涨期权,则其价值 $C = (42 \times 0.7794) - (38.049 \times 0.7357) = 4.76$。

如果为欧式看跌期权,则其价值 $P = 4.76 - 42 + 38.049 = 0.81$。

这表明股价要上升 $2.76 才能使看涨期权达到盈亏平衡,而股价要下降 $2.81 才使看跌期权达到盈亏平衡。

第三节 实物期权

实物期权是在实物资产投资时可以拥有选择的权利,而不是义务。

第四章
期权定价理论在投资决策中的应用

 考点

实物期权常常在考试中出现，2011年就出现了关于放弃期权的考题。2012年6月考了后续(follow-on)期权。

当决策者有权利而不是义务采取某些行动时，就产生了期权。期权能够增值，因为期权能对不确定情况提供好的解决机会。

实物期权一般与实物资产相关。实物期权在项目发展的过程中具有弹性。实物期权给予了公司权利而不是义务，当公司陷入不利境地或者出现新机会时，可以采取对公司有利的行动。实物期权可能是保险的形式，也可能是利用有利的情况。

实物期权是"真实的期权"，即在现实的商业决策中可以采用的真实的选择。比如说，当矿产资源的价格低于开采费用时，自然资源类型的公司可能会放弃开采矿产。反之，拥有开采矿产权利的公司会在矿产价格高于开采费用时开始开采。这些类似的选择在衡量潜在投资的价值中是相当重要的，但往往在传统的投资评估技术（如净现值评估）当中容易被忽略。实物期权实际上是通过消除不好的结果来增加价值。

如果存在实物期权，那么未来现金流的数量就具有不确定性，这就需要管理者有应对不确定性的准备。

一、净现值评估的局限性

虽然净现值估值方法的适用性非常广泛，但这种方法也有不少局限性。

（一）应对不确定性

尽管现金流以合适的折现率进行了折现，但净现值并不能在项目的估值中应对不确定性。使用风险调整后的折现率只是降低了现金流的现值（折现率越高，现值越低），而不能向决策者提示现金流的变化范围。使用单一的折现率在某种意义上表明风险已经确定了，这没有考虑到项目及其现金流可能存在的多种不确定性。

（二）应对不确定性的弹性

净现值估值法没有考虑到管理者应对项目不确定性的弹性。这种弹性很可能成为项目中非常有价值的部分，而净现值估值法没有考虑到这一点，这无疑低估了项目的价值。

还拿开采矿产举例，当考虑新的开采项目，管理者经经常使用开采期限计划并用净现值法对项目进行估值。它包含了净现值法计算中需要的信息，如开采费用、开采项目的恢复率和矿产的数量、质量、分布等。这些都是影响项目现金流的因素。

但是现实中，管理层会根据实际的矿产开采率进行有一定弹性的管理。当外部或者内部的环境变化时，管理层可以增加或减少矿产的开采，也可能直接停止开采。当计算开采矿产的净现值时，管理弹性并没有考虑进去，净现值法一般假设开采率是固定的。这表明如果不考虑管理弹性或者不确定性，净现值法只能得出矿产价值的精确估计。（管理弹性没有价值，因为管理者准确地知道将要发生什么。）

为了应对净现值法的缺陷，实物期权可以加入计算当中。下面将讨论几种不同类型的实物期权。

二、延迟期权

> **考点**
> 2007年12月出了一道关于延迟期权价值的20分的题目,2011年6月也出了一道类似的期权问题。

当一家公司在特定时间对某个项目具有独有权利的话,则有可能推迟执行项目或者生产的时间。传统的投资分析只能告诉我们投资某个项目是否可行。因此,我们会根据项目的净现值为负或内含报酬率低于资本成本,从而不选择这个项目,但这并不意味着该项目所拥有的权利是无价值的。

假设一家公司为获得采矿许可证付出了C的价格,该公司在开始开采之前还需要另外支付一笔费用。该公司有3年的时间去开采矿产,3年后许可证将失效。假设目前矿产价格低而且净现值为负,该公司则会决定并不立即开采,而是有权在接下来3年中的任一时间,当净现值为正时才开始开采。这样公司支付了费用C,获得了基于开采现金流现值的美式期权,其执行价格等于额外的投资(I)。因此延迟期权的价值为:

NPV=PV−I,如果 PV>I

NPV=0,其他情况下

延迟期权的损益如图 4-3 所示。它和看涨期权的损益是一样的,唯一的不同在于标的物是现值(此例中 S=PV),而执行价格为额外的投资(X=I)。

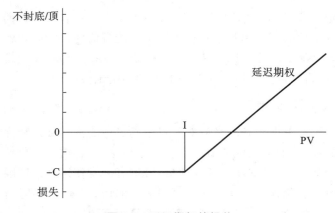

图 4-3　延迟期权的损益

三、扩张期权

扩张期权是公司获得在未来继续投资和进入新市场的权利的期权。最初项目从净现值看可能不值得投资,但当考虑了扩张期权,净现值可能变为正,使项目值得投资,则初始投资可以视为获得扩张期权所支付的费用。

扩张通常需要额外的投资,计为I,只有在通过扩张获得的现值多于额外的投资时,即现值＞I,公司才会同意额外的投资。如果现值＜I,则不会进行扩张。因此,扩张期权仍然是基于现值的看涨期权,执行价格为额外的投资。如图4-4所示。

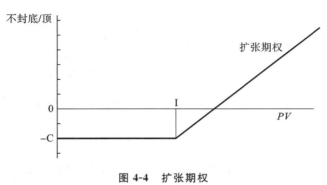

图 4-4 扩张期权

四、放弃期权

传统的资本预算分析假设项目在其寿命期之内的每一年都要运营,但是公司可以选择在项目寿命期内终止项目。这种期权就是放弃期权。放弃期权是指卖出项目期剩余现金流获得残值的权利,类似美式看跌期权。当剩余现金流的现值(PV)小于清算价值(L)时,就卖出资产,如图4-5所示。放弃期权实际上是执行看跌期权。这类期权对大型资本密集型项目十分重要,比如核电厂、航空公司和铁路。这种期权对新产品项目而言也很重要,因为市场对新产品的认可还存在不确定性,可能需要切换成更多的替代作用。

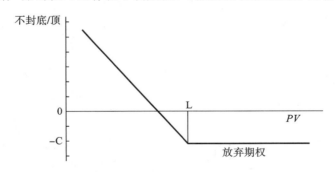

图 4-5 放弃期权

五、转换期权

当公司用生产性资产而不是原始的资产去进行相关活动,就产生了转换期权。当新活动所产生现金流的现值大于转换费用时,则会将资产从一个活动转换至另一个活动当中。放弃期权是特殊的转换期权。

这种期权对农业十分有用,比如,牛肉生产厂会对各种不同饲料之间的转换评估其价值,一般会选择最便宜的而且是可行的。

转换期权对公用事业也十分有价值。比如,电厂有权利转换不同的燃料来发电。特别是电厂可以选择只烧煤的设备或者烧煤或气的设备。折现现金流分析可能建议选择烧煤的设备，因为烧煤的设备更便宜。虽然双燃料设备成本更高，但弹性更大。管理层有权利选择使用哪一种燃料，并可以根据能源情况和煤/气的价格来回进行转换。这项期权的价值应该要被考虑到。

第四节　实物期权的估值

实物期权可用布莱克-斯科尔斯模型进行估值，但由于标的物不能交易，所以需要做一些调整。

考点

2007年12月有一道20分的考题，要求讨论布莱克-斯科尔斯模型用于实物期权估值的局限性。2011年6月则在B部分对延期期权的估值进行了考察。

一、布莱克-斯科尔斯期权分析

由于美式看涨期权可用布莱克-斯科尔斯模型估值，所以可以用该模型对实物期权进行估值。然而对金融期权和实物期权应用该模型存在一定的区别。最主要的问题是关于波动性的估计。因为实物期权中标的物资产不能交易，波动性非常难估计。主要的方法是用模拟分析估计波动性。由于扩张期权是看涨期权，其价值应为：

$$C = P_a N(d_1) - P_e N(d_2) e^{-rt}$$

式中，P_a——项目的价值；

P_e——扩张的额外投资；

$$d_1 = \frac{\ln\left(\frac{P_a}{P_e}\right) + (r + 0.5s^2)t}{s\sqrt{t}};$$

$d_2 = d_1 - s\sqrt{t}$。

类似地，放弃期权是看跌期权，其价值应为：

$$P = C - P_a + P_e e^{-rt}$$

问题

假设四季国际酒店正在考虑开始一个20年的项目，需要2.5亿美元和一个西班牙房地产开发公司合资开发一个分时度假房产项目，预期现金流的现值为2.54亿美元。由于项目净现值为0.04亿美元，很低，假设该公司有随时放弃这个项目的权利，并把购买的股票在未来5年内以1.5亿美元的价格卖给开发公司。对现金流的模拟分析得出现金流现值方差为0.09，5年无风险利率为7%。

考虑放弃期权，计算项目的总净现值。

答案：

放弃期权可以用布莱克-斯科尔斯模型估计，且放弃期权为看跌期权。

$$C = P_a N(d_1) - P_e N(d_2) e^{-rt}$$

第四章
期权定价理论在投资决策中的应用

$$P = C - P_a + P_e e^{-rt}$$

式中，P_a——项目现值＝2.54亿美元；

P_e——放弃的剩余价值＝1.5亿美元；

标准差——0.3；

时间——项目期＝5年；

无风险利率——7%。

$$d_1 = \frac{\ln\left(\frac{P_a}{P_e}\right) + (r + 0.5s^2)t}{s\sqrt{t}} = \frac{0.5267 + 0.115 \times 5}{0.6708} = 1.64$$

$$d_2 = d_1 - s\sqrt{t} = 1.64 - 0.3 \times \sqrt{5} = 0.97$$

使用正态分布表计算出 $N(d_1)$ 等。

$$N(d_1) = 0.9495$$
$$N(d_2) = 0.8340$$

看涨期权价值＝$254 \times 0.9495 - 150 \times 0.8340 e^{-0.07 \times 5} = 241.17 - 88.16 = 153.01$ 百万美元

看跌期权价值＝$153.01 - 254 + (150 e^{-0.07 \times 5}) = 153.01 - 254 + 105.70 = 4.71$ 百万美元

放弃期权的价值加上项目的净现值可知总净现值为8.71百万美元。

问题

Pandy公司考虑开始一个目前净现值为负3.5百万美元的项目。然而作为项目的一部分，Pandy公司会在5年内开发出新技术以打入亚洲市场。预计5年后投资费用为20百万美元。亚洲区的项目目前净现值为0，但管理层认为在5年后其净现值会随着经济环境的变化变为正的。

标准差为0.25，无风险利率为5%，pandy公司的资本成本为12%。

要求：计算扩张期权的价值。

答案：

项目的价值（P_a）在第五年为20百万美元。因此我们需要将其折现至第0年。即

$$P_a = 20 \text{ 百万美元} \times 0.567 = 11.34 \text{ 百万美元}$$

其他变量如下：

$P_e = 20$ 百万美元　$t = 5$　$s = 0.25$　$e^{-rt} = 0.779$

$d_1 = -0.288$

$d_2 = -0.288 - 0.5590 = -0.85$

$N(d_1) = 0.5 - 0.1141 = 0.3859$

$N(d_2) = 0.5 - 0.3023 = 0.1977$

扩张期权价值＝$(11.34 \times 0.3859) - (20 \times 0.1977 \times 0.779) = 4.376 - 3.080 = 1.296$ 百万美元

项目净现值＝$1.296 - 3.5 = -2.204$ 百万美元

该项目净现值为负，因此不可行。

二、实物期权的估值意味着什么？

实物期权的估值以及把实物期权的价值考虑进净现值的计算中，意味着考虑了项目

的不确定性。在第一个问题中(四季国际酒店)，放弃期权增加了项目的净现值，从而增加了项目的吸引力。然而，公司并不能收到实物期权的价值。这意味着在未来五年以1.5亿美元放弃这个项目，和这个选择(决策)相关的价值是4.71百万美元。在放弃期权执行之前，四季国际酒店仍然可以开发潜在的更大的市场。这样做也能减少项目的不确定性。在四季国际酒店做出放弃决定之前的时间反映在考虑了实物期权的项目价值当中。

在Pandy公司的问题中，一个具有负净现值的项目，在考虑了项目扩张的实物期权价值后，就变为可行的项目。公司同样不会收到实物期权的价值，但与期权对应的价值应当用于投资评价。

考点

记住对结果的解释与计算一样重要，确保你知道实物期权的含义并准备好在考试中对其含义进行讨论。

三、布莱克-斯科尔斯模型的基本假设

布莱克-斯科尔斯模型有如下假设：
(1)正态性。此模型假设标的物的收益遵循正态分布。
(2)完美市场。这表明市场的变动不可预测，因此标的物资产的收益率是随机游走的。
(3)不变的利率。布莱克-斯科尔斯模型中的无风险利率是假设已知且保持不变的。
(4)不变的波动性。该模型假设项目的波动性已知且在项目期内不变。
(5)资产的可交易性。该模型假设存在标的物资产交易的市场，所以标的物可以被交易。

最后两个假设并不适用于实物期权。尽管波动性短期内不变，但长期内不会保持不变。而标的物资产总可以用来交易的假设，也限制了模型对于实物期权估值的适用性。

考点

这些假设可能会在对布莱克-斯科尔斯模型的讨论中考到。因为大多数假设是不现实的，因此可推出期权价值只是估计值，并不准确。

在2011年6月的考题中要求对实物期权估值的局限性进行讨论。了解以上假设对解答题目有非常大的帮助。

第五章
国际投融资决策

 本章重难点分析

本章考虑项目评估的国际层面。承接国外项目的公司会暴露在汇率风险以及其他风险中,例如外汇管制、税收和政治风险。

在这一章中,着眼于跨国公司的资本预算方法,跨国公司在其决策过程中会具有更多的复杂性。

第一节 概 述

很多公司正在评估中的项目有可能是国际层面的,例如,项目的部分产品是用于出口的。在评估旅游开发时,公司可能会假设前来观光的外国游客的人数。进口商品和材料是确定现金流量的一个因素。这些例子都表明汇率将对公司的现金流产生影响。

承担国外项目的公司还会面临除了汇率风险以外的其他类型的风险,例如,外汇管制、税收和政治风险等。因此,在做决策过程中跨国公司的资本预算方法需要考虑这些额外情况的复杂性。

第二节 汇率假设对项目价值的影响

在国内项目中,净现值等于折现现金流量加上终值(按加权平均资本成本折现)的总和,再减去原始投资。

当评价一个国外项目的时候,我们必须考虑一些特殊注意事项,例如,影响项目现值的当地税率,双重征税协议以及政治风险。国际项目中最主要的考虑因素当然是汇率风险,它是由于现金流以外币标价所产生的风险。国际项目的评估需要估计汇率。

一、购买力平价理论

购买力平价理论是指当两个国家的货币购买力相等时,两个国家之间的汇率处于相同的均衡状态。购买力平价理论表明外币的交换价值取决于每种货币在其本国的相对购

买力,并且指出即期汇率会根据相对价格的变化而随时间变化。计算公式为:

$$S_1 = S_0 \times \frac{1+h_c}{1+h_b}$$

式中,S_1——期望的即期汇率;
S_0——当前的即期汇率;
h_c——国家 c 的期望通胀率;
h_b——国家 b 的期望通胀率。

请注意,所期望的未来即期汇率没有必要与"远期汇率"的当前报价相一致。

假设英国英镑和丹麦克朗之间的即期汇率为 1 英镑=8.00 克朗。现在有这样的购买力平价,在英国价值 110 英镑的商品在丹麦将要花费 880 克朗。一年之后,丹麦的价格通胀率预期为 5%,而在英国价格通胀率预期为 8%。在年底预期的即期汇率为多少?

使用上面的公式:

$$\text{期望即期汇率 } S_1 = 8 \times \frac{1+0.05}{1+0.08} = 7.78$$

如果我们对比一下商品的通胀价格,我们会得到相同的数字。在年末:

英国价格=110×1.08=118.80 英镑

丹麦价格=880×1.05=924 克朗

$$S_t = 924 \div 118.8 = 7.78$$

在现实中,从长期来看汇率会向购买力平价移动。然而,在相对通胀率能够预测时,该理论有时在投资评估问题中用于预测未来汇率。

二、利率平价理论

在利率平价理论下,即期汇率和远期汇率的差异反映了利率的差异。

关键术语

利率平价理论是基于两个国家利率的差额可以和同一时期即期汇率与远期汇率的差额相抵消的假设来预测汇率。

在利率平价理论下,远期汇率与即期汇率之间的差额反映了两个国家利率的差额。投资者如果持有低利率的货币,会将其转换成高利率的货币,并通过提前锁定远期汇率以确保在换回最初的货币时不会遭受损失。如果足够多的投资者都这样做,供需变化会导致远期汇率变化,使得无风险收益不复存在。

利率平价理论的原理将汇率市场和国际货币市场结合了起来。公式如下:

$$F_0 = S_0 \frac{1+i_c}{1+i_b}$$

式中,F_0——远期汇率;
S_0——即期汇率;
i_c——外国的利率;
i_b——本国的利率。

这个公式把即期汇率和远期汇率与利率联系了起来。

第五章
国际投融资决策

问题

一家美国公司将在一年内收到赞比亚的货币克瓦查。假设即期汇率为 $1 = ZMK4819$。该公司能够以 7% 的利率借入克瓦查,以 9% 的利率借入美元。

计算一年后的远期汇率。

答案:

本国货币是美元,因此美元的利率应在公式的分母中出现。

$$F_0 = 4819 \times (1+0.07)/(1+0.09) = 4730.58$$

由于利率平价理论无法预测到的未来的事项会导致无法预料到的汇率变动,这种预测被认为是不准确的。一般来说,利率平价理论在预测未来汇率方面没有购买力平价理论准确。

某种货币借款会比其他的货币便宜,但在考虑了汇率可能升值之后,之前明显便宜的跨国借款可能变得相当昂贵。

问题

Cato 是一家波兰公司,需要一年期的 5000 万兹罗提借款。它能以年利率 10.80% 借入兹罗提,但也能仅以 6.56% 的年利率借入英镑借款。假设即期汇率为 1 英镑 = 5.1503 兹罗提,公司决定以 6.56% 的年利率借入 1000 万英镑的借款。以即期汇率转换成兹罗提,该借款能换入 5150.3 万兹罗提。在一年后偿还本金时一同支付利息。

假设汇率变动遵循利率平价理论,要求计算以兹罗提表示的利息费用和本金,计算借款的实际利率。

答案:

根据利率平价理论,兹罗提一年后将贬值,期望的即期汇率:

$$5.1503 \times 1.1080 / 1.0656 = 5.3552$$

时间	£'000	汇率	兹罗提'000
现在借款	10000	5.1503	51503
一年后年利率 6.56% 的利息			(656)
本金还款	(10000)	5.3552	
	(10656)		(57065)

实际利率为 $57065/51503 - 1 = 10.80\%$,和借入兹罗提的利率一样。

以这种借款为项目融资时,需要在折现率中考虑其影响,由于折现率比预期的要高,项目的净现值会变低(可能会使项目变得不可行)。

三、国际费雪效应

国际费雪效应指出,高利率的货币预期会相对于低利率的货币贬值。

根据国际费雪效应,国家之间利率的差异为未来即期汇率的变化提供了一个无偏差的预测。利率相对较高的国家的货币会对利率较低的货币贬值,因为较高的利率被认为有必要去弥补预期的货币贬值。假定国际资本自由流动,这一想法表明不同国家的实际收益率会由于即期汇率的调整结果而相同。

国际费雪效应可以这样表示:

$$\frac{1+i_c}{1+i_b}=\frac{1+h_c}{1+h_b}$$

式中，i_c——国家 c 的名义利率；

i_b——国家 b 的名义利率；

h_c——国家 c 的通胀率；

h_b——国家 b 的通胀率。

问题（预测汇率 1）

假设美国的名义利率为 5%，当前的通胀率为 3%。如果英国当前的通胀率为 4.5%，那么英国的名义利率是多少？美元兑英镑预期是升值还是贬值？

答案：

美元是基准货币。

$$\frac{1+i_c}{1+0.05}=\frac{1+0.045}{1+0.03}$$

$$1+i_c=(1+0.05)\times\frac{1+0.045}{1+0.03}$$

因此，$i_c=6.5\%$。

美元预期对英镑升值，因为美国的利率更低。由于国际费雪效应，低利率的货币相对高利率的货币会升值。

问题（预测汇率 2）

如果英国的名义利率为 6%，美国的名义利率为 7%，那么预期美元兑英镑的汇率应该如何变化？

答案：

由于

$$r_\$ - r_£ = 0.01$$

则有

$$\frac{e_1-e_0}{e_0}=1\%$$

这意味着美元将贬值 1%。

四、预期理论

预期理论着眼于远期汇率和即期汇率的差异与即期汇率的预计变化之间的关系。

预期理论的公式为：

$$\frac{即期汇率}{远期汇率}=\frac{即期汇率}{预计未来即期汇率}$$

五、计算国际项目的净现值

国际项目的净现值可以通过转换现金流或者净现值来计算。

有两种计算国外项目净现值的方法。

第一种：

(1) 预测外币现金流（考虑通货膨胀）。

(2) 预测汇率,转换为本币现金流。
(3) 用国内资本成本折现本币现金流。

第二种:
(1) 预测外币现金流(考虑通货膨胀)。
(2) 以外币资本成本折现,计算外币净现值。
(3) 按即期汇率转换为本币净现值。

问题(国外投资评估)

Bromwich 公司是一家美国公司,正考虑一个英国的新项目。这个项目需要 12.5 亿英镑的初始投资支出,在项目营运 5 年结束时没有残值。同时需要 5 亿英镑的营运资金,这将在项目结束时收回。因此,初始投资为 17.5 亿英镑。项目每年预计产生 8 亿英镑的税前净现金流。

假设英国的公司所得税税率为 40%,按直线折旧法计提的折旧允许抵税。又假设英国的税费是在应税利润出现的下一年年底支付。

英国和美国之间存在免除双重征税协议,这意味着不需要对项目利润支付美国税金。

假设当前英镑与美元的即期汇率是 £0.625 = $1,美国的通货膨胀率为 3%,英国的通货膨胀率为 4.5%。Bromwich 公司在美国投资类似风险项目的税后收益率为 10%。

要求:用两种方法计算项目净现值。

答案:

方法 1:将英镑现金流转换成美元现金流,用美元的资本成本折现。

首先要预测 1—6 年的汇率,可以用购买力平价理论预测。

$$S_1 = S_0 \times \frac{1+h_c}{1+h_b}$$

年度	$/£ 预期	即期汇率
0		0.625
1	0.625×(1.045/1.03)	0.634
2	0.634×(1.045/1.03)	0.643
3	0.643×(1.045/1.03)	0.652
4	0.652×(1.045/1.03)	0.661
5	0.661×(1.045/1.03)	0.671
6	0.671×(1.045/1.03)	0.681

单位:百万英镑/百万美元

	0	1	2	3	4	5	6
资本	(1750)					500	
净现金流		800	800	800	800	800	
折旧		250	250	250	250	250	
税			(220)	(220)	(220)	(220)	(220)
净现金流	(1750)	800	580	580	580	1080	(220)
汇率 $/£	0.625	0.634	0.643	0.652	0.661	0.671	0.681

美元现金流	(2800)	1261.83	902.02	889.57	877.46	1609.54	(323.05)
折现系数	1	0.909	0.826	0.751	0.683	0.621	0.564
现值	(2800)	1147.00	745.07	668.07	599.31	999.52	(182.20)
美元净现值	1176.77						

方法 2：将英镑的现金流以调整后的资本成本折现。

在使用第二种方法时，我们需要知道本国项目的资本成本。如果我们仍然使用英镑的现金流，则需要同时考虑美元的折现率和两个国家的通货膨胀率，即国际费雪效应的应用。

$$\frac{1+i_c}{1+i_b} = \frac{1+h_c}{1+h_b}$$

$$\frac{1+i_c}{1+0.10} = \frac{1+0.045}{1+0.03}$$ （i_c 为英国的折现率）

$1+i_c = 1.116$，则 i_c 近似于 12%。

英镑现金流应以此折现率进行折现。

	0	1	2	3	4	5	6
资本	(1750)					500	
净现金流		800	800	800	800	800	
折旧		250	250	250	250	250	
税			(220)	(220)	(220)	(220)	(220)
净现金流	(1750)	800	580	580	580	1080	(220)
折现系数	1	0.893	0.797	0.712	0.636	0.567	0.507
现值	(1750.00)	714.40	462.26	412.96	368.88	612.36	(111.54)
英镑净现值	709.32						

以即期汇率将净现值转换为美元。

净现值 = £709.32 = $1134.91

注意两种方法的结果基本一致(有差异是因为小数的原因)。第一种方法中美元由于相对低通膨率而升值(对英镑换美元不利)，在第二种方法中英国的折现率更高，因为英国的通货膨胀率更高(净现值将变低)。

六、汇率对净现值的影响

由于我们已经创建了一个汇率改变对国外项目净现值影响的分析框架，我们可以使用净现值公式来计算汇率改变对以英镑计价的项目净现值的影响。

净现值 = 英镑现金流量折现值之和

加上：英镑终值折现值(终值等于收回的营运资金和残值收入)

减去：英镑初始投资(按即期汇率转换的)

当英镑相对于某种外币贬值时，净现金流量的英镑价值上升，净现值也因此上升。相反的情况会在国内货币升值的时候发生。在这种情况下，现金流量的英镑价值下降，而项目的英镑净现值也下降。英镑净现值与汇率的关系可用图 5-1 表示。

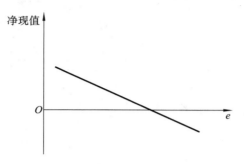

图 5-1　英镑净现值与汇率的关系

问题（预测汇率变动的影响）
计算以下三种不同情境下，Bromwich 公司英国项目的净现值。
(a) 假设项目期内汇率保持恒定为 £0.625＝$1。
(b) 假设美元每年升值 1.5%。
(c) 假设美元每年贬值 1.5%。

答案：
如果美元每年贬值 1.5%，则

年度		汇率($/£)
0		0.625
1	0.625/1.015	0.616
2	0.616/1.015	0.607
3	0.607/1.015	0.598
4	0.598/1.015	0.589
5	0.589/1.015	0.580
6	0.580/1.015	0.571

三种情况下的净现值如下所示。折现率为 10%。

		美元现金流（百万美元）		
年度	英镑现金流（百万英镑）	不变汇率（£0.625＝$1）	美元每年升值 1.5%	美元每年贬值 1.5%
0	(1750)	(2800)	(2800)	(2800)
1	800	1280	1261.83	1298.70
2	580	928	902.02	955.52
3	580	928	889.57	969.90
4	580	928	877.46	984.72
5	1080	1728	1609.54	1862.07
6	(220)	(352)	(323.05)	(385.29)

| 净现值
（折现率10%） | 1336 | 1065.24 | 1509.78 |

第三节 预测国外项目的现金流

计算国外项目的现金流需要考虑下列几个因素。

一、出口的影响

当一家跨国公司在已经出口的其他国家设立一家子公司，与项目评估相关的现金流应该考虑在特定国家的出口利润的损失。项目净现值应该明确地考虑该潜在损失，该损失可写成：

损失＝折现（净现金流－出口）＋折现终值－初始投资

折现率为加权平均资金成本（WACC）。

二、税收的影响

由于税收影响项目的可行性，所以对项目评估有重要影响。国际环境下税收主要包括：①东道国的公司所得税；②东道国的投资税收减免；③东道国的预扣所得税；④东道国的双重征税减免；⑤东道国的外国税收减免。

税收对公司决策的重要性表现在一些跨国公司利用避税港作为一种在资金遣返或者再投资之前延迟税收的手段。避税港具有以下特点：

（1）外国投资或者本地公司销售收入的所得税，以及向母公司支付的分红预扣所得税很低。

（2）有一个稳定的政府和稳定的货币。

（3）有足够的金融服务支持设施。

假设印度尼西亚共和国的所得税税率为20%，英国的公司所得税税率为30%，两个国家之间存在双重课税减免协议。一家英国公司在印度尼西亚共和国运营的子公司赚取了100万英镑的利润，因此支付了20万英镑的利润所得税。当该利润汇回英国，英国的母公司可以对全额为30万英镑的英国税收支出申报20万英镑的税收抵免，因此只需支付10万英镑的税。

问题（国际投资1）

美国Flagwaver公司正考虑花2000万欧元在斯洛文尼亚成立一家子公司。子公司将运营4年，项目的净现金流如下：

	净现金流（欧元）
第1年	3600000
第2年	4560000
第3年	8400000
第4年	8480000

第五章
国际投融资决策

假设汇回的利润预扣所得税税率为10％,汇率保持在€1.50＝$1。在第4年期末,斯洛文尼亚政府将会以1200万欧元买下该工厂,这一数额可以免预扣所得税汇回本国。

如果要求的回报率为15％,项目的净现值为多少？

答案：

汇款		折现系数(15％)	折现现金流
€	$		$
3240000	2160000	0.870	1879200
4104000	2736000	0.756	2068416
7560000	5040000	0.658	3316320
19632000	13088000	0.572	7486336
			14750272

(解释：每年汇回的利润要扣10％的税,第4年的汇款额为 $8480000×(1-10\%)+12000000=19632000$ 欧元)

净现值 $=14744058-\dfrac{20000000}{1.5}=1410725$ 美元

问题(国际投资2)

英国Goody公司正考虑在美国成立一家子公司,成本为2400000美元,其中包括2000000美元的固定资产和400000美元的运营资本。子公司预计年销售额为1600000美元,每年付现成本为1000000美元。

公司计划运营4年,期满后预计子公司固定资产的可变现价值为800000美元。公司的政策是在每年年底将尽可能多的资金汇回母公司。假设美国的所得税税率为35％,并且延期一年支付。英国和美国之间存在免除双重课税协议,因此不会产生英国税收。可抵税的折旧对所有固定资产按25％直线法计提,折旧抵税从投资之后的下一年即 t_1 开始产生。由于美元和英镑之间的汇率波动,公司为了免受风险,通过筹集欧元贷款来为该项目融资。公司项目的资金成本为16％。计算项目的净现值。

答案：

每年的可抵税折旧(writing-down allowance,WDA)为2000000美元的25％,即500000美元,因此每年的折旧抵税(按35％税率计算)为175000美元。

年度	投资	边际利润	所得税	WDA和可变现价值的节税	净现金流	折现系数	现值
	$m	$m	$m	$m	$m	(16％)	$m
0	(2.4)				(2.400)	1.000	(2.400)
1		0.6		(0.175)	0.775	0.862	0.668
2		0.6	(0.21)	(0.175)	0.565	0.743	0.420
3		0.6	(0.21)	(0.175)	0.565	0.641	0.362
4	1.2*	0.6	(0.21)	(0.175)	1.765	0.552	0.974

5		(0.21)	(0.280)**	(0.490)	0.476	(0.233)
						(0.209)

* 固定资产可变现价值 800000 美元加上运营资本 400000 美元。

** 假设固定资产可变现价值应纳税，由于资产的账面价值残值应为 0，所以为 800000 美元的 35％，即 280000 美元。

净现值为负值，所以项目按 16％作折现率时不可行。

三、补贴的影响

补贴是东道国为跨国公司提供优惠贷款，以吸引其在东道国内投资的一种途径。优惠贷款所带来的收益应该包含在净现值计算当中。优惠贷款的收益等于按市场条件借款的还款与优惠贷款的还款两者之间的差额。

四、外汇管制的影响

受外汇管制的影响，计算国外项目的净现值时，只有部分预计遣返的现金流量应该纳入净现值计算中。

五、交易成本对国际项目净现值的影响

公司在国外投资时，由于货币转换或者其他管理支出会产生交易成本。这些成本也应该加以考虑。

第四节 外汇管制的影响

一、外汇管制的性质

外汇管制是指限制外币在一个国家的流入和流出，以捍卫本国货币或者保护外汇储备。外汇管制一般在发展中国家和欠发达国家的限制性更强，但是在一些发达国家也依然存在。这些管制措施采取以下形式：

（1）限额配给外汇供应。以外币进行的国外付款受有限供应量的限制，这阻止了企业想从国外购买的数量。

（2）限制允许国外付款的交易类型。例如，暂停或者阻止向国外股东支付分红，又如跨国公司的母公司，会遇到资金冻结问题等。

二、外汇管制对投资决策的影响

为了研究外汇管制对投资决策的影响，我们可以使用净现值的基本公式。

步骤 1：把净现金流转换成本国货币，并按加权平均资金成本（WACC）折现。

步骤 2：把终值转换成本国货币，并按加权平均资金成本（WACC）折现。

步骤 3：将步骤 1 和 2 的数值加起来，再减去原始投资（同样转换成本国货币）。

假设直到第 N 期才有资金汇回本国，那时项目已经结束，那么净现值的计算如下：

步骤1:把所有的净现金流加起来,然后加上终值。
步骤2:把步骤1的值转换成本国货币。
步骤3:把步骤2的值按加权平均资金成本(WACC)折现。
步骤4:把原始投资转换成本国货币。
步骤5:把步骤3的值减去步骤4的值,得到净现值。

以上步骤中计算假设未遣返的资金不被用于投资。如果我们假设现金流量在每一期都被用于投资,并且收益率为 i,那么净现值将按以下步骤计算:

步骤1:把终值转换成本国货币,并按加权平均资金成本(WACC)折现。
步骤2:把净现金流转换成本国货币,加上利息,然后按加权平均资金成本折现。
步骤3:把原始投资转换成本国货币,并从步骤1和2的数值之和中扣除。

外汇管制的影响取决于收到的利率以及资本成本。

问题(汇率控制)

重新考虑在问题(国际投资1)中 Flagwaver 公司以及在斯洛文尼亚的计划子公司的情况。现在假设前3年没有资金汇回本国,但是全部资金被允许在第4年汇回本国市场。资金可以按每年5%的收益率用于投资。该项目可行吗?

答案:

(解释:前3年不允许资金汇回本国,只能在所在国当地进行再投资,并获得对应每年5%的收益。所以,第4年的收益用 $r=5\%$ 的复利方式进行计算。)

年度	第1年支付	第2年支付	第3年支付	第4年支付
1	€3600000			
2		€4560000		
3			€8400000	
4*	€4167450	€5027400	€8820000	€8480000
预扣所得税(€)	(416745)	(502740)	(882000)	(848000)
净现金流(€)	3750705	4524660	7938000	7632000
汇率($/€)	1.50	1.50	1.50	1.50
现金流($)	2500470	3016440	5292000	5088000

*第一年支付等于初始的利润€3600000+3年各5%的投资收益,即

€3600000×1.05×1.05×1.05=€4167150

第二年、第三年依此类推。预扣所得税是第4年末终值的10%。第四年末总的净现金流是$15896910。当考虑残值$8000000时,总现金流为$23896910,折现率15%,现值为$13669033。

净现值= $13699033−(€20000000/1.50)= $365700

注意有外汇管制时项目净现值降低了74%(原值为$1416939),但项目仍然可行。

第五节 折算、交易和经济风险

外汇风险可能会以各种形式出现。外贸公司和跨国公司都会受到汇率浮动的影响。一般来说,外汇风险可以分为交易风险、折算风险以及经济风险。

一、交易风险

交易风险是指在正常的国际交易中产生相反汇率变动的风险。

例如,一家美国公司经营一家国外子公司时,可能会产生交易风险。公司在外国经营会遇到不同形式的交易,例如进行购买、销售、金融交易时,需要以外币计价。在这些情况下,母公司常常需要转换本国货币来为交易提供必要的货币。即使国外子公司独立经营,不依靠母公司提供现金,子公司最终也还是要把股利汇回母公司。此时也需要将外币转换为本国货币。

二、折算风险

折算风险是指公司在将国外分公司或子公司的会计核算结果转换为本币时,产生转换损失的风险。

跨国公司如果有资产和负债以外币计价的国外子公司,就会出现折算风险。折算风险的产生是因为公司经营情况必须最终以本国货币计价,并且要反映在公司的财务报表中。一般来说,当汇率发生变化时,国外子公司的资产和负债的本国货币价值也会发生改变。这种改变可以引起交易损失或者收益,这将在财务报表中予以确认。子公司的资产和负债的性质和结构决定了母公司的折算风险程度。

三、经济风险

经济风险是指由于汇率变动而降低公司国际竞争力的风险。它是公司未来现金流现值受汇率变动影响而降低国际竞争力的风险。经济风险不同于交易风险的是,即使公司不参与到外币交易中,公司的价值也可能降低。

由于经济敞口是长期的,所以很难找到可以有效对冲风险的衍生品。但是还是有不同的措施可以降低经济风险。

1. 匹配资产和负债

海外子公司应该尽可能以当地所使用的货币借款。一家跨国公司应尽量在各个国家匹配适当的资产和负债。

2. 供应商和客户多样化

如果一家供应商所在国家的货币贬值,则购买原料价格会相对便宜。

3. 国际运营多样化

跨国公司预测其所在的某一个国家将遭受经济风险,那么国际范围的运营可以降低因某个国家的经济风险带来的公司经营风险。

4. 改变价格

跨国公司为了应对汇率变动会相应改变价格,价格变动幅度取决于公司的竞争状况。

第六章
资本成本和风险

本章重难点分析

本章目的是复习解释资本结构和在投资评估中资本结构的作用的一些理论。介绍完不同的资本结构理论之后,然后将研究评估公司的调整后的现值方法。

第一节　资本结构理论

一、平均资本成本的传统观点

平均资本成本的传统观点如下:

(1)随着杠杆率升高,债务成本在杠杆率所在的一定范围内保持不变。超过这个范围,债务成本会随着利息保障倍数的下降而升高。可用于抵押的资产减少,破产风险增加。

(2)权益成本随着杠杆率升高而升高,财务风险也随之增高。

(3)平均资本成本并不是保持不变的,一开始可能会由于债务资本的增加而降低,之后由于权益成本变高而升高。

(4)在公司的平均资本成本最低时,得到最优杠杆率。

关于资本成本的传统观点如图 6-1 所示,这表明平均资本成本在杠杆率为 P 时最小。图中,K_e 为权益成本,K_d 为债务成本,K_o 为平均资本成本。

传统观点下的平均资本成本在图中为茶托状。在平均资本成本最低时(图 6-1 中的 P 点)达到最优的资本结构。

二、净营业收益

MM 理论认为财务结构对资本成本没有影响,因此一个项目如何融资对项目价值无影响。

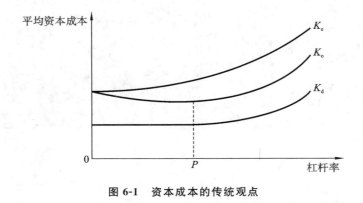

图 6-1 资本成本的传统观点

> **考点**
> 考官只要求考生知道 MM 理论的重要观点,不需要详细了解。

净营业收益的方法与平均资本成本的观点不同。在 1958 年的 MM 理论中,公司的总市场价值在不考虑税的情况下有如下两个决定因素:

(1)公司的总收益。

(2)和收益相关的经营风险。

公司的总市场价值可以用经营风险相关的折现率对总收益折现,折现率即公司的平均资本成本。MM 理论得出结论:公司的资本结构对平均资本成本或总市价没有影响。

MM 理论在得出结论之前有以下几点假设:

(1)在完美市场中,投资者能得到相同的信息,并能理性投资,对未来的风险和收益有相同的期望。

(2)没有税收和交易成本。

(3)债务是无风险的且投资者和公司可用相同的成本借款。

下面,从套利的角度分析 MM 理论。

关键术语

套利(arbitrage):在不同市场同时进行买卖活动,目的是利用不同市场的不同价格赚取无风险收益。

两个有相同收益的公司在相同经营风险的情况下有相同的价值。

如果 MM 理论成立,则说明:

(1)杠杆率增高,债务成本保持不变;

(2)权益成本会升高以保持平均资本成本不变,如图 6-2 所示。

三、有税的 MM 理论

MM 理论提出债务在无税的情况下没有任何好处,考虑了税收之后,债务成本要乘以

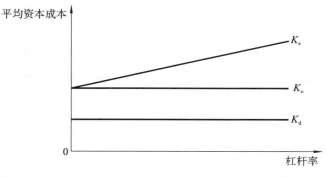

图 6-2　MM 理论

$(1-T)$，其中 T 为税率(假设债务不可赎回)。

MM 理论在考虑利息费用的税收优惠后，借款变得便宜了。平均资本成本在有债务的情况下会减少，平均资本成本会持续下降，直到杠杆率达到 100%(见图 6-3)。

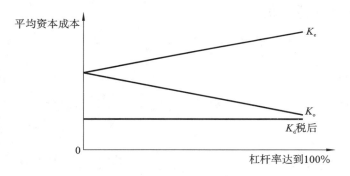

图 6-3　有税的 MM 理论

四、权益成本的公式

从有税 MM 理论的原理中可以得出权益成本的公式：

$$K_e = K_e^i + (1-T)(K_e^i - K_d)\frac{V_d}{V_e}$$

式中，K_e——有负债公司的权益成本；

K_e^i——无负债公司的权益成本；

V_d, V_e——债务和权益的市场价值；

K_d——税前债务成本。

五、MM 理论下的权益成本计算举例

问题

Shiny 公司是无杠杆公司，权益成本为 10%。Shiny 公司考虑在资本结构中加入贷款利率为 5% 的负债用于回购股票。当权益回购后，债务权益比为 1∶4，假设税率为 30%。

(a)Shiny 公司借款后的修正权益成本。

(b)Shiny 公司在折现率为多少时能开始执行该项目,并对结果进行讨论。

答案:

(a)$K_e = 0.10 + (1-0.3)(0.10-0.05) \times 0.25 = 10.9\%$。

(b)平均资本成本 $= (0.2 \times 0.7 \times 0.05) + (0.8 \times 0.109) = 9.42\%$。

平均资本成本低于原来无杠杆的时候,表明未来的投资将给股东带来更多的财富。更多的项目将因为折现率下降变得可行。

六、MM 理论的弱点

MM 理论有以下值得注意的地方:

(1)MM 理论假设资本市场是完美的,比如,公司总能够筹得资金去开始可行的项目。这恰好忽略了高的杠杆率可能导致财务困境和破产风险。

(2)交易成本会阻碍套利行为。

(3)投资者被认为是理性的,但这在现实中并不总是成立的。

七、资本结构相关的结论

资本结构理论的实际影响可以概括为:

低	杠杆率	高
新公司		成熟的公司
波动的现金流		稳定的现金流
税收优惠<财务困境成本		税收优惠>财务困境成本

八、资本结构的其他理论

(一)权衡理论

债务融资可以产生可抵税的利息。但是,债务融资的增加会增加公司的破产概率,债务融资意味着需要支付更多的利息。公司可以不支付股利,但不能不支付利息。不能及时支付利息费用会使公司进入财务困境,甚至导致公司破产。

公司面临的财务困境成本主要有以下两类。

第一,公司面临的直接财务困境成本是指和破产与重组相关的司法成本和管理成本。研究表明这样的成本占公司价值的 1%~5%。

第二,间接的财务困境成本主要有以下几类:

(1)更高的资本成本(债务或者权益)。

(2)由于失去信任和不好的服务所失去的销售额。

(3)管理者或者员工采用极端的行动去挽救公司可能导致出现长期性的问题。这样的行动可能是关闭工厂、缩小规模、极度减少成本和卖出资产。这些行动最终会降低公司的价值。

(4)公司可能留不住专业的管理者和员工,这对公司的长远发展不利。

公司应该利用税收优惠去增加杠杆，但必须是在边际收益超过财务困境的边际成本时才可以去增加杠杆。反之，公司的价值开始降低，平均资本成本开始升高。这就称为权衡理论。

财务困境对公司价值和平均资本成本的影响如下：公司价值在税收减免的边际收益等于财务困境的边际成本时达到最大，同时平均资本成本最小。平均资本成本是债务成本和权益成本的加权平均，或者是为保持正常运行去满足利益相关者需求的最小回报。该理论基于债务融资一般比权益融资便宜，因此，在债务成本和权益成本不变的情况下，公司可以通过增加债务去降低资本成本。

然而，公司不能过度增加债务，在现实中，过高水平的债务增加了违约风险，债权人和股东需要增加资本回报。因此平均资本成本曲线是 U 形的，且债务成本和权益成本随着破产风险增大而增高。相关的公司价值曲线是倒 U 形的，当平均资本成本最小、公司价值最大时，产生最优负债率。

(二) 代理理论

代理理论给出了在基于债务和权益引起的代理成本下的最优资本结构基本原理。

(1) 债务的代理成本。

债务的代理成本只在违约风险产生时存在。如果债务完全没有违约风险，债权人完全不用担心收回成本和公司的风险及价值。杠杆增加使违约风险增加，随之产生重大的破产成本。

如果存在违约的可能性，股东会在损害债权人的情况下获益。例如，公司在发行债务后开始重组资产，卖出低风险的资产同时买入高风险的资产，这使得违约可能性变高，但能带来高期望回报。如果一切进行顺利，股东能得到更多回报，如果不顺利，损失由债权人承担。

(2) 权益的代理成本。

有新股发行就存在代理成本，这部分的代理成本是因为老股东和新股东的潜在冲突。新股东要监督公司的管理，以防止老股东以损害新股东的利益而获利。因此，新股发行相关的费用随着发行股数的增加而增加。

在股东得到的债务收益等于债务成本时，产生最优的资本结构。

(三) 优序融资理论

不同融资方式的优先融资顺序为：

(1) 留存收益。为避免不必要的风险，管理层会尽量用内部资金融资。

(2) 债务融资。内部资金用完，但仍然有获得正向的净现值的机会，管理层会用债务融资，直到公司的债务达到临界值。可以先筹集有抵押的债务（风险更小），之后再筹集无抵押的债务。

(3) 权益融资。最后才会选择权益融资。

第二节 项目特定的资本成本

(a) 很难估计不同经济环境下的项目收益率、市场收益率等。

(b)资本资产定价模型(CAPM)是一个单期模型,很少有投资项目只持续一年。因此,CAPM要求与市场有关的项目绩效和经济环境都要稳定。

理论上,可以将CAPM应用于每一期,因此得到连续的折现率用于项目寿命期的每一年。实际上,这加剧了前面提到的预测问题的难度,使折现过程更加难以处理。

(c)很难确定无风险利率。政府债券通常被视为无风险,但其收益率也随到期时间的变化而有变化。

(d)部分专家认为,使用复杂统计计算得到的 β 值,经常会使高 β 值被高估,而低 β 值则容易被低估。

一、β 值与杠杆效应

公司杠杆会影响公司的权益 β 值。如果公司有负债,其财务风险比无负债公司的风险要更高。因此,有负债公司的权益 β 值会高于类似无负债公司的权益 β 值。

CAPM 与 MM 理论有关。MM 理论认为,当负债上升,权益成本也上升,以弥补股东投资于负债公司的额外财务风险。该财务风险是系统风险的一方面,应当反映在公司 β 值中。

二、有负债的 β 值与无负债的 β 值

$$\beta_a = \left[\frac{V_e}{V_e+V_d(1-T)}\beta_e\right] + \left[\frac{V_d(1-T)}{V_e+V_d(1-T)}\beta_d\right]$$

β_d 通常假设为 0,所以有税时的公式简化为:

$$\beta_a = \frac{V_e}{V_e+V_d(1-T)}\beta_e$$

问题

两家公司除了资本结构之外其他都相同。其市场价值处于平衡状态,如下所示:

	有负债公司	无负债公司
	$ '000	$ '000
息税前利润	1000	1000
—利息(4000×8%)	320	0
	680	1000
—税(税率30%)	204	300
税后利润=股利	476	700
权益市场价值	3900	6600
债务市场价值	4180	0
公司总市场价值	8080	6600

有负债公司的总价值比无负债公司高,与 MM 理论相符。

假设:税后利润全部作为股利支付,因此没有股利增长;无负债公司的 β 值是 1.0;有负债企业的债务资金是无风险的。

计算:

(a)有负债企业的权益成本;

(b)市场收益率 R_m；
(c)有负债企业的 β 值。

答案：
(a)因为市场价值均衡，有负债企业的权益成本计算公式为：
$$\frac{d}{MV} = \frac{476}{3900} = 12.20\%$$

(b)无负债企业的 β 值是1.0，意味着无负债企业的预期收益率就等于市场收益率，计算公式为：
$$R_m = 700/6600 = 10.6\%$$

(c) $\beta_e = \beta_a \times \dfrac{V_e + V_d(1-T)}{V_e} = 1.0 \times \dfrac{3900 + (4180 \times 0.7)}{3900} = 1.75$。

正如我们所预期的，有负债公司的 β 值比无负债公司的高。

三、使用转换公式求 β 值

另外一种估计公司权益 β 值的方法是使用具有类似经营特征上市公司的收益率。例如，某个私有公司想评估一个新投资项目，需要确定合适的资本成本作为折现率。因其是私有公司，没有 β 值的相关数据。它可以寻找一家在很多方面都很类似的上市公司，用该上市公司的 β 值来确定自己的权益成本。两家公司除了负债水平不同以外，其他方面都相同，通过对两家公司之间的杠杆水平的差异做出调整，得到私有公司预计的 β 值。

如果公司计划投资一个包含多元化新业务的项目，那么投资将会包含与公司现存业务风险水平完全不同的系统风险。应该使用针对此新投资项目的折现率来进行计算，并且折现率要考虑到项目的系统风险和公司的财务杠杆水平。可以使用CAPM来计算相应的折现率。

第一步，在公司计划进入的行业中查找相关类似公司已公布的 β 值，来估计该新投资项目营业现金流的系统风险特征。

第二步，考虑公司的财务杠杆水平来调整 β 值。调整分两步进行：

(1)将行业内其他公司的 β 值转换为不含财务杠杆公司的 β 值(资产 β_a)。转换公式为：
$$\beta_a = \beta_e \times \frac{V_e}{V_e + V_d(1-T)}$$

(2)将得到的不含财务杠杆公司的 β 值，转换成能反映出公司自身财务杠杆比率的 β 值(权益 β_e)。转换公式为：
$$\beta_e = \beta_a \times \frac{V_e + V_d(1-T)}{V_e}$$

第三步，已经估计出了新投资项目的含有财务杠杆的 β 值，使用CAPM来估计特定项目的权益成本。

四、公式的缺陷

(1)很难找到具有相同经营特征的其他公司。

(2)从股价信息中估计 β 值并不完全精确。它是基于历史数据的统计分析结果,正如前面例子所展示的,用一家公司数据估计的结果和用另外一家公司数据估计的结果之间存在差异。

(3)不同公司间 β 值的差异是由下列原因导致的：

(a)成本结构不同(如固定成本/变动成本的比例不同)。

(b)不同公司间的规模有差异。

(c)债务资本不是没有风险的。

(4)如果公司有机会实现投资者所认可的增长,那么,基于其他公司数据来估计该公司的权益 β 值则是不精确的。

为了将 MM 理论与 CAPM 相关联,最重要的简化假设是,必须假设债务成本是无风险的收益率。这明显不符合实际。公司可能在利息偿付及本金偿还时出现违约,那么可以将公司债券 β 值估计为 0.2 或 0.3(而不是模型中假设的 β 值为 0)。

假设债务是无风险的,那么模型公式会放大有负债公司的财务风险。

问题

Backwoods 是一家重要的国际公司,总部在英国,打算筹集 1.5 亿英镑在德国东部地区建立一家新产品工厂。公司用净现值(NPV)来评估其投资,但不确定项目估值的折现过程中的资本成本是多少。公司扩大经营打算增加权益融资,这会导致公司以市值为基础的资本负债率总体上略有变化。公司扩大经营前的财务数据摘要如下所示:

20×1 年末利润表数据摘要:

	£m
收入	1984
毛利润	432
税后利润	81
股利	37
留存收益	44

20×1 年末资产负债表数据摘要:

	£m
非流动资产	846
营运资本	350
	1196
中长期贷款(见下面的附注)	210
	986
股东的资金	
发行每股面值£0.50 的普通股	225
除股本以外的所有者权益(Reserves)	761
	986

借款附注:

包括固定利率为 14% 的 7500 万英镑的债券,5 年后到期,按面值赎回。债券当前市价为 120 英镑,税后债券资本成本为 9%。其他的中长期贷款是浮动利率的银行贷款,比伦敦银行同业拆借利率(LIBOR)上浮 1%,税后成本是 7%。

假设公司税率是30%,普通股当前交易价格是376便士。公司权益β值是1.18,假设债务的系统风险为0,无风险利率为7.75%,市场收益率为14.5%。德国东部同行业主要竞争对手的权益β值是1.5,竞争对手的资本结构是:权益占35%,债务占65%(按账面价值计算);权益占60%,债务占40%(按市场价值计算)。

要求:估计用于德国东部投资的折现率的资本成本。要清楚地列出所做的假设。

答案:

折现率应使用基于市场价值的平均资本成本(WACC)。资本成本应考虑新投资的系统风险。因此用公司当前的权益β值并不合适。将德国同行业主要竞争对手的权益β值转换为无负债的资产β值,再使用Backwoods公司的资本结构来找到用作折现率的平均资本成本。

由于债务的系统风险假定为0,则德国同行业主要竞争对手的权益β值是无负债的,公式可以缩写为:

$$\beta_a = \beta_e \times \frac{V_e}{V_e + V_d(1-T)}$$

德国同行业主要竞争对手的 $\beta_a = 1.5 \times \frac{60}{60 + 40 \times (1-0.30)} = 1.023$(权重按市值计算)

下一步是计算Backwoods公司基于市场价值的权益和债务金额。

		£m
权益	4.5亿股,每股376便士	1692.0
债务:银行贷款	(210−75)	135.0
债务:债券	(75 million×1.20)	90.0
总债务		225.0
总市值		1917.0

有负债的 $\beta_e = 1.023 \times \frac{1692 + 225 \times (1-0.30)}{1692} = 1.118$

用CAPM得到 $E(r_i) = 7.75\% + (14.5\% - 7.75\%) \times 1.118 = 15.30\%$

平均资本成本 $= 15.3\% \times \frac{1692}{1917} + 7\% \times \frac{135}{1917} + 9\% \times \frac{90}{1917} = 14.4\%$

考点

需要花时间练习有负债和无负债的β值计算,确保能做到熟练,考官评价说考生经常出错。

第三节 调整现值法

调整现值法(APV)是指在项目评估时可能要调整所使用的资本成本,来反映融资对项目净现值增加或者减少的影响。

首先,假设投资项目完全是通过权益融资时,评估该项目,然后根据融资方式对该项目的影响做出相应的调整。

一、净现值(NPV)和调整现值(APV)

我们已经知道财务杠杆对权益价值和加权平均资本成本(WACC)的影响。投资项目是否可行,部分地取决于该项目的融资方式和融资对财务杠杆的影响。

净现值法是将整个项目的现金流按照资本成本折现。资本成本可能是加权平均资本成本,但是也可能是其他的资本成本,比如某个单独项目有着特有的风险,那么该项目有着对应该风险的资本成本。另外一种项目评估的方法就是调整现值法。

考点

在 2008 年 6 月的考试中,调整现值法在选做题部分出现。许多考生计算掌握得较好,但是对调整现值法的本质理解得不够透彻。

二、调整现值的计算

调整现值的计算包括以下 2 个步骤。

步骤 1:假设投资项目完全是通过权益融资时,评估该项目。

步骤 2:根据融资方式对该项目的影响,做出相应的调整。

问题

某公司正在考虑一个投资额为 100000 美元的项目,该公司选择 50% 通过权益融资(融资成本 21.6%),50% 通过债务融资(税前债务成本 12%)。这部分融资不会对公司的加权平均资本成本造成影响。该项目在扣除利息前每年会带来 36000 美元的永续年金。税率是 30%。

先用净现值法再用调整现值法评价该项目。

答案:

因为加权平均资本成本没有变,所以该公司的加权平均资本成本应该为

$$21.6\% \times 0.5 + 12\% \times (1 - 30\%) \times 0.5 = 15\%$$

税后永续年金为 $36000 \times (1 - 30\%) = 25200$ 美元

净现值 $= -100000 + (25200 / 0.15) = 68000$ 美元

注意:利息已经包含在加权平均资本成本中了,所以在计算现金流的时候不要考虑将利息减掉。

100000 美元的新投资项目将公司价值增加到 $100000 + 68000 = 168000$ 美元,其中 50% 是债务资本。

公司必须通过 12% 的债务融资 84000 美元,剩下的 16000 美元通过权益融资。这个项目的净现值将使得权益价值从 16000 美元增加到 84000 美元,所以财务杠杆依然为 50:50。

调整现值法如下:

(a) 首先,我们需要知道同等情况下没有债务的公司的权益成本。我们使用 MM 理论公式来得到它(该公式是 MM 理论下的权益资本成本公式)。

$$K_e = k_e^i + (1-T)(k_e^i - K_d)V_d/V_e$$

记住:K_d = 税前的债务成本。使用上述公式,

$$21.6\% = k_e^i + (k_e^i - 12\%) \times [50 \times 0.7/50]$$

$$k_e^i = 17.647\%$$

(b) 接着,我们计算假设其全是权益融资下的净现值。权益融资成本为 17.647%。

$$净现值 = 25200/0.17647 - 100000 = 42800 \text{ 美元}$$

(c) 最后,我们用 MM 理论来处理有债务的公司和没有债务的公司的价值,从而反映财务杠杆对项目价值的影响。84000 美元通过债务融资。

$$V_g(调整现值) = V_u + (债务的价值 \times 税率) = 42800 + (84000 \times 0.3) = 68000$$

债务的价值×税率其实就是税盾的现值。

这一部分能够通过下面的计算来证明。

$$年利息费用 = 12\% \times 84000 = 10080 \text{ 美元}$$
$$节约的税费 = 30\% \times 10080 = 3024 \text{ 美元}$$
$$债务成本 = 12\%$$

节约的税费的现值是 3024/0.12 = 25200 美元。

问题

假设上题中所有的现金流只持续 5 年,税费延迟 1 年支付。计算税盾的现值。

答案:

只有第 2 至第 6 年才有节税。

$$税盾的现值 = 3024 \times 2—6 \text{ 年的年金系数}$$
$$= 3024 \times (1—6 \text{ 年的年金系数} - 第一年的年金系数)$$
$$= 3024 \times (4.111 - 0.893)$$
$$= 9731 \text{ 美元}$$

计算税盾时,调整现值和净现值都会得到一样的答案。

三、财务杠杆改变时调整现值的计算

调整现值法适用于当融资改变债务结构和加权平均资本成本的情况。

在这种情况下,调整现值法优先于净现值法。假设,上题中,整个投资项目都是通过债务融资,那么该项目的调整现值计算如下:

(a) 首先还是计算当都是权益融资时的净现值:

$$25200/0.17647 - 100000 = 42800 \text{ 美元}(与之前相同)$$

(b) 税盾 = $100000 \times 0.30 = 30000$ 美元。

(c) 调整现值 = $42800 + 30000 = 72800$ 美元。

该项目将增加公司 72800 美元的权益价值。

问题

有一个 100000 美元的项目。其中 60000 美元通过 12% 的不可赎回债券来融资,40000 美元通过权益融资。该项目将带来税后 21000 美元的永续年金。如果都是通过权

益融资,那么相应的资本成本为15%。税率为30%。求这个项目的调整现值。

答案:

如果都是权益融资的情况下净现值为	40000
(净现值=21000/0.15-100000)	
税盾的现值(60000×0.3)	18000
调整现值	58000

四、将税务减免按照无风险利率折现

在考试中经常会给出无风险利率。税务减免是被政府所认可的。这里有一个争议:是否所有的税务减免应该按无风险利率折现。与此相对立的一种争论是无风险利率与债务的风险是一样的,所以税务减免应该按照债务成本折现。如果公司在某些年不能纳税,则不能使用无风险利率来折现。

在考试中,建议解释清楚为什么选用无风险利率作为税务减免的折现率,并说明其他的也能作为折现率。

五、调整现值计算中的其他因素

(一)发行成本

发行成本需要加入调整现值的计算中。

问题(发行成本)

Edted准备投资一个新项目。初始投资额为2000万美元,该项目将带来5年的现金流。其中1000万美元通过10年期的银行借款,其他靠配股。发行成本是筹资额的5%。

计算发行成本。

答案:

发行成本不等于1000万美元的5%。1000万美元是在扣除发行成本之后的数额。所以1000万美元占筹资额的95%。所以发行成本为

$$发行成本 = 5/95 \times 10000000 = 526316 \text{ 美元}$$

在上述的例子中,发行成本不需要折现,因为它被假设在0时点支付。如果考虑发行成本可以抵税就更复杂。

问题(考虑发行成本的抵税)

假设在上述例子中,发行成本是可以抵税的,假设税率为30%,并且税款延迟1年支付,无风险利率为8%。

计算税务对发行成本的影响。

答案:

$$税务 = 税率 \times 发行成本 \times 折现率 = 0.3 \times 526316 \times 0.926 = 146211 \text{ 美元}$$

(二)额外的债务能力

项目也许会带来其他的好处,比如提高债务能力。这些好处应该包含在调整现值的计算中,甚至当作这部分债务能力用在其他地方。

第六章
资本成本和风险

问题

继续 Edted 那个例子,假设项目增加了公司 600 万美元的债务能力,无风险利率为 8%。计算对调整现值的影响。

答案:

增加的收益是增加的债务融资所产生的税盾(解释:原题假设税延迟 1 年支付)。

税盾的现值=增加的债务能力×利率×税率×2 至 5 年的年金系数
=6000000×8%×30%×3.067=441648 美元

(三)补贴

你也许会遇到这样的情况,公司能以更低的利率获得融资。在这种情况下的调整现值计算中,你必须考虑更便宜的融资的税盾影响和节省的利息费用。

问题

Gordonbear 准备开始一个新的投资,初始投资额为 600 万美元。公司通常以 12% 的利率借款,但是可以利用政府贷款用于这次融资,利率为 10%。无风险利率为 6%。

税率为 30%,推迟 1 年支付。该项目持续 4 年。

如果 Gordonbear 使用政府贷款融资,计算其对调整现值的影响。

答案:

(a)税盾的计算如下。

我们假设债务只存在这项目运行的这 4 年里。

年利息=6000000×10%=600000(政府贷款利率为 10%)

每年税盾=600000×0.3=180000 美元

我们假设国债是无风险利率,所以使用 6% 作折现率。

税盾的净现值=180000× 第 2 至第 5 年的年金系数(税延后 1 年)
=180000×3.269=588420 美元

(b)我们需要考虑能够以更低利率获得融资所带来的收益。

收益=6000000×(12%−10%)× 第 1 至第 4 年以 6% 为折现率的年金
=6000000×2%×3.465=415800 美元

(c)总影响=588420+415800=1004220 美元。

六、调整现值方法的优点和缺点

调整现值方法主要的优点有以下几个。

(1)调整现值方法能用来评估融资对项目的影响:

(a)税盾。

(b)资本结构的改变。

(c)其他相关成本。

(2)当使用调整现值时,如果是假设永续无风险债券时,不必调整平均资本成本(WACC)。

调整现值方法主要的缺点有以下几个。

(1)得到一个合适的权益成本不容易。

（2）确定所有与融资相关的成本有难度。

（3）选择一个正确的折现率对这些成本进行折现也有难度。

 考点

考试中通常考这种方法的局限性。

第七章
融资和信用风险

本章重难点分析

本章首先研究资金的各种可获得的来源的适用性,然后再考虑公司债务承担的利率变动的风险的程度,最后讨论信用风险和信贷利差。

第一节　融资来源的适用性

一、短期债务

短期债务通常是指透支和短期借款。

透支的优点是能相对快速地获得资金,并且能给公司在借款的数额方面提供一定程度的灵活性。只有当账户处于透支状态时才需要支付利息。透支通常比较适合于那些希望获得为日常交易融资的企业(比如大型超市或者大量采购的公司)。

短期借款相比透支更为正式,它通常规定了固定的金额以及借款的期限。公司能够知道在规定的时间要偿还多少金额,而且公司不用担心银行撤销或者降低额度。但是,在整个借款期里面,公司都需要支付利息,所以,短期借款的融资成本通常高于透支。

短期借款和透支组合的方式也许是一种最合适的融资方式。比如,你买了一家商店以及商店的存货,商店通过短期借款融资,存货通过透支的方式来融资。

二、长期债务融资

 考点

阅读考官的文章"Bond valuation and bond yields",该文章讲述了关于债券如何估值,以及债券价格、到期收益率和现货收益率曲线之间的关系。

对于大型的投资项目,长期融资相比短期融资更为合适。通常来说,它比短期融资成本更高并且相对不够灵活。

长期债务融资有许多形式(可赎回的和不可赎回的,固定利率和浮动利率,可转债),其价格根据产品和当时的市场环境来确定。长期债务融资更适合于长期投资。它的一个主要优点是利息在计算税的时候可以抵扣,这使得它的融资成本比权益融资更低。

(一)可赎回债券的估价

债券通常是可赎回的。它们发行的期限一般是10年或者更长,或者25~30年。在期末债券到期被赎回(以账面价值或者高于账面价值的价格赎回)。

一些可赎回债券规定了最早和最晚的偿还日。比如,12% Loan Notes 2010/12表示在最早的偿还日(2010年)和最晚的偿还日(2012年)之间的任何时候可赎回。发行债券的公司能够选择赎回的日期。何时赎回债券取决于公司是否有空闲的资金去偿还债券以及债券名义利率的情况。

一些债券没有规定偿还日,被称为不可赎回债券。不可赎回债券也可能被希望还清债务的公司赎回,但是公司并没有义务去这么做。

计算公式为:

债券的价格=(利息×年金现值系数)+(赎回价值×复利现值系数)

(二)利率期限结构

利率取决于债务的偿还期。比如,国债有短期的、中期的及长期的,取决于债券什么时候被赎回以及给投资者的偿付。利率期限结构是指在某一时点上,不同期限资金的收益率与到期期限之间的关系,如图7-1所示的收益曲线。

收益曲线通常是向上倾斜的,所以长期金融资产通常比短期的金融资产有着更高的收益率,原因如下:

(1)投资者将资金更长久地绑定在该投资资产上,他们必须获得这一部分的补偿。唯一克服投资者的流动性偏好的方法就是补偿他们的流动性损失,那么换句话说,就是在长期债券上提供更高利息。

(2)对投资者来说,长期借款比短期借款风险更大。为了补偿这部分风险,投资者也会相应地要求更高的利息。

收益曲线也有可能是向下倾斜的,也就是短期利率高于长期利率,原因如下:

(1)预期。当利息预期会下降时,短期利率会比长期利率高。

(2)政府政策。保持相对高的利率政策会导致短期利率高于长期利率。

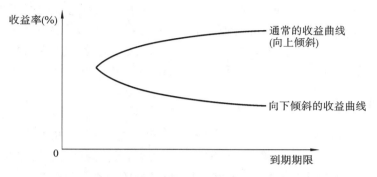

图 7-1 不同期限资金的收益率与到期期限之间的关系

(3)市场分割理论。收益曲线的倾斜反映了不同分割市场的状况。市场分割理论认为投资者分别被分割在市场的某个特别部分,他们甚至不会因为未来的利率会改变的预期而转换到市场的其他部分。

(三)到期收益率

到期收益率是可赎回债券的实际利率,也就是通常所说的内含收益率。

比如,票面利率为5%,可以面值赎回,以面值6%的折扣发行的五年期的无担保的债券到期收益率为6.47%。假设票面价值是100,以5%和7%作为折现率:

年	现金	以5%折现	现值	以7%折现	现值
0	(94)	1.000	(94)	1.000	(94)
1—5	5	4.329	21.64	4.100	20.50
5	100	0.784	78.40	0.713	71.30
NPV			6.04		(2.20)

到期收益率＝5%＋[6.04/(6.04＋2.20)]×2%＝6.47%

三、权益融资

权益融资是通过出售普通股给投资者,一般通过发行新股或者配股来获得融资。

权益融资在融资顺序中排在最后,因为权益融资的发行成本很高而且权益融资的投资者要求更高的投资回报率。股东在破产清算的顺序中排在最后,所以股东是风险的最终承担者。这意味着存在着重大风险,在债权人的要求得到满足之前股东将得不到任何回报。高风险意味着股东期望他们作为长期资金的提供者能得到最高的投资回报,所以,权益融资成本比债务融资成本更高。

与长期债券融资一样,权益融资通常适用于长期投资。相比债务融资,公司在下列情况下会更倾向于权益融资:

(1)债务比率接近公司最大可接受的范围。

(2)对投资者来说,进一步增加债务比率会导致更大的风险。

四、风险资本

风险资本是为了获得公司的股权而提供的风险资本。它更适合有着高成长特征的私人公司。风险资本家寻找高回报(通常至少 20% 的回报率),尽管他们的资本回报是通过退出战略来实现的。风险资本家一般喜欢提前决定退出日期(通常是 3—7 年)。在投资的初期,他们将会经历多种退出方式,包括出售股票给公共投资者或者机构投资者。对于管理层收购来说,风险资本是一种重要的融资方式。

五、天使投资

天使投资人是指为了获得公司股权而投资新公司并帮助其成长的富有的个体。投资包括时间和金钱。这些个体期望高风险高回报。所以,天使融资对公司来说代价非常大。天使投资人的投资数额可以不同,但是在英国,大部分的投资数额在 25000 英镑以内。

天使投资是一个非常有用的工具,能帮助弥补风险投资和债务融资的缺口,特别是对于刚成立的公司。天使投资最主要的优势在于投资人经常追踪他们的初始投资以及随着公司的成长,管理后续融资。新公司在成立的初期能够从天使投资人那里获得专业知识。

六、租赁融资

(1)融资租赁——资产带来的所有的风险和回报的所有权都转移给了承租人。
(2)经营租赁——出租人保留了主要的风险和回报的所有权。

七、私募股权

私募股权包括未在证券交易市场上流通的股票。在欧洲,私募股权投资界代表整个频谱,其中包括公司的资金和管理的买入和收购(所以风险投资是私募股权的一种特定的形式)。在美国,风险投资和私募股权被认为是两种不同的投资类型。在欧洲,私募股权基金倾向于投资在更成熟的市场来提高效率、驱动成长。风险投资更可能投资在新成立的公司。

私募股权基金可能需要:
(1)20%—30% 的股权;
(2)任命董事长的权利;
(3)新发行股票或并购前公司要寻求他们的批准。

八、资产证券化

资产证券化是以特定资产组合或特定现金流为支持,发行可交易证券的一种融资形式。传统的证券发行是以公司为基础,而资产证券化是以特定的资产池为基础发行证券。

证券化类似于分离公司的一部分,控股公司出售未来可以享受公司部分利润的权利来马上获得现金。新投资者对其投资的可能成功或者失败的部分收取溢价(通常是以利息的形式来收取)。大部分证券资产池包括优先级。越高的优先级承担更低的违约风险(所以低回报),低的优先级则是高风险高回报。

现金资产证券化的主要原因是其允许公司有 BB 的信用评级但是有着 AAA-的现金流,能够以 AAA 的利率去借款。这会导致所需要支付的利息大幅降低。(BB 的利率和 AAA 的利率相差有几百个基准点)。但由于管理成本、法律费用和持续的管理费用,证券化非常昂贵。

九、伊斯兰金融

伊斯兰金融在近年经历了卓越的增长。完全遵从伊斯兰教教义的银行数量在世界范围内持续增长,遵从伊斯兰教教义的金融产品不仅有伊斯兰银行提供,也有传统银行通过特定分销渠道提供。"传统"是指,该金融机构一直以来都构成了金融基础设施的一部分,而这些金融机构并没有建立在特定的伊斯兰教教义上。

表 7-1 总结了伊斯兰金融交易与传统金融的区别。

表 7-1 伊斯兰金融交易与传统金融的区别

伊斯兰金融交易	类似于	区别
Murabah	信贷销售/贷款	交易之前双方同意了因为推迟支付的加价,资产立即转移,不收利息
Musharaka	风险资本	收益按之前确定的比率分摊。没有分红。损失按照投资比率分摊
Mudaraba	股票	收益按先前确定的合约分摊。没有分红。损失由出资者一人承担
Ijara	租赁	不论是经营租赁还是融资租赁交易,在 Ijara 中出租人依然是资产所有者,承担与所有权相关的风险。这意味着出租人对大的维修及保险负有责任,这与传统融资租赁不同
Sukuk	债券	持有者承担并享有其所有的潜在有形资产的风险与收益。这赋予 Sukuk 股权金融与债权金融特征
Sala	远期合约	售出的商品在未来交货,预先从金融机构获得现金,而且马上确定交货合约。企业的销售通常会有折扣,因此金融机构可以获利。金融机构也可以把合约卖给其他的买方来得到现金或者利润。远期合约禁止用于金、银及其他货币型资产
Istisna	分期付款	适用于为金额大、期限长的建筑项目筹资。金融机构代顾客支付了项目资金,顾客只支付了初始保证金,然后在建筑过程中分期付款。项目完成后,建筑物或财产才转交顾客

考点

2013 年 12 月的一道重要问题涉及 Mudaraba 和 Musharaka 合约当中资金提供方的区别。

(一)使用伊斯兰金融的原因

伊斯兰金融的使用既有文化的、宗教的原因,也有商业上的原因。商业原因就是当没有其他融资来源时,可以使用伊斯兰融资。伊斯兰金融由于具有更加谨慎的投资和风险经营理念,因而对公司有着吸引力。

传统银行通过吸收存款支付利息,然后以更高的利息贷款出去,以此来获得利润。而伊斯兰金融不允许收取利息,投资协议约定分担公司的盈利和损失。

按照伊斯兰教教法(伊斯兰的宗教法和道德准则)的观点,获得存款然后贷出去,无论项目是否盈利都要支付利息,这是不正当的。伊斯兰银行是用这样一种方式来经营的,即银行的盈利和顾客的盈利紧密联系在一起。银行坚持根据项目来获得收益或承担损失,正因为如此,银行要做的不仅仅是投资的决策。和传统的贷款机构相比,银行在某种程度上更像是资金管理者。不允许投机,传统的衍生产品被视为是"反伊斯兰的"。

(二)伊斯兰金融的优点

伊斯兰金融按照一条基本原则来进行经营,即创造价值的经济活动和经济活动所需的融资之间是联系在一起的。伊斯兰金融的主要优点如下所示:

(1)根据伊斯兰金融的原则,可以把全球的资金作为来源。伊斯兰金融并不只限定于穆斯林团体,它呼吁公司投资要合乎道德。

(2)不允许有不确定性,减少了遭受损失的风险。

(3)不允许有超额暴利,合理的加价才被允许。

(4)银行不能过度负债,因此不会崩溃。

(5)鼓励所有的参与方要从长计议,集中创造出成功的结果,这有助于金融环境更加稳定。

(6)伊斯兰金融强调共同利益和合作,基于利益形成合伙关系,通过道德的、公平的行动为整个团体创造利益。

(三)伊斯兰金融的缺点

使用伊斯兰金融并不能转移全部的商业风险,甚至还会带来额外的风险。下面就是使用伊斯兰金融的缺点:

(1)对于伊斯兰教教法的解释没有国际上的一致意见,特别是关于创新的金融产品;在某些市场上可以接受某些金融产品,但在其他市场则不一定。例如,某些贸易信用合约受到了批评,因为它是基于现行的利率,而不是基于经济或盈利的条件。

(2)伊斯兰金融市场没有标准的伊斯兰教教法模型,这意味着文档经常按照交易来量身定做,导致交易成本比传统金融同类产品要高。

(3)由于要遵守通常的金融法律和伊斯兰教教法的限制,伊斯兰金融机构要服从额外的合规工作,也增加了发展新产品和交易的成本。在借款人和机构之间的信息不对称也意味着需要做尽职调查工作。

(4)由于禁止对冲,伊斯兰银行不能用传统银行的方法来最小化风险。

(5)有些伊斯兰产品与国际金融规则并不兼容。例如,递减的风险投资合同不能成为法律上可接受的抵押工具。

(6)债券产品的交易受到限制。由于金融危机,新债券产品的发行减少了。

(7)公司不能证明合同实际上有负债,所以得不到税盾的好处,即资本成本上升。

(8) 由于伊斯兰金融积极参与到某些合约当中，公司要想平衡金融机构和其他利益相关者的利益，变得更加复杂。

(9) 伊斯兰金融机构更多的是关注具体安排，导致对市场变化反应更慢，也缺乏短期的灵活性。新产品获批需要花更长时间。

十、混合融资

混合融资意味着债务融资和权益融资的融合。比如，有价证券规定在某个期间以一个固定的或浮动的利率支付，超过此期间，持有者拥有将该有价证券转换为权益的权力。混合融资的一个典型的例子是可转债、债务附带认股权证和优先股。

许多公司发行可转债，期望这些债券能转换为权益，并且将这部分获得的资金认为是推迟的权益。可转债经常被使用，因为公司的普通股在发行的时候被认为特别的萧条，或者因为发行股票会导致 EPS 迅速而且大幅下降。对公司来说主要的风险是不能担保这些债券的持有者会选择将债券转换为权益。如果他们没有选择转换，这些债券将如同可赎回债券一样，需要被偿还。

十一、财务状况、财务风险和价值

公司可以获得的融资来源取决于几个因素，包括公司的财务状况、财务风险和公司价值。如果公司财务状况良好，则多种融资来源均可使用。如果公司有净负债，则不能成功增加债务或权益融资。类似的，高负债率的公司由于财务风险高，也不能增加新的债务融资。公司价值也使可用资金来源产生差异。高估值公司更可能吸引资金提供者，从而增加权益或债务融资。上市公司（通常价值更大）可通过进入国际资本市场来筹集资金。

第二节　信用风险

信用风险，又称违约风险(default risk)，是指借款人不能在规定的日期偿还利息或者本金的风险，该风险由贷款人承担。

 考点

在 2008 年 12 月的考试中，有题目要求估计违约的可能性。具体的问题和处理的技巧可以参考 2008 年 8 月的考官文章。2011 年 12 月的一道可选题考了信用评级。

一、信用风险有关的方面

信用风险是由于一方不能履行他在合同上的义务而形成的。我们已经讨论过有关场外衍生品的信用风险以及通过引入保证金来解决这个问题。公司的贷款人比如公司债券的持有人和银行都承担着信用风险，借款和债券的信用风险取决于以下 2 个因素。

(1) 违约概率。借款人不能按照合同义务偿还债务的可能性。

(2)回收率。一旦借款人违约,有多少的账面金额可以回收。当一家公司违约,债券投资人不会失去他们所有的投资额。一些投资额也许能够回收,回收的额度取决于回收率。

关键术语

违约损失(loss given default, LGD)是借款额和实际回收额之间的差额。

预计损失(expected loss, EL)是指贷款人在考虑信用风险后预计投资该债券会损失的金额。

比如,票面价值为 100 美元的债券的回收率为 80%,违约损失为 100−80=20 美元。

预计损失是违约损失乘以违约概率,$EL = LGD \times PD$。

假设违约概率是 10%,预计损失为 $EL = 0.1 \times 20 = 2$ 美元。

二、信用风险评估

信用风险的评估更为复杂。方法都集中在估计违约可能性以及回收率上。

最常用的方法是通过分析借款人的财务和其他信息,以及信用等级排名来估计违约的可能性。信用等级排名是由信用等级公司(如标准普尔、穆迪公司、惠誉评级公司)。这些评级被公众所接收并且作为评价公司债券信用风险的指标。表 7-2 是标准普尔和穆迪公司所给出的信用等级排名。

表 7-2 标准普尔和穆迪公司所给出的信用等级排名

标准普尔	穆迪	信用等级
AAA	Aaa	Highest quality, lowest default risk
AA	Aa	High quality
A	A	Upper medium grade quality
BBB	Baa	Medium grade quality
BB	Ba	Lower medium grade quality
B	B	Speculative
CCC	Caa	Poor quality (high default risk)
CC	Ca	Highly speculative
C	C	Lowest grade quality

标准普尔的信用等级划分中,"AA"到"CCC"可能被加上"+"或者"−"来与主要的信用用评级进行比较。比如,一家有着 BB+ 的信用评级的公司将被认为好于信用评级为 BB 的公司,尽管它们在同一个主要的信用等级上。

在穆迪给出的等级划分中,数字 1、2、3 通常被加到从 Aa 到 Caa 的等级中,1 意味着更高的信用评级。比如,Baa1 信用等级比 Baa2 要高。

信用评级公司都要根据每个类型的已发行的债券的绩效来估计违约风险。表 7-3 显示了不同期限不同评级的债券的违约可能性。一年期的 AAA、AA、A 债券的违约可能性是 0,CCC 债券的违约可能性是 19.79%。但是,15 年期的 AAA 评级的公司的债券违约可能为1.4%。这与理论上是一致的,时间更长,投资的风险越高。

表7-3 标准普尔的累积违约概率

债券评级	年期							
	1	2	3	4	5	7	10	15
AAA	0.00%	0.00%	0.07%	0.15%	0.24%	0.66%	1.40%	1.40%
AA	0.00%	0.02%	0.12%	0.25%	0.43%	0.89%	1.29%	1.48%
A	0.06%	0.16%	0.27%	0.44%	0.67%	1.12%	2.17%	3.00%
BBB	0.18%	0.44%	0.72%	1.27%	1.78%	2.99%	4.34%	4.70%
BB	1.06%	3.48%	6.12%	8.68%	10.97%	14.46%	17.73%	19.91%
B	5.20%	11.00%	15.95%	19.40%	21.88%	25.14%	29.02%	30.65%
CCC	19.79%	26.92%	31.63%	35.97%	40.15%	42.64%	45.10%	45.10%

三、信用迁移

在债券发行后,借款人的信用等级可能发生改变。这就是信用迁移。

这是信用风险的另一个方面,在投资者投资债券时应该考虑到这部分风险。

借款人也许不会违约,但是由于经济环境的变化或者管理者的决策,借款人违约的风险可能高于或者低于债券刚发行时,这个时候,信用评级公司会重新给该公司的债券评级。这就叫做信用等级迁移。信用等级迁移的重要性体现在低的信用等级会降低债券的市场价格。这一部分在以后讨论信用差价的时候再说。

第三节 信用利差和债务资本的成本

债务的资本成本和市场价格取决于债券的信用风险。

一、信用利差

关键术语

信用利差是指债券投资者为他们所承担的信用风险而要求的溢价。

信用利差指除了信用等级不同,其他所有方面都相同的两种债券收益率之间的差额,它代表了仅仅用于补偿信用风险而增加的收益率。

信用利差＝贷款或证券收益－相应的无风险证券的收益

国债持有人的投资回报是对投资者没有把当前资金用于消费和储蓄的一种补偿。但是,公司债券持有人不仅要求上述补偿这一部分,还会要求对他们所承担的信用风险进行补偿。我们在之前已经讨论了违约的可能性、回收率以及风险迁移的可能性。假设美国或者欧盟发行的国债为无风险利率,那么公司债券的收益率＝无风险利率＋信用利差。

因为信用利差反映了债券的信用风险,其与债券的信用质量成反比关系。低信用质量的债券有着高的信用利差,高信用质量的债券有着低的信用利差,如表7-4所示。

表 7-4　路透社关于工业债券的信用利差（以基本点表示）

Rating	1 year	2 year	3 year	5 year	7 year	10 year	30 year
AAA	5	10	15	20	25	33	60
AA	15	25	30	35	44	52	71
A	35	44	55	60	65	73	90
BBB	60	75	100	105	112	122	143
BB	140	180	210	205	210	250	300
B	215	220	260	300	315	350	450
CCC	1125	1225	1250	1200	1200	1275	1400

来源：www.bondsonline.com，10th August 2011。

问题

一份 10 年期的国债的收益率是 4.2%，罗杰公司的信用评级是 AA，也发行了 10 年期的债券，用上述信用利差表来计算罗杰公司债券预期收益率。

答案：

10 年期 AA 级债券的信用利差是 52 点，即在政府债券收益率之上加上 0.52%。

所以，罗杰公司债券预期收益率＝4.2%＋0.52%＝4.72%。

问题

一份 15 年期的国债现在收益率是 5%，Dibble 公司的信用评级为 B，也发行了 15 年期的债券，Dibble 公司债券的预期收益率是多少？

答案：

表 7-4 并没有包括 15 年期债券的信用利差，所以我们需要做一些计算。

10 年期的 B 信用评级的债券信用利差为 350，30 年期的 B 信用评级债券的信用利差为 450，所以（试错法求解）：

$$350+[(450-350)/(30-10)]\times 5=375$$

所以，预期收益率为 5%＋3.75%＝8.75%。

二、债务资本的成本

对一个公司来说，债务资本的成本取决于以下几个因素：信用评级、债券到期日、无风险利率、税率。

债务资本的成本计算公式为

债务资本的成本＝(1－税率)×(无风险利率＋信用利差)

三、信用利差对债券价值的影响

债券信用质量的下降，也就是信用迁移，会影响债券的市场价值。

我们已经提到信用风险受信用迁移可能性的影响。在市场上信用迁移会增加信用利差。只使用违约可能性而忽视信用从一种评级迁移到另一种评级的可能性，会错误估计风险敞口。所以，当公司违约的可能性很小或者为零，但是存在很大的可能性信用评级会

第七章
融资和信用风险

降低时,信用风险就可能被明显低估了。

为了解释信用迁移对债券价值的影响,假设有一个债券,现在的信用等级为 BBB。在一年的时间里,这个债券的信用等级始终为 BBB,或者它有着更高或者更低的信用等级。该债券在这一年内在每个不同等级的可能性(见表 7-5)。

表 7-5 BBB 级债券信用等级变化的概率

信用等级	概率
AAA	0.02%
AA	0.33%
A	5.95%
BBB	86.93%
BB	5.30%
B	1.17%
CCC	0.12%
Default	0.18%

每个信用等级有着不同的信用利差,也就意味着不同的债务资本成本。表 7-6 是不同期限不同信用等级债务的资本成本。一年期的 AAA 债券的资本成本是 3.6%,4 年期的 CCC 债券的资本成本是 13.52%。

表 7-6 不同类别信用的收益率　　　　　　　　　　　　　　　　　（单位:%）

信用等级	一年	二年	三年	四年
AAA	3.60	4.17	4.73	5.12
AA	3.65	4.22	4.78	5.17
A	3.72	4.32	4.93	5.32
BBB	4.10	4.67	5.25	5.63
BB	5.55	6.02	6.78	7.27
B	6.05	7.02	8.03	8.52
CCC	15.05	15.02	14.03	13.52

债券的价值是利息和赎回价值按照相应的债务资本成本折现后的现值。

假设信用等级为 BBB 的债券的账面价值为 100,票面利率为 6%。用表 7-6 中的收益率我们能计算出该债券如果信用等级一直为 BBB 时的价值。

$$P_{BBB} = 6/1.041 + 6/1.0467^2 + 6/1.0525^3 + 106/1.0563^4 = 101.53$$

如果信用等级升为 A,它的价值将变为 102.64 美元。

$$P_A = 6/1.0372 + 6/1.0432^2 + 6/1.0493^3 + 106/1.0532^4 = 102.64$$

如果信用等级降到 CCC,它的价值将变为 77.63 美元。

$$P_{CCC} = 6/1.1505 + 6/1.1502^2 + 6/1.1403^3 + 106/1.1352^4 = 77.63$$

BBB 级债券所有可能发生的等级变化所对应的价值已经计算在表 7-7 中。

表 7-7　BBB 级债券在不同信用等级下的价格

信用等级	债券价值
AAA	$103.35
AA	$103.17
A	$102.64
BBB	$101.53
BB	$96.01
B	$92.09
CCC	$77.63

当违约时,由于发行公司有留存的资产,所以债券的价值不会为 0。从信用评级公司的经验证据来看,当发行公司违约(清算)时,BBB 级债券的回收率大约为 51%。

如果债券持有人预计当公司破产时,每 100 美元中有 49 美元不能收回。那么 BBB 级债券的违约损失(LGD)为:$LGD=0.49\times100=49$。

BBB 级债券预计损失则为(教材前面标准普尔和穆迪公司违约概率表的数据表明:BBB 级债券的违约率为 0.18%):$EL=0.0018\times49=0.0882$。

尽管历史经验告诉我们 BBB 级债券在发生清算时,债权人将会损失大约 50%,但是低违约(清算)风险降低了 BBB 级债券的信用风险。

第四节　久　　期

考点

麦考利久期在 2011 年 6 月的考试中的选做题部分考了 17 分。考生需要知道久期是怎么样衡量债券价格对市场利率的敏感度的。

一、什么是久期

麦考利久期是使用加权平均数的形式计算债券的平均到期时间。它是债券在未来产生现金流的时间的加权平均,其权重是各期现金值在债券价格中所占的比重。久期能帮助我们快速比较债券。

久期给我们比较债券风险提供了一个参照。简单地说,久期是一个测量债券风险的综合的方法。久期是债券平均有效期的一个测度,它被定义为每一债券距离到期的时间的加权平均值,其权重与支付的现值成比例。

二、计算久期

第一步,将每段时期的现金流贴现并相加。

第二步,把每段时期的现金流贴现后乘以每一期数(第一期为1,第二期为2,……)并相加。

第三步,用第二步的结果除以第一步的结果就得到了久期。

问题

Magic公司发行了一份债券(债券X),票面价值是1000美元,以票面价值赎回。债券X的票面利率为6%,3年后到期,到期收益率为3.5%。债券现值为1070.12美元。

要求计算该债券的久期。

答案:

债券X

	1	2	3	总值
现金流	60	60	1060	
折现率(3.5%)	0.966	0.934	0.902	
现值	57.96	56.04	956.12	1070.12
×年份	57.96	112.08	2868.36	3038.40

久期＝3038.40/1070.12＝2.84年

注意:债券现金流的现值是等于债券的现值的。所以我们简化久期的计算公式为:

久期＝现金流的现值×对应的年数后的加总额/债券的市场价格

三、久期的性质

久期最基本的性质反映了债券价格对市场利率的敏感度。票面利率不变,债券的久期随到期时间的增加而增加。到期日不变,债券的久期随票面利率的降低而延长。零息债券的久期等于到它的到期时间。

其他因素不变,债券的到期收益率较低时,债券的久期较长。因为在这种情况下,如果到期收益率下降,未来现金流的现值将会上升,所以久期就变长了。

债券的久期会随着债券逐渐到期而变短。但是,久期减少的年数不会和债券到期年限减少的年数保持一致。在我们上述的例子中,一份3年期的债券的久期为2.84年。1年后,该债券还有2年到期,依然以3.5%为折现率,该债券久期为1.94年。债券到期年限减少了1年,但是久期只减少了0.9年。

四、修正久期

修正久期用来测量债券价格对市场利率变化的敏感度。修正久期并不是使用加权平均数的形式计算债券的平均到期时间,而是测量债券价格对市场利率变化的敏感度。

计算公式为:

$$修正的久期＝久期/(1＋到期收益率)$$

用上述例子的数据,该债券的修正久期为:

$$2.84/(1＋0.035)＝2.74$$

这能用来决定一个给定的到期收益率变化能带来多少债券价格的变化。

$$\Delta p/p＝-修正久期\times \Delta Y$$

或者表述成:

$$\Delta p = -\text{修正久期} \times \Delta Y \times P$$

式中，Δp——债券价格的变化；

P——债券现在的市场价值；

ΔY——到期收益率的变化。

记住债券价格和到期收益率成反比，所以在久期之前要加一个负号。

在上述的例子中，如果到期收益率增加0.5%，债券价格的变化为：

$$\Delta p = -2.74 \times 0.005 \times 1070.12 = -14.66$$

所以到期收益率增加0.5%，债券价格将会下降14.66美元。

修正久期是从麦考利久期演化过来的，所以它们有些相同的性质。

(1)债券期限越长，修正久期越大。债券到期日越晚，债券价格对利率变化更敏感，所以风险更高。

(2)债券票面利率越低，修正久期越大。

(3)债券的到期收益率越低，债券的修正久期较长。

修正久期越长，债券价格对收益率的变化越敏感。

五、久期的优点和缺点

(一)优点

(1)久期能够方便我们直接比较不同期限、不同票面利率的债券。这使得债务融资决策变得更简单、更有效率。

(2)如果债券组合是基于加权平均久期而构建的，我们能基于预计利率的变化来计算债券组合价值的变化。

(3)管理者也许能够通过改变债券投资组合的久期改变利率风险。比如，加入短期债券或者高利率债券(来降低久期)，或者增加长期债券或者低利率债券(来增加久期)。

(二)缺点

久期主要的缺点是它假设债券的价格和收益率成线性变化，换句话说，就是它假设一定比率的收益率变化会引起同等比率的价格变化。

但是，收益率和价格不可能成线性变化。它们之间的关系是凸性的。如图 7-2 所示。

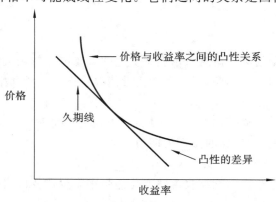

图 7-2 收益率和价格变化

正如图7-2所示，两者关系凸性越明显，久期在衡量收益率的敏感性方面就越不准确。因此，在预测收益率和债券价格的时候久期应该谨慎使用。

只有当收益率变化并没有导致收益曲线斜率变化时，久期才能用于估计由于收益率变化而引起的债券价格变化的近似值。这是因为久期是一个基于到期收益率的平均值。

但是，当久期与其他方法相结合时，债券凸性和久期能提供更准确的近似值。它也能用来比较有着相同久期、不同的债券凸性的债券。比如，如果债券X比债券Y的凸性更高，当收益率上升时，债券X的价格将比债券Y价格降低得更少。

第八章
收购与兼并的估值

本章重难点分析

在这一章,将学习对目标企业估价的方法。首先,将通过外部与内部的方法来学习各种预测公司收入增长率的方法,分析收购对收购公司风险的影响和其资本成本。再研究三种可能的收购方式对收购方风险的影响。

考点

2008年6月出了企业估值的50分问题。其中的难点是税务对债务成本和计算资产β的影响。2013年6月的必答题考查了可能发行股票的公司估值。

第一节 估价过高的问题

当一家公司收购另一家公司时,经常会支付超过目标公司目前市场价值的价格。这就是估价过高的问题。

一、什么导致估价过高?

经济理论告诉我们只有当以下情况发生时,股票价值才能提升:
(1)产生协同作用。
(2)目标公司的资产通过合并有了很大的提升。

第九章的理论对以上两种情况中可能出现的合并进行了解释。大多数理论是基于代理问题和收购公司的经理人一般只着眼于实现管理目标而不是为了实现股东的目标。

管理者动机的一个反映就是限定了管理人员为了获得目标公司而准备支付的溢价。并购公司的代理问题越严重,其所准备支付的溢价就越高。如果目标公司的管理者或者股东发现合并对收购公司的管理者有益,而不是对收购公司的股东有利,那么目标公司的管理者会榨取尽量多的利益,所以导致高收购价。

实证研究表明,在合并过程中,收购公司的价格一般在下降,而目标公司的价格在上升。目标公司的股东因为付给他们的价格超过了其市场价值,所以获得了溢价的好处,而收购公司的股东则不一定能得到收益,甚至会因为竞价的结果而导致价值损失。

在某种意义上,这就是从收购公司到目标公司的价值转移,它反映了支付的溢价,其大小取决于收购公司代理问题的严重程度和目标公司股东获取溢价的能力。

估价过高的问题可能是因为对收购公司管理者提升业绩的能力高估了,或者是对潜在的协同效应高估了。这都可能导致实际支付的价格高于当前市场价值。

二、行为金融和估价过高

心理因素也会使并购估值过高。金融理论假设投资者的行为是理智的。而行为金融则研究心理因素如何影响金融决策。在对并购目标估值的环境下,一些心理因素会开始起作用,这有助于解释估值过高问题:

1. 过度自信和验证性偏差

人们倾向于高估自己的能力。如果这发生在董事会层面,会导致董事会高估其能力去使公司扭亏为盈或赚取比之前更高的收益率。这种过度自信会部分导致管理人员过于关注那些能够支撑其并购逻辑的证据,而不在意质疑其逻辑的证据,有时候被称为验证性偏差。

2. 损失厌恶

很多并购报价需要竞价。比如,两家及更多的公司去竞价同一家公司。在这种情况下很可能报价会被推升到离谱的高价格。这可以用经济学的名词"损失厌恶"来解释,即损失带来的痛苦远大于同样大的收益带来的满足。

3. 圈套

当战略失败时,管理者可能由于自身的承诺而不愿意改变(比如这是他们的理想)。这意味着管理者会孤注一掷地调拨更多的资金试图扭亏为盈。圈套可以解释,为了扭转失败的战略,支付过高的价格去并购企业是至关重要的。

4. 锚定

如果董事会被要求对非上市公司估值,他们可能会受到公司询价的强烈影响。这个询价就成了估值的一个(有偏见的)参考点(无论这个询价多么不合理)。

第二节 企业估值的原则

并购估值可以使用基于资产的、基于市场的或基于现金的模型。无论使用哪一个模型,必须识别出与并购相关的经营风险和财务风险。考试要求"合理的、适当的方法"。但是在实践当中企业没有精确的估价。

企业的总风险可以分为经营风险和财务风险。经营风险是经营环境改变导致的公司利润或现金流的变动。经营风险包括系统风险和非系统风险。系统风险来自于诸如收入敏感性、总成本结构中固定成本和变动成本结构等因素。而像管理能力和劳资关系这样的公司特有风险则决定了非系统风险。假设股东是多元化投资,则他们主要关心系统风险(用 β 因子来测量)。无负债(资产)β 值可以测量公司潜在的经营风险。财务风险是公司资本结构引起的现金流或利润的变动。

并购对收购方的经营风险和财务风险都可能有影响。并购估值分析必须融入该影响。

有三种基本的估值方法:
(1)基于资产的模型。该模型是对并购取得的资产进行估值。
(2)基于市场的模型。该模型使用市场数据对并购估值。
(3)基于现金的模型。该模型基于并购相关未来现金流的折现价值进行估值。

第三节 基于资产的模型

账面价值估值或者基于资产的估值模型是把资产负债表作为估值的第一步。

资产负债表记录了公司的固定资产(有形和无形),流动资产和负债,应付款(长期和短期),在总资产价值中减去长期和短期应付款后,得到公司的净资产价值。净资产的账面价值也可称为权益股东资金,因为这代表公司所有者的利益。

问题

Cactus 公司的资产负债表如下:

	$	$	$
固定资产			
土地			160000
设备			80000
摩托车			20000
			260000
流动资产			
存货		80000	
应收款		60000	
短期投资		15000	
现金		5000	
		160000	
流动负债			
应付款	60000		
税	20000		
股利	20000		
		(100000)	
			60000
			320000

12%债券		(60000)
递延税		(10000)
		250000
		$
普通股		80000
留存收益		120000
		200000
4.9%优先股		50000
		250000

用净资产估值的方法计算每股价值。

答案：

如果以上数据正确，则估值如下：

	$	$
有形资产总价值（扣除流动负债）		320000
减：优先股	50000	
债券	60000	
递延税	10000	
		120000
净权益资产		200000

普通股数＝80000

每股价值＝$2.50

该技术有时被用来预测陷入财务困境的非上市公司的最低价值。上例中所有者可以接受将清算价值作为最低报价，则使用资产的可变现价值估值将更合适。

或者将资产的账面价值当做和小公司进行并购价格谈判的起点。但是，该估值法忽略了公司的利润，通常要根据公司利润的倍数或者根据公司无形资产的预计价值来谈判溢价。估值是基于账面价值加上溢价，所以称为账面价值加成模型。

该方法中资产的重置价值比账面价值更有用。并购目标资产的重置价值可以量化公司从头开始的成本，公司不是通过并购而是在公开市场上获得资产。

账面价值法在计算时排除了大多数内部产生的无形资产。这使得这种方法对很多已经成立了的企业不适用，特别是对服务行业。很多企业的无形资产价值巨大。公司的知识库、供应商和客户网络、品牌信任都是重要的价值来源。下面讨论的估值原则可以应用于属于无形资产或知识资本的各种资产、资源或者产权，具体包括专利、商标和版权，研发，品牌，顾客忠诚度，销售渠道。

一、无形资产价值计算法（CIV）

CIV 计算有形资产的超额回报。这个数字决定了归属于无形资产的收益率。

计算方法如下：

第一步：计算一段时间内的平均税前利润；

第二步：用资产负债表上的数据，计算一段时期内的年末有形资产均值；

第三步：找到行业的资产收益率，将行业资产收益率乘以该企业的平均有形资产，用第一步中的数字减去本步骤的结果，得到超额利润；

第四步：调整税前超额利润率，得出归属于无形资产的税后利润；

第五步：用1除以企业的资产成本，再乘以税后利润，计算税后利润的净现值。

二、CIV 法的例子

Jool 公司想要计算无形资产的价值，并决定采用 CIV 法。Jool 公司过去三年的信息如下：

	20×6 $m	20×7 $m	20×8 $m
税前收益	350.0	359.8	370.6
有形资产	1507.5	1528.9	1555.9

行业目前的资产收益率为 21%，Jool 公司的 WACC 是 8%。

计算 Jool 公司的无形资产的价值，假设税率为 30%。

计算过程如下：

平均税前利润 = (350+359.8+370.6)/3 = \$360.13m

平均有形资产 = (1507.5+1528.9+1555.9)/3 = \$1530.77m

超额利润 = 360.13 − (21% × 1530.77) = \$38.67m

税后利润 = 38.67 × (1−0.3) = \$27.07m

净现值 = 27.07/0.08 = \$338.38m

三、CIV 法的问题

这种方法比较直接，并且使用现有的信息，因此很有吸引力，但还存在两个问题：

(1) 用行业平均资产收益率计算超额利润，这可能由于一些极端数值使得结果失真。

(2) CIV 法假设过去的利润率可以很好地用于评估无形资产的现值。但是，如果公司丑闻或者法律变化削弱了当前的品牌价值，这种假设就出错了。CIV 法还假设无形资产所产生的超额利润的价值不会增加。

四、莱夫的知识收益法

莱夫的知识收益法（Lev's knowledge earings method）将无形资产产生的收益分离出来，并将其资本化。

这种方法将由无形资产所产生的收益（知识收益）分离出来，并将其资本化。这种方法和 CIV 法类似，但是过程只有 3 步。

(1) 头 5 年用公司当前的增长率进行折现。

(2) 接下来 5 年的折现率逐渐下降到行业平均水平。

(3) 之后使用行业平均增长率进行折现。

这种方法的主要问题是它可能会很复杂，导致最终难以实现。实际上大多数估值是利益相关方激烈协商的结果,而不是通过复杂的计算得出的。

第四节 基于市场的模型

市场相关模型要基于市盈率,以此得到基于利润的股票估值。

上市公司估值的起点是股票的市场价值。如果证券市场有效,市场价格可以反映出对公司未来现金流和风险(包括经营风险和财务风险)的市场估价。

公司股价和收益之间的关系就是市盈率,它表明了对公司未来现金流和风险(包括经营风险和财务风险)的市场估价。市盈率方法实际上是基于收益的股票估值。市盈率越高,会得到越高的估值。高的市盈率表明:

1. 乐观的预期

预期每股收益在未来将快速增长,那么对利润的预期需要支付更高的价格。许多小型但快速增长的成功公司在股票市场上有高的市盈率。一些股票(比如20世纪90年代后期的互联网公司)在没获取利润之前就取得了高估值,就是因为市场对其未来收益的乐观预期。

2. 收益是有保证的

一个正常运营、低风险公司的市盈率,通常比收益具有很大不确定的类似公司要高。

3. 地位

如果上市公司(收购者)以股换股收购非上市公司(目标),收购者则希望自己的股票市盈率高于目标公司的。上市公司一般风险更低,同时,股票上市还有一个好处:股票随时可以出售。非上市公司股票的市盈率一般是类似上市公司的50%—60%(在AIM交易的股票,市盈率大约取上市公司的70%)。

一、市盈率方法

市盈率可用于对并购目标估值,用目标公司的最新利润乘以合适的市盈率。

$$市场价值 = 目标公司的利润 \times 合适的市盈率$$

↑ 表明公司的当前利润　　↑ 反映公司的增长前景或风险

该方法存在下列几个问题。

1. 选择哪一个市盈率

市盈率可以反映目标公司的风险和增长前景。但是通常都是基于另外一家类似公司的市盈率(称为代理公司),需要注意所选择的代理公司要具有与被估值公司相似的经营风险和财务风险(资本结构)。如果被估值的公司是非上市公司,那么要对类似公司的市盈率打一定折扣。折扣的具体程度需要协商。

2. 利润计算

如果目标公司包含无法重现的一次性项目,或者并购后调整董事的薪酬会对公司有影响,则需要调整目标公司利润。历史利润不能反映并购产生的潜在未来协同效应。需要对利润做出调整。如果目标公司知道会被另一家公司收购,它可能会调高最新的利润数据。

3. 证券市场有效性

行为金融学认为证券市场的价格并不是有效的。因为价格会受心理因素影响。例如,在估值时的市盈率可能因为市场情绪的波动而高或低得不合常理。

实际上市盈率方法要求你做出一些判断。考试时你要清楚地做出并陈述你的假设,不必担心估值是否精确,因为事实上估值并不是精确的,它会受讨价还价技巧、心理因素和财务压力的影响。

问题

Macleanstein 公司正在考虑为 Retina 的全部股权进行出价,Retina 的最新利润是 2500 万美元。Retina 是一家非上市公司,与 Macleanstein 公司处于同一行业,多年来一直步履维艰,但 Macleanstein 公司管理团队相信他们可以扭亏为盈,因此 Retina 可以分享 Macleanstein 公司的增长前景。预期并购的结果是协同效应可节省 200 万美元(税后)。Macleanstein 公司现在的市盈率是 17 倍。

要求:利用上述信息,为同 Retina 谈判报价建议一个明智的价格范围。

答案:

没有唯一的正确答案。但是,可以用合理的方法估计出给 Retina 的最高价和最低价,并在这个价格范围内进行谈判。

支付的最高价:

在确定最高价时,Macleanstein 公司必须考虑并购带来的协同效应。

Retina 的最高价 = 调整后的利润 × 新的市盈率 = (2500 + 200) × 17 = 45900 万美元

Retina 公司股东愿意接受的最低价:

Retina 是一个步履维艰的非上市公司,因此它作为一家独立的非上市实体,17 倍的市盈率高估了。因此可以将其市盈率减少 50%,为 8.5 倍。

Retina 的近似最小值 = 调整前的利润 × 打折的市盈率 = 2500 × 8.5 = 21250 万美元

最终的数额可能是在两个极值之间。

市盈率还可以用来通过预计集团并购之后的价值来对并购目标估值。

$$市场价值 = 集团利润 \times 合适的市盈率$$

将集团并购之后的价值与公司并购前的价值进行比较,差额就是公司应当为并购支付的最高数额。

问题

Macleanstein 公司考虑完全收购 Thomasina 公司的权益资本,Thomasina 公司的市盈率为 14 倍,总收益为 5 亿美元。收购后导致的协同效应能节省大约 1.50 亿美元,合并后公司的市盈率预估为 16 倍。Macleanstein 公司的市盈率为 17,总收益为 7.5 亿美元。

要求:

(a) Macleanstein 最多支付多少给 Thomasina?

(b) Thonmasina 公司接受的最低报价是多少?

答案:

(a) 支付的最高价格:

Macleanstein 需要考虑合并之后的协同效应。

对于 Macleanstein 来说,Thomasina 的价值 = 合并后的价值 − 现时价值

合并公司的价值＝新的市盈率×合并后的收益＝16×(500m+750m+150m)＝$22400m

Macleanstein 现在的价值＝17×750m＝$12750m

Thomasina 的价值＝$22400－$12750＝$9650m

即支付的最高价值为$9650m。

(b)Thomasina 股东接受的最低报价：

即 Thomasina 现在的权益价值＝14×$500m＝$7000m

最后的成交价格很可能在两者之间。

二、收益率

收益率等于每股收益除以股价。换句话说，它是市盈率的倒数。1÷收益率＝市盈率。

如果考题给你的是收益率，用 1 除以收益率就得到了市盈率。例如，收益率为 5%，则市盈率等于 20 倍。

三、市场账面价值比率

市场账面价值比率假设在市场价值和净账面价值之间存在固定的关系。

市场账面价值比率要基于 Q 比率，这是诺贝尔经济学奖得主 James Tobin 提出来的。作为对潜在目标的估值，Q＜1 时表示公司比较脆弱，因为公司的资产可以以更低的价格买到。因此，常常是具有高的 Q 值的公司购买低 Q 值的公司。实证研究表明，三分之二的收购中，购买者的 Q 值高于目标公司的 Q 值。

第五节 基于现金流的模型

最后一种估值模型是用能够反映公司经营风险和财务风险的折现率来对预测的现金流进行折现得到公司估值。

一、股利估值模型

最简单的现金流估值模型是股利估值模型。其理论基础是：股票市场当中任何股票（或债券）的均衡价格是将从该证券得到的未来预期的收入用合适的折现率进行折现的结果。

$$P_0 = D_0(1+g)/(K_e-g)$$

式中，D_0——支付的股利；

K_e——目标公司的权益成本；

g——股利增长率。

注意：如果 D_0 是每股股利，那么 P_0 是每股价格；

如果 D_0 是总股利，那么 P_0 是公司价值。

有三种方法估计公司股利的增长率：第一种是通过历史数据估计；第二种是通过分析预测；第三种是根据公司基本情况估计。

1. 历史数据估计

增长率的历史数据估计是根据过去已经计算出来的增长率来估计的。

$$1+g = \sqrt[n]{\frac{最近期的股利}{最早期的股利}}$$

但是历史估计存在一些问题：首先，所有决策需要在一定的估计时期内决定，太长的期间导致估计的情况和未来不再相关；其次，即使情况不变，估计的平均价值不一定和目前最近的状况相关，特别是增长率是波动的，平均价值只与未来中等时期的预期增长率相关。

2. 分析预测

第二种估计收益增长率的方法是使用分析预测。分析者对一家公司的增长率做预测，这些预测是形成公司增长趋势的基础。

3. 根据公司基本情况估计

决定公司增长率的因素有权益净利率和利润留存比率（收益没有分配给股东的那部分）。增长率可以这样计算：

$$增长率 = 利润留存比率 \times 权益净利率$$

股利估值模型有很多不足，很难准确预测未来的股利增长。即使算出了预计增长率，该增长率也不可能在未来保持固定不变。但是，如果预测股利以不同的增长率增长，股利估值模型可以经过修正后进行估值。模型的修正如表 8-1 所示。

表 8-1 股利估值模型的修正

第一阶段（例如，接下来的 2 年）	第二阶段（从第 3 年开始）
增长率特别高或低	转变为稳定的增长率
用普通的 NPV 方法计算该阶段股利的现值	用下列公式评价稳定增长阶段的 NPV，但是时间周期需要调整。$P_0 = D_0(1+g)/(r_e - g)$ 改为 $P_2 = D_2(1+g)/(r_e - g)$ 然后再用第 2 个时点的折现率调整得到 0 时点的现值

问题

Groady 公司想并购一家意大利公司 Bergerbo SpA。

Bergerbo SpA 在 20X3 年底的利润表摘要：

	百万欧元
息税前利润	9.8
利息	2.3
应税利润	7.5
税率(25%)	1.9
税后利润	5.6
股利	5.0

关于 Bergerbo SpA 的未来股利增长潜力产生了观点冲突，有些分析师认为股利在可预见的未来不会增长，而另外一些分析师预计股利增长率为每年 3%。Bergerbo SpA 的 β 系数是 0.90。无风险利率是 3%，市场收益率是 8.6%。

要求：假设接下来 3 年的增长率为 3%，之后的增长率为 2%，用股利估值模型估计

第八章
收购与兼并的估值

Bergerbo SpA 的价值。

答案：

$K_e = 3\% + 0.9 \times (8.6\% - 3\%) = 8.04\%$，取整为 8% $d_0 = \$250000$ $g = 4\%$

第 1 阶段：

时点	1	2	3
股利€m	5.150	5.300	5.460
折现系数@8%	0.926	0.857	0.794
现值	4.800	4.500	4.300

总计 = €13.6m

第 2 阶段：

股利€m   €5.46m × 1.02 = €5.57m   自第 4 年开始

$$P_0 = D_0(1+g)/(r_e - g) \quad 改为 \quad P_3 = D_3(1+g)/(r_e - g)$$

$$P_3 = \frac{5.46 \times 1.02}{8\% - 2\%} = €92.8m$$

折现为 0 时点的现值 = €92.8 × 0.794 = €73.7m

合计 = 13.6 + 73.7 = €87.3m

二、自由现金流

自由现金流模型是另外一种更复杂的现金流估值模型。该模型用公司产生的实际现金流去预测其现值。这意味着，为了确定被并购的个体公司的价值，或者为了确定集团并购后的价值，模型中应该加入协同效应。

考点

2007 年 12 月的考题出了 30 分的必答题，部分问题是关于自由现金流用来估值是否合理。所以你要确保自己可以讨论类似情境下的估值方法。

自由现金流模型在 2011 年必答题 A 部分也出现过，要求估计收购公司的价值和目标公司权益的价值。同时也考察了对不同模型的局限性的讨论。

公式：

自由现金流 = 息税前利润 − 税 − 资本性支出 + 折旧 − 营运资本增加额

股权自由现金流 = 息税前利润 − 利息 − 税 + 折旧 − 资本性支出 − 营运资本增加额
　　　　　　　＋ 债务净增加额（新的借款 − 偿还的借款）
　　　　　　＝ 自由现金流 − 利息 × (1 − 税率) + 债务净增加额

注意：股权自由现金流被称为支付股利的能力。

用自由现金流估值有以下两种方法：

方法 1：

(1) 找出目标公司的自由现金流（支付利息前）。

(2) 将自由现金流用 WACC 折现，得到现值。

(3)公司的净现值－债务＝目标公司权益的价值。

方法2：

(1)找出目标公司的股权自由现金流(支付利息后)。

(2)将股权自由现金流以 K_e 折现，得到现值。

(3)净现值＝目标公司权益的价值。

确保不要将两种方法混淆，比如可能会用错折现率。

问题

Chunky Trot 公司计划收购 Turkey Lurkey 公司，两家公司处于同一行业，两家公司的杠杆率都为 18%(杠杆率＝债务/总融资金额)。

Chunky Trot 公司预计在未来几年年现金流会增加，具体数据如下：

年份	税后(支付利息前)现金流
	$m
20×1	14.00
20×2	18.50
20×3	20.75
20×4 及以后	30.25

Turkey Lurkey 公司有账面价值为 3750 万美元的不可赎回债券，利率为 6.5%。无风险利率为 6.5%，市场利率为 12%。Chunky Trot 公司的权益 β 为 2.450，公司税率为 28%。

要求：如果 Chunky Trot 公司准备用 1 亿美元收购整个 Turkey Lurkey 公司，收购是否能增加股东财富？用两种方法解答。

答案：

$K_e = 6.5 + 2.45 \times (12 - 6.5) = 19.98\%$，约等于 20%

$K_d = i/P_0 \times (1-T) = 6.5/100 \times 0.72 = 4.68\%$

$WACC = 20 \times 0.82 + 4.68 \times 0.18 = 17.2\%$，约等于 17%

方法1：

年份	20×1	20×2	20×3	20×4 以后
	$m	$m	$m	$m
现金流(税后息前)	14.00	18.50	20.75	30.25
永续年金(1/0.17)				5.882
折现率	0.855	0.731	0.624	0.624
现值	11.97	13.52	12.95	111.03
总现值	149.47			
减债务	(37.50)			
权益价值	111.97			

由于权益价值大于收购价，股东财富在收购后会增加。

第八章
收购与兼并的估值

方法 2：

每年支付的税后利息＝(6.5%×\$37.5m)×0.72＝\$1.76m

年份	20×1	20×2	20×3	20×4 以后
	\$m	\$m	\$m	\$m
现金流	14.00	18.50	20.75	30.25
利息	(1.76)	(1.76)	(1.76)	(1.76)
息税后现金流	12.24	16.74	18.99	28.49
永续年金(1/0.2)				5.00
20X3 年价值				142.45
折现率(20%)	0.833	0.694	0.579	0.579
现值	10.20	11.62	11.00	82.48
总现值	115.3			

由于权益价值大于收购价，股东财富在收购后会增加。

（一）对财务风险的调整

如果公司用高负债为并购筹资，会导致财务风险上升。这种并购可以用调整的现值（APV）来估值。调整现值（APV）已经在前文中进行了解释。

收购的估值是用无杠杆权益成本折现的自由现金流加上税盾的现值。净现值为：

APV＝假设收购公司全部以权益融资的价值＋债务税盾现值－初始投资

计算 APV 的步骤为：

(1) 计算无杠杆下的净现值——折现率为 k_e；

(2) 加上债务中导致的税收减免的现值；

(3) 减去目标公司的债务以得到权益价值，再减去收购成本。

问题

XERON 公司管理层考虑收购一家非上市公司 NERON。NERON 的所有者想得到 5 亿美元。以下是 XERON 对 NERON 公司的财务报表分析。

利润：

	20X7	20X8	20X9	20Y0	20Y1	20Y2	20Y3
收入	620.00	682.00	750.20	825.22	907.74	998.52	998.52
减：销售成本	(410.00)	(441.00)	(475.10)	(512.61)	(553.87)	(599.26)	(599.26)
毛利润	210.00	241.00	275.10	312.61	353.87	399.26	399.26
经营成本	(133.00)	(144.30)	(156.53)	(169.78)	(184.16)	(199.78)	(199.78)
息税前利润	77.00	96.70	118.57	142.83	169.71	199.48	199.48
减：利息	—	(32.00)	(26.88)	(20.19)	(11.73)	(1.27)	—
税前利润	77.00	64.70	91.69	122.64	157.98	198.21	199.48
减：税	(21.56)	(18.12)	(25.67)	(34.34)	(44.23)	(55.50)	(55.85)
净利润	55.44	46.58	66.02	88.30	113.75	142.71	143.63

资产负债：

	20X7	20X8	20X9	20Y0	20Y1	20Y2	20Y3
流动资产	100.00	100.00	100.00	100.00	100.00	242.90	404.55
固定资产	400.00	378.00	354.00	328.00	300.00	270.00	238.00
总资产	500.00	478.00	454.00	428.00	400.00	512.90	642.55
债务	400.00	335.95	252.35	146.63	15.94	—	—
权益	100.00	142.05	201.65	281.37	384.06	512.90	642.55
总资产	500.00	478.00	454.00	428.00	400.00	512.90	642.55

其他信息：

销售增长率 10%

折旧(20X7) $40m

债务利率(所有债务都是有息负债) 8%

税率 28%

资本性支出(每年的 10% 计入折旧) $20m

可用现金流都用于还款直至全部还清。

无负债的 β 1.1

终值价值等于永续年金在第 6 年的现金流。

无风险利率 6.0%

风险溢价 7.5%

项目期内没有处理任何固定资产。

XERON 计划在 20X8 年收购 NERON。

答案：

第一步计算无负债的 NPV：

不要忘记在第一步计算最终净现值之前要包括终值。

	20X8	20X9	20Y0	20Y1	20Y2	20Y3
税后 EBIT	69.62	85.37	102.84	122.19	143.63	143.63
加：折旧费用	42.00	44.00	46.00	48.00	50.00	52.00
减：资本性支出	(20.00)	(20.00)	(20.00)	(20.00)	(20.00)	(20.00)
自由现金流	91.62	109.37	128.84	150.19	173.63	175.63
折现率(14%)(W1)						
现值	80.35	84.11	86.97	88.91	90.11	80.09

不包括终值的总净现值为 $510.54m：

终值 = $175.63/0.14 = $1254.5m

终值的现值 = $1254.5m × (P/F,14%,6) = $571.53m

总净现值 = $510.54m + $571.53m = $1082.07m

W1 折现率可用 CAPM 模型计算

$E(r_i) = Rf + \beta(E(R_m - R_f)) = 6 + 1.1 \times 7.5 = 14.25\%$，取整为 14%。

第二步债务利息抵税的现值：

税盾以债务成本(8%)折现。

第八章
收购与兼并的估值

	20X7	20X8	20X9	20Y0	20Y1	20Y2	20Y3
	$m	$m	$m	$m	$m	$m	$m
利息抵税	—	8.960	7.530	5.650	3.280	0.360	—
折现率(8%)	—	0.926	0.857	0.794	0.735	0.681	—
现值	—	8.300	6.450	4.490	2.410	0.250	—
税盾总现值						$21.9m	
加:第一步现值						$1082.07m	
总现值						$1103.97m	

第三步减去收购成本和现有债务,得到权益价值:

权益价值 = $1103.97m — $500m — $400m = $203.97m

结论:由于 NERON 的权益价值比债务和支付的收购价大,则 XERON 应该进行收购。

(二)对经营风险的调整

目标公司和并购公司的 β 值,以及并购产生的协同效应的 β 值会影响合并后公司的经营风险。

如果并购影响了经营风险,按下列步骤对并购估值:
(1)计算两家公司的资产 β。
(2)计算收购后的平均资产 β。
(3)按收购后的公司的杠杆结果重新构建 β(由第2步的 β_a 转换为有负债的 β_e)。
(4)计算合并公司新的 WACC。
(5)将收购后的自由现金流用新的 WACC 折现。
(6)计算合并公司修正的净现值,并减去债务,得到权益价值。

问题

Omnivore 公司考虑收购 Sweet Meals 公司。Omnivore 公司管理层预计 Sweet Meals 公司的现金流在未来十年内的增长率远高于 Ominevore 公司,且在重建了物流网络和市场运营之后会节约可观的成本。预计现金流和协同效应的具体数据如下。并且通过收购,Omnivore 公司能够卖出一个储存点获得 $500 万的收入。

年份	Sweet Meals	协同效应	Omnivore	合并公司现金流
	$m	$m	$m	$m
20X5		5		5.00
20X6	12.00	6	42	60.00
20X7	14.40	6	45	65.40
20X8	17.28	6	48.01	71.29
20X9	20.74	6	50.97	77.71
20Y0	24.88	6	53.81	84.69

20Y1	29.86	6	56.46	92.32
20Y2	35.83	6	58.79	100.62
20Y3	39.41	6	64.27	109.68
20Y4	43.36	6	70.20	119.56
20Y5	45.52	6	78.79	130.31
终值	682.86	50	1663.97	2396.84

已知以下信息：

	Omnivore	Sweet Meals
	$m	$m
债务	100	20
权益	900	280
资产 β	0.9	2.4

Omnivore 向 Sweet Meals 提供 $380m 现金买下全部股票。这些现金通过新的债务融资。税率为 30%，无风险利率为 5%，合并公司要求的回报率为 9%，其债务成本为 7%。

计算 Omnivore 公司权益因并购导致的变动。

答案：

合并公司的资产 β 等于 2 家公司各自的加权平均结果：

β_a = Omnivore 总价值/合并总价值 $\times \beta_O$ + Sweet Meals 总价值/合并总价值 $\times \beta_{SM}$

= 1000/1300 $\times$ 0.9 + 300/1300 $\times$ 2.4 = 1.25

因为，$\beta_e = \beta_a \times \left[\dfrac{V_e + V_d(1-T)}{V_e}\right] = \beta_a \times \left[1 + (1-T) \times \dfrac{V_d}{V_e}\right]$

所以，合并公司有负债的 $\beta_e = \beta_a \times [1 + (1-T) \times V_d/V_e]$

$\qquad\qquad\qquad\qquad$ = 1.25 $\times$ (1 + 0.7 $\times$ 500/1180)

$\qquad\qquad\qquad\qquad$ = 1.62

用 CAPM 得出权益成本。

$\qquad\qquad\qquad K_e$ = 5% + 1.62 $\times$ 4% = 11.48%

$\qquad$ WACC = 1180/1680 $\times$ 11.48% + 500/1680 $\times$ 7% $\times$ 0.7 = 9.52%

将现金流用新的 WACC 折现得到合并公司的价值，即 $1507.19m。

年份	合并公司现金流	折现系数	折现现金流
	$m	9.52%	$m
20X5	5.00	1.000	5.00
20X6	60.00	0.913	54.78
20X7	65.40	0.834	54.54

第八章
收购与兼并的估值

20X8	71.29	0.761	54.25
20X9	77.71	0.695	54.01
20Y0	84.69	0.635	53.78
20Y1	92.32	0.579	53.45
20Y2	100.62	0.529	53.23
20Y3	109.68	0.483	52.98
20Y4	119.56	0.441	52.73
20Y5	130.31	0.403	52.51
终值	2396.84	0.403	965.93

合并企业的总现值＝＄1507.19m

权益价值＝合并企业的总现值－总债务价值＝＄1507.19－500＝＄1007.19m

Omnivore公司股东价值的增加＝＄1007.19m－＄900m＝＄107.19m

问题

Nessie公司考虑100％收购一家完全不同行业的公司——Patsy公司。收购价是2亿美元，这个价格很可能被接受，收购的资金由税后债务资本成本为7％的新债务融资。

收购前的信息：

Nessie

Nessie的债务融资为6000万美元，税前利率为7.5％，总共5000万股股票，市场价值为每股＄22，权益β为1.37。

税后经营现金流如下：

1	2	3	4	5
$m	$m	$m	$m	$m
60.3	63.9	67.8	71.8	76.1

Pasty

Patsy的权益β为2.5，持有6500万股股票，总市场价值为1.56亿美元。现在的债务（同时也会被Nessie接管）为1250万美元。

收购后的信息：

价值为1400万美元的土地将被出售。

Patsy现在业务的税后经营现金流如下：

1	2	3	4	5
$m	$m	$m	$m	$m
15.2	15.8	16.4	17.1	17.8

如果收购达成，Nessie公司的信用评级将提升，现有全部债务的利率变为7％（解释：7％实际是税后利率）。5年后现金流的增长率为每年1.5％。无风险利率为5.2％，市场风险溢价为3％。公司税率为28％。债务β是0。

要求：Nessie应该收购Patsy吗？请给出理由。

答案：

(1) 计算两家公司的资产 β。

假设债务 β 为 0，资产 β 可以计算如下：

$$\text{Nessie} = 1100/[1100 + (60 \times 0.72)] \times 1.37 = 1.32$$

$$\text{Pasty} = 156/[156 + (12.5 \times 0.72)] \times 2.5 = 2.36$$

(2) 合并的资产 β。

$$\text{Nessie 总资产} = 1100 + 60 = 1160$$

$$\text{Pasty 总资产} = 156 + 12.5 = 168.5$$

合并 $\beta = 1.32 \times [1160/(1160 + 168.5)] + 2.36 \times [168.5/(1160 + 168.5)] = 1.45$

(3) 收购后重新调整的 β。

权益 $\beta = 1.45/(1256/[1256 + (60 + 12.5 + 200) \times 0.72]) = 1.68$

(4) 计算合并公司新的 WACC。

$$K_e = 5.2\% + (1.68 \times 3\%) = 10.24\%$$

$$\text{WACC} = 10.24\% \times 1256/(1256 + 272.5) + 7\% \times 272.5/(1256 + 272.5) = 9.66\%$$

(5) 将收购后的现金流折现。

年份	1	2	3	4	5	6年之后
	$m	$m	$m	$m	$m	$m
合并现金流	75.5	79.7	84.2	88.9	93.9	95.3
年金						12.3
6年以后永续年金的现值						1172.2
折现率	0.912	0.832	0.758	0.692	0.631	0.631
现值	68.9	66.3	63.8	61.5	59.3	739.7
总现值	1059.5					
出售土地	14.0					
Nessie 债务	(60.0)					
Patsy 债务	(12.5)					
收购融资债	(200.0)					
净现值	801.0					

合并公司的价值比 Nessie 的价值（50m × \$22 = 1100）小，因此不应该收购 Patsy 公司。

第六节 高速成长的新企业估值

一、高速成长的新企业的特点

新企业的估值不能使用以前使用过的估值方法，因为新企业有如下特点：

(1) 大多数新企业没有业绩记录。

(2) 持续的损失。

(3) 低收入，未测试的产品。

(4)未知的市场接受程度、未知的产品需求。
(5)未知的竞争状况。
(6)未知的成本结构、未知的实施时间。
(7)高开发和基础设施成本。
(8)缺乏经验的管理层。

二、规划经济业绩

所有的估值模型都需要合理并且和经营的关键因素相关的项目,以下步骤可在高速发展的新企业的估值中应用。

(一)找出关键因素

任何基于市场的方法和折现现金流分析都取决于合理的财务项目。项目可以从市场潜力、企业资源、管理团队、财务特点和其他因素进行考虑。

(二)项目期

高增长率的新公司的一个特点是为了存活下来,它们需要保持高增长率。新公司确实保持高增长,但往往在第一年经营费用和投资成本超过收入,持续积累经验直到增长开始减缓,(资源开始变稳定)。这意味着长期项目要预备一直到企业有稳定的大于0的利润和现金流。这些项目依赖于对增长率的假设。一般项目期不少于7年。

(三)预测增长率

收益增长率的预测可以用以前学过的方法:

$$g = 利润留存比率 \times 资本回报率$$

大多数高增长新企业利润留存比率为1,因为公司为了取得高速增长,要投资于研发、扩张产能、人力资源发展来吸引新的人才,发展新的市场、产品和技术。

由于利润留存比率为1,那么唯一的决定因素就是资本回报率。资本回报率可以从行业的项目、证券分析当中或者从对公司管理层、市场环境和投资水平的评价来进行估计。

三、估值方法

增长率估计好了,下一步就是选取最准确的方法,目前有三种方法:资产、市场、折现现金流。

(一)基于资产的估值方法

基于资产的估值方法不一定准确,因为企业的有形资产价值不一定高,大多数新企业的投资花在人力、市场等费用上,而不是形成资产。

(二)基于市场的估值方法

基于市场的估值对新企业也有一定问题。这类估值需要找到其他类似的公司。产生很多复杂的问题。如可比性,不同的市场价值,缺乏信息,甚至因为没有收益导致不能计算市盈率。

(三)基于折现现金流的估值方法

用折现现金流法,需先计算出自由现金流,再用已调整的资本成本折现。比如,可以用不变增长模型:

$$V = \frac{FCF}{r-g}$$

对高增长的新企业的讨论表明,其收入和成本的增长率是变化的。由于

$$FCF = 收入 - 成本 = R - C$$

所以公司价值等于

$$V = \frac{R-C}{r-g}$$

现在假设新企业的收入和成本的增长率可能不一样,则公式应该调整为

$$V = \frac{R}{r-g_R} - \frac{C}{r-g_C}$$

问题

Quickleg 是一家提供互联网服务的公司,预计下年收入为 1 亿美元,成本为 5 亿美元。企业的收入预计每年增长 21%,但成本保持不变。假设回报率为 22%,Quickleg 公司的价值是多少?

答案:

$$V = \frac{100m}{0.22-0.21} - \frac{500m}{0.22-0} = \$7727.27m$$

以上模型正反映了新兴高速增长公司的状况,在开始经营时高亏损但公司价值很高。Quickleg 公司第 1—15 年期间的预计利润反映如图 8-1 所示。

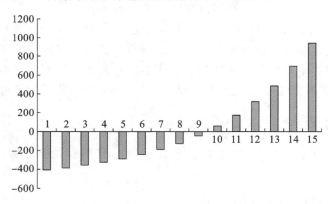

图 8-1 Quickleg 公司第 1~15 年的预计利润

用折现现金流估值的一个很重要的问题是估值模型的敏感性。增长率的变化是由需求、技术和管理等其他因素引起的。比如说,如果收入增长率从 21% 降到 20%,公司的价值则为

$$V = \frac{100m}{0.22-0.20} - \frac{500m}{0.22-0} = \$2727.27m$$

公司的价值少了 50 亿美元。

第八章
收购与兼并的估值

另一个问题是折现现金流不能反映管理弹性和扩张、放弃、延迟等战略选择。应对不确定最好的方法是对不同的情况分配相应的概率。

第七节 用期权定价模型评估违约风险

期权定价模型在评估违约风险中的作用是以股权投资的有限责任性质为基础的。公司的股权可以被看作是对公司资产的看涨期权,执行价格等于未偿还债务。

期权定价模型在评估违约风险中的作用是以股权投资的有限责任性质为基础的。鉴于股东可以参与公司利润增长的分配,他们的损失只限于其持股的价值。为了看到这个属性是如何被利用的,考虑资产的市场价值由 V 表示的一家公司。此外假设该公司有一个非常简单的资本结构,其中资产的收购由市场价值表示为 E 的权益和市场价值为 D 的债务提供资金。这家公司的财务状况表如表8-2所示。

表 8-2 公司的财务状况表

资产	负债
V	股权 E
	债务 D

公司发行的债务是期限为一年的零息债券,面值为 F。债务的市场价值为:

$$D = \frac{F}{1+y}$$

注意 y 不是无风险收益率,而是在无风险收益率的基础上包含了一个风险溢价,以反映债券持有人承担信用风险并且他们可能不会收到承诺的付款 F 的事实。当在债务到期日资产 V 的价值不足以支付债券持有人时,这可能会发生。如果 $V_1 < F$,公司将会拖欠债务,出现违约。在这种情况下,债券持有人将不会收到 F 而是 V_1,遭受了 $F - V_1$ 的损失。在到期日资产的价值越低,债券持有人遭受的损失就越大。

股权是对公司资产的剩余索取权,在到期日股权的价值将是资产的价值与债务的票面价值的差额。如果资产的价值高于未偿还债务,它将是正数;如果资产的价值低于未偿还债务,它将是0。总之股权 E_1 的价值将是:

$$E_1 = V_1 - F, \quad 如果 V_1 > F$$
$$E_1 = 0, \quad 如果 V_1 \leq F$$

股权在到期日的价值如图8-2所示。当 $V_1 > F$ 时股权价值为正,当 $V_1 \leq F$ 时为0。由于股权的有限责任性质,它能够达到的最低价值为0。

这是对公司资产的看涨期权的回报,执行价格等于债务 F 的面值。

因此公司权益的价值可以使用用于欧式看涨期权的布莱克-斯科尔斯模型估计。

$N(d_1)$ 的价值表明了当资产的价值改变时权益的价值如何改变。这是看涨期权的增量。$N(d_2)$ 的价值是看涨期权在到期时将是实值期权的概率。在这种情况下,它是资产价值将超过未偿还债务,即 $V_1 > F$ 的概率。因此违约概率是 $1 - N(d_2)$。如图8-3中的阴影部分所示。

期权定价模型为是什么决定了债券的违约概率提供了有益的见解,因此它可以用于评估其决定因素对信用风险和债务资本成本的影响。从布莱克-斯科尔斯公式中可以看

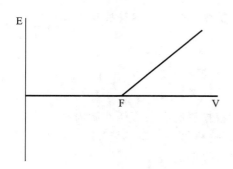

图 8-2　股权在到期日的价值

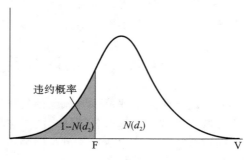

图 8-3　布莱克-斯科尔斯模型

出违约概率取决于以下三个因素。

（1）负债/资产比率，F/V。

（2）公司资产的波动性（σ）。

（3）债务到期时间（t）。

负债/资产比率或杠杆水平的影响是明确的。一个较高的 F/V 比率会增加违约概率。同样，波动性的增加也将增加违约概率。记住到期日对违约概率的影响取决于 $F>V$ 还是 $F<V$。如果 $F>V$，公司在技术上无力偿债。为了避免破产，它需要增加收入。随着到期时间的增加，有更多的时间来发生收入的增加和减少风险。在这种情况下，到期时间越长，违约概率越低。如果 $F<V$，并且贷款到期前只有很短的时间，贷款违约的可能性不高。在这种情况下，到期时间越长，违约概率越高。

问题

资产的市场价值是 100 美元，一年期债务的面值是 70 美元。无风险利率是 5%，资产价值的波动性是 40%。使用布莱克-斯科尔斯模型计算违约概率。

答案：

$$V=100,\quad F=70,\quad r=0.05,\quad \sigma=0.40$$

布莱克-斯科尔斯模型的参数是：

$$d_1=\frac{\ln(V/F)+(r+0.5\sigma^2)t}{\sigma\sqrt{t}}=\frac{\ln(100/70)+(0.05+0.5\times 0.4^2)}{0.4}=1.217$$

$$d_2=1.217-0.4=0.817$$

期权的德尔塔是：

$N(d_1)$ 是 $z\leqslant 1.217$ 的概率，等于 0.889。

$N(d_2)$ 是 $z\leqslant 0.817$ 的概率，等于 0.794。

因此有：

$$1-N(d_2)=1-0.794=0.206$$

因此违约概率是 20.6%。

第九章

收购:战略问题和监管

本章重难点分析

本章将讨论收购与兼并作为公司营运规格扩张形式的优点与不足。将通过真实案例来学习兼并的类型以及其目的。评估收购提案的长处,设立选择合适目标的标准。还会考虑对两个现实例子中协同效应的评价。

第一节 公司的扩张方式:兼并与收购

尽管收购作为一种扩张方式需要支付高额溢价,但它仍然是被企业广泛使用的途径,也是公司内部成长的一种替代方式。

考点

在2008年6月的考试中,有一道选做题是关于收购过程中财务、道德、法规等问题的。2014年6月的考题中有一道期权的问题,考查了公司兼并的动机及如何管理潜在的风险,分值11分。

企业可以通过投资购买或制造资产和产品线这种内部成长的方式来增加经营规模。

企业也可以通过收购市场上其他的公司,来获得现成的有形、无形资产以及生产线。哪个战略更好呢?这对于财务经理人来说是个难题。内部成长通常是在企业已经很成功并且有着相关经验技术的情况下,这种方式风险较低,但是成长过程缓慢、成本更高,甚至有时无法实现。而收购需要支付高额的溢价,这可能使得公司在收购后很难创造价值。但无论怎么说,收购都是公司常用的扩张方式。当公司决定通过兼并或者收购来扩张时,该战略可通过许多方式来实现,也会有许多可选的收购目标。

总的原则是,只有当扩张的结果是增加了公司的盈利能力和增加了股东的财富时,收购或者自行建造新厂房才能实施。

一、将并购作为扩张战略的优点

作为一种扩张战略,并购是使公司快速获得产能和无形资产以及进入海外市场的方式之一。并购主要有 4 大优点。

1. 快速

收购其他的公司是一种快速实施公司扩张计划的方式。相比内部成长的方式,收购使得公司能够更快达到更大产能水平。所以收购更适合那些需要在短期内实现目标的管理者。

2. 低成本

收购的成本相对内部成长来说更低。收购能够通过换股的方式来实现,这样不会影响公司的财务能力。

3. 获得无形资产

通过收购,公司不仅能获得有形资产,还能获得无形资产,比如品牌认可度、商誉、顾客忠诚度和知识产权,这些是很难通过内部成长方式获得的。

4. 进入海外市场

当一个公司想向海外市场扩张时,收购海外一家当地的公司也许是最好的方式。

二、将并购作为扩张战略的缺点

将并购作为扩张战略,使得公司承担了更大的经营风险和财务风险。
通过并购进行扩张具有下列风险:

1. 经营风险

收购意味着大规模的投资以及对目标公司的财务负责。如果目标公司并没有达到预期的业绩,那么将会对收购公司造成不良的影响。

2. 财务风险

在整个收购的过程,收购公司与目标公司的信息不对称,可能得不到一些重要的信息。

3. 收购溢价

当公司收购另外一家公司时,通常需要支付高于市场价值的溢价。这部分溢价通常是为将来可能从收购中所获得的利益而支付的。但是过多的溢价会使得收购不可行。

4. 管理能力

当一家规模比收购方更大的公司被收购时,收购公司可能没有相关的管理层经验或者能力去处理经营中的问题,即使目标公司保留了原来的管理层。

5. 融合(兼容)问题

收购中最大的问题是两个公司的文化、历史和运营方式可能会有冲突、不兼容。

三、并购的类型

兼并(merger)是指两家公司合并组成一家新公司,两家公司共享新公司的所有权。

第九章

收购：战略问题和监管

收购(acquisition)通常是由一家占优的公司（捕食者）接管另外一家小公司（目标公司）的资产，并夺取这些资产的所有权。

并购可以分为水平并购、垂直并购、混合并购。不同类型的并购有着不同的扩张方式和不同的风险和收益。

1. 水平并购

水平并购是指同属于一个产业或行业，生产或销售同类产品的公司之间发生的收购行为。实质上，水平并购是两个或两个以上生产或销售相同、相似产品的公司间的收购，其目的在于消除竞争，扩大市场份额，增加收购公司的垄断实力或形成规模效应。

2. 垂直并购

垂直并购是处于生产同一产品、不同生产阶段的公司间的收购，收购双方往往是原材料供应者或产成品购买者，所以，对彼此的生产状况比较熟悉，有利于收购后的相互融合。当公司并购其供应商时，是后向并购（向上游企业的并购）；公司并购其客户，是前向并购。

3. 混合并购

混合并购又称复合收购，是指生产和经营彼此没有关联的产品或服务的公司之间的收购行为，如报纸公司并购航空公司。

四、选择合适的收购目标的标准

成功识别收购目标的标准是多方面的。其中比较重要的就是识别海外市场的目标。收购方必须从被收购方的角度出发来评估该收购方案。但是理解另外一个国家的法规以及竞争环境是很复杂、很耗时的。

收购目标是否合适，主要取决于收购目标是否与收购动机一致。收购目标与收购动机一致的主要表现有以下几个方面。

1. 收购价值被低估的公司能获利

目标公司的交易价值应当低于被收购时的预计价值。

2. 多元化

目标公司所在的行业应当与收购方所在的行业不同，并且收入的相关性很低。

3. 经营协同性

目标公司应当有某些特征可能导致经营协同性。目标公司应该与收购方在同一个行业，从而通过规模效应实现成本降低，或者通过提高垄断能力提升市场占有率。

4. 节税

目标公司有大额的税额抵扣，却没有足够的利润能享受抵税优惠。这样的收购将为收购方实现节税。

5. 提高举债能力

这种情况通常发生在目标公司不能借款或者被强制支付高额利率的情况下。收购该目标公司后可以改善该公司的资本结构，提高举债能力，降低清算风险。

6. 充足的现金

现金流比较充足的公司会寻找发展中的目标公司。目标公司通常有着非常好的项目却没有充足的资金。

7. 获得现金资源

一家公司花费了大量投资在研发上，或者有许多现金流非常集中的项目正在运营，这样的公司将会寻求一些现金流充足的公司或者能带来充足现金流的产品线来支持他们对现金的需求。

8. 控制公司

这种情况下是要找到一个管理很糟糕，而且股价弱于大盘的目标公司。目标公司的管理层不能完全利用公司的产能，收购公司相信他们的管理技巧能够改善这种情况，并且认为目标公司能够为他们带来更大的回报。其中的评判标准就是目标公司的价值低于公司资产的价值。

9. 掌握核心技术

一些公司没有大量投资在技术研发上，但是他们通过收购其他公司来掌握这些技术。比如，制药公司为了掌握技术去接管小生物技术公司，就是该战略的一个很好的例子。

第二节 产生协同效应

并购过程中的三种主要的协同效应是收入协同、成本协同、财务协同。

协同效应的存在被认为是在收购中能够增加股东价值的两个原因之一。识别、量化、宣告这些协同效应是获得公司股东支持该收购行为的重要流程。

一、收入协同

收入协同是指当收购目标公司后，收购公司的收入增加了，净资产收益率增加了或者获得了长期的增长。收入协同来自市场竞争力的增加、市场协同、战略协同。

相对于成本和财务协同，收入协同更难量化。当公司并购时，成本协同更容易提前评估并采取相应的措施。但是收入协同却很难评估。很难确定顾客对新公司的反应，顾客是否会买新公司的产品，公司扩张后整个系统的能力，以及公司节约的成本会带来多大的价格上的降低。尽管如此，我们还是要识别和传达收入协同。股票的市场价格在收购后的第一年将与成本协同保持一致，但是在这之后，它需要增长。顾客关系管理和产品技术管理是实现收入增长的两个核心流程。

二、成本协同

成本协同主要是来自于规模效应。随着产量水平的增加，单位成本降低。并购后的公司将获得更大的利润空间。从规模效应中产生的成本协同通常是实实在在的。

三、财务协同的来源

1. 多元化

通过收购另外一家公司从而降低风险的方式，对于两家上市公司来说并不能创造价值，但是对于私营公司或者还没上市的公司来说却能够创造价值。以多元化为动机的收购对并购后的公司的价值没有影响。通常，并购后的公司的价值等于两个独立公司的价值的和。对于私营公司来说，管理者一般没有分散投资，他可能获得多元化后的潜在价值。

2. 现金充足

当一家现金充足的公司收购了一家有着好项目但资本不足的公司时，这样的并购能够创造价值。管理者可能由于要融资而拒绝盈利的项目。并购新创造的价值取决于项目的现金是否充足。

3. 税收利益

并购后的公司缴纳的税款可能比两家公司独立缴税更低。如果一家公司有大量的抵税项目但是却在亏损，另外一家公司正在盈利，需要缴纳大量的税款，那么这样的两家公司合并后可以享受税收利益。协同的价值是因为合并而节税的现值。被并购公司的资产账面价值会被提升，以反映其新的市场价值。在某些并购方式下，由于未来的折旧会导致更高的节税额度。

4. 举债能力

当两家都没有能力再举债的公司合并时，这样的并购不能提高公司的举债能力，也不能创造价值。

多元化能够增强举债能力，提高公司的价值。当两家不同行业的公司并购时，新公司的收入的波动会更小，可能借到更多的钱。

第三节 探讨收购在增加股东价值方面的高失败率

很多理论解释了收购在增加股东价值方面的高失败率。例如，代理理论、估值错误、先发制人理论和市场的非理性等。

收购中最常见的实证结论是收购方的股东很少能得从收购中得到利益。只有当有证据表明收购发生后能产生协同效应或者能发挥管理层优势才能使得收购能够增加股票价值。一些其他的理论解释了由于管理层的收购动机并非最大化股票价值而导致失败的现象，但是其他的动机已经被认为与实证结论一致。

一、代理理论

代理理论认为收购行为主要是出于收购公司管理层自身利益。导致管理层和股东的利益分歧的主要原因有以下几个。

（1）管理层自身投资组合的多元化。

（2）用现金流增加公司的规模。

（3）收购资产从而增加公司对管理层的依赖。

这些原因的共同观点在于收购行为引起价值从收购方的股东流向收购方的管理者。

代理理论暗示，因为目标公司知道收购是出于管理层的利益而不是股东的利益，他们视收购是一次从收购方管理层的利益当中榨取一部分利益的机会。这取决于目标公司的议价能力。

二、估值错误

当收购公司的管理者不知道怎么去估值的时候,他们可能会建议他们的公司报更高的价格。在假设收购已经开始的前提下,如果不重新估计被收购公司的价值,就不能对风险变化了的收购行为进行估值。如果收购之后的业绩并不能对多支付的价格做出补偿,那么收购失败。

三、市场的非理性

如果理性的管理者发现公司的股票在短期内被高估,他将会在市场纠正前,把高估的股票换成实际的资产。因此收购是为了利用这种市场的非理性,这与更好的管理或者协同效应无关。缺少后者会导致收购失败,即使被收购的公司是以较低的价格买到的。

四、先发制人理论

这个理论解释了为什么尽管管理层是理性的,也会追求股东财富最大化,收购公司仍然追求折价的水平进行收购。如果通过收购能实现大规模的成本降低,那么这些公司会为这个收购的机会而竞争。胜者能够成为低成本的制造商,提高产品的市场地位,从竞争者手中抢得更多的市场份额。直观地说,所有公司都害怕其他公司比自己先收购成功而实现成本降低或者协同效应,所以公司会先发制人。

五、粉饰报表

收购在增加股东价值方面高失败的另外一个原因是收购并不是为了协同效应,而是为了在短期内呈现更好的财务报表。

六、糟糕的整合管理

为了有效地整合企业,必须要有有效的整合管理并且认识到这需要花费时间。当管理非常糟糕或者管理者不去做点什么的时候,即使可能收购成功也会最终失败。

不会灵活运用整合计划也会导致收购失败。一旦收购开始了,管理者在准备实施计划时,必须考虑应对改变的环境和之前不正确的信息。

管理不善对公司整合非常不利。提前告知员工什么时候比较混乱是非常重要的。缺少与员工关于目标和前途的沟通,以及错误地识别和处理他们的不安会导致员工不知道公司的前途。员工将不愿意适应新的流程和环境。

第四节 反向收购

反向收购是指一家小上市公司采用以股换股的方式买下一家大的非上市公司。大公司成为上市公司中占优的一方。这既是收购的方法,也是上市的一种途径。

反向收购描述了这样一种情形:一家小的上市公司(公司 S)可以通过以股换股来接

第九章

收购：战略问题和监管

管另外一家大的非上市公司(公司 L)。为了收购公司 L，要发行大量的 S 公司股票给 L 公司的股东。这意味着公司 L 将持有大多数股权，因此将会控制公司。

一、反向收购的好处

反向收购是公司上市的一种途径。与首次公开募股(IPO)相比，反向收购有下列潜在好处：

1. 速度

IPO 通常需要 1—2 年的时间。在该期间要准备招股说明书，要进行上市路演来招徕投资者的兴趣。需要对股票定价，股票发行要受到监管。相反，反向收购在大约数月即可完成，甚至可以快到只需一个月时间。

2. 成本

IPO 是个长期的过程，投行作为发起人要给出指导建议。IPO 的成本占融资数额的 5%～35%。反向收购的发行成本要低得多。

3. 可行性

在经济低迷时期，很难刺激投资者对 IPO 的欲望。但是对反向收购来说却不是问题。

二、反向收购的缺点

1. 风险

采用反向收购的上市公司可能会有一些资产负债表中没有公开的负债(例如，潜在的未来诉讼)，这就存在风险。因此在反向收购之前必须对上市公司进行充分的调查(称为尽职调查)。

2. 缺乏专业知识

运营上市公司需要了解监管程序以遵守证券市场规则。而策划反向收购的非上市公司如果没有充分了解这些要求，就会存在风险。因此需要从上市公司那里获得重要管理人员的信息。

3. 股价下跌

如果上市公司的股东在反向收购之后，如果卖出他们的股票，就会导致股价下跌。可以和股东达成协议，保证他们在之后的一定时间内(比如 6 个月)不能卖出其股票。这被称为锁定期。

第五节 收购监管

一、欧盟收购指令

欧盟收购指令要求收购委员会的特定行为在一定的法律框架中执行，结束了英国监管的非法定方法。从方法上来说，新的监管模式通过采用众多城市法典的元素，促进了欧洲体系向英美体系的融合。

欧洲委员会为了寻求欧洲收购监管的统一，在 2002 年发布了一份收购指令草案。这个草案介绍了以下几种主要的监管策略：①强制性收购；②股东平等待遇原则；③所有权和控制权的透明度；④挤出和卖出权利；⑤一股一权原则；⑥突破规则；⑦董事会中立以及反收购措施。

1. 强制性收购规则

这条规则的目标是当投标者已经积累了一定比例的股票时，提供给小股东以公平价格退出公司的机会。各国的门槛各不相同，但大趋势是近几年该持股比例逐渐在降低。在英国，这个门槛比例由收购合并城市法典规定为 30%。

强制收购规则是基于如下假定，一旦收购者获得了控制权，他就会牺牲小股东的利益来使用自己的权限。这也是为什么强制收购规则常常还会规定应支付的股票价格。

投标者常常被要求给剩下的股东提供一个价格，该价格不得低于在报价之前一个特定时间段内股东已得到的最高价格。

2. 股东平等待遇原则

平等对待所有股东的原则在西欧国家都是根本性的原则。平等待遇原则要求投标人提供给小股东的条件应当与他们提供给使其获得控制权的股东的条件相一致。

3. 所有权与控制权的透明度

大股东持股信息的披露是保护投资者和市场良好运转的重要因素。透明度能够使监管者监控大股东，减少潜在的代理问题并调查内部交易。它同时也可以使小股东和市场来监控大股东，防止大股东实施不良影响或者牺牲其他持股人来获取利益。

4. 挤出和卖出权利

挤出权利赋予已经获得实体一定比例（通常是 90%）的收购者强迫小股东出售其股票的权利。英国和多数国家的门槛是 90%；但在比利时、法国和德国则是 95%；爱尔兰最低，为 80%。这个规则使收购者一旦达到了门槛就可以获得 100% 的权益，减少了可能由小股东引发的一些问题。卖出权利使小股东能够要求大股东购买他们的股票。

5. 一股一权原则

如果赞成一股一权原则的话，那么限制投票权的安排就是被禁止的。有区别的投票权（例如无投票权的股票，或有多份投票权的股票），使一些股东能牺牲其他股东的利益去积累控股权，也可能给潜在收购者设置很大的障碍。

6. 突破规则

在公司法允许的情况下，突破规则能够使已经获得公司特定比例股权的收购者打破公司的多种投票权格局，如同一股一权一样获得公司的控制权。

7. 董事会中立以及反收购措施

当寻求解决代理问题（管理层可能试图牺牲股东的利益以使自己获得好处）时，有一些监管策略会建议董事会保持中立。例如，在没有股东事先授权的情况下，不允许董事会开展积极的防范战术（例如出售公司的主要资产，这被称为拳头部门防守；或者赋予现有股东以很低价格购买公司股票的权利，这被称为毒丸防守）。

第九章
收购：战略问题和监管

二、英国的监管

英国的收购监管是围绕城市法典形成的，被称为"基于市场"的模型，旨在保护广泛的分散的股东群体。这个体系在联邦国家也很盛行，在美国是基于法律案例及其衍生出的法律规定。这些都是在很大程度上寻求对股东权益的保护。

第二种体系，在欧洲大陆盛行，被称为"大股东持股"或利益相关者体系，是基于成文的民法，旨在保护更广泛利益相关者（例如债权人、雇员、更广泛的公众）的利益。

这两种系统不仅在监管框架上不同（民法对普通法），在所有权的潜在结构和寻求的控制上也不相同。在英国和美国，系统包含的所有权相对欧洲大陆的更广泛，在欧洲大陆公司被多数人拥有，或少数股东持有接近大量的股票。在英美模型中，重点突出代理问题和保护广泛分散的股东。大陆法系国家通过立法并依赖大股东、债权人、员工的监督。

（一）城市法典：一般原则

城市法典分为一般原则和具体细则，合并和收购交易中的参与方必须查看具体细则。城市法典的一般原则有以下几个。

1. 目标公司的所有股东必须同等对待

收购者必须给予目标公司相同等级的股东同等的待遇。此外，如果某人获得了公司的控制权，其他的股票持有人必须得到保护。换句话说，收购公司不能给目标公司的一部分股东一种购买条款，而给该公司同一等级的其他股东另一种不同的购买条款。

如果持股比例超过30%，则必须收购其他剩余的所有股票，价格不低于收购公司过去一年当中所支付的最高价。

2. 为正确明智的决定提供充足的时间和信息

应当为目标公司的股东提供足够的信息和时间，使他们做出正确明智的决定。也就是要为目标公司的股东提出建议，目标公司的董事会必须就实施收购对就业、就业条件，以及公司业务地点的所在地等给出他们的观点。要设定出价时间表。

3. 目标公司的董事会必须以谋求公司的整体利益而行事

目标公司的董事会必须以谋求公司整体利益而行事，不能否决股东自行决定被收购并从中获益的机会。没有股东的批准，董事会不能使用防守策略阻碍并购。

（二）城市法典中要求遵守的时间表

城市法典为治理整个要约期间规定了时间期限，这个时间表的目的是为了防止目标公司的日常事务被中断。任何被认定为潜在出价方的公司有28天的时间宣告是否有出价企图。如果没有得到目标公司董事会的同意，那么他们不能在6个月内再次报价。

要约是否成功取决于要约人是否获得足够的赞同以获得所要求的对目标公司的控制程度。所以要约人要使要约达到某个条件，即至少获得一定的赞同标准。最低的赞同情形要求获得目标公司50%的投票权。但是一般要求90%的投票权，因为达到这个水平才能使要约人根据公司法的强制收购规则，强制剩余的小股东出售其股票。

(三)股权构建以及相关门槛

一般来说,一个潜在的要约人在提供要约之前都会希望开始构建股权。任何人都可以在不受任何时间限制的情况下持有上市公司最多 29.9% 的股权。一些重要的持股比例及其影响,如表 9-1 所示。

表 9-1 一些重要的持股比例及其影响

持股比例/(%)	影响
3%	要求公司公开利益关系(重要利益规则)
10%	持有不少于 10% 的投票权的股东可以要求公司送达通知,以确认其他股东;须呈报的利益规则对机构投资者和非营利性股东有效
30%	城市法典定义的有效控制。触发强制收购,收购要约成为强制的。如果收购方持有 30%—50% 的股票(通常之前是企图收购),则任何新增的购买都可能引发强制收购
50%+	公司法定义为控制(在这个持股水平的持股人可以通过普通的决议)。发布股东同意的无条件完整要约所要达到的第一点。最低同意条件
75%	主控边界,因为在这个水平的持股人可以通过特殊决议
90%	小股东可以要求大股东购买其股票。同样,大股东也可以要求小股东把股票出售给他们。此时,剩余 10% 股权的强制收购可以进行了

公开透明原则(DTR)作为透明指令的执行流程的一部分引进,要求持股 3% 的门槛进行宣告,之后每增加 1% 就要宣告。透明指令要求披露有投票权股票的持股情况。

第六节 恶意收购中的防守策略

多数收购都是友善的,当双方公司的管理层协商成功一个对彼此都有利的协议时才会发生。然而,并不是所有的收购都是这样协商的,有些收购被认为是恶意的,并遭到了目标公司董事会的拒绝。当目标公司的管理层认为收购是恶意的,有一系列的防守措施可以实行。

收购防范策略可以被分为要约前防守和要约后防守。两种策略都已经过多年发展,主要发生在美国 20 世纪 80 年代的收购浪潮中。

那些积极的策略常常以股东的利益去冒风险,但受到管理层的支持。欧盟收购指令寻求废除一些可能被管理层运用、以损害股东的利益为代价来挫败收购的一些积极策略。

要约前防守和要约后防守都在表 9-2 中进行了列示,并解释了在收购指令实行以后哪些可以在英国使用。

第九章
收购：战略问题和监管

表 9-2　防范策略总结

策略	解释
金降落伞（golden parachute）	目标公司规定公司高管人员在恶意收购中其职位不保时将获得巨额补偿。补偿包括现金、额外津贴、股票期权，或者上述三者的组合
毒丸（poison pill）	通过让现有股东以很低的价格购买股票来使公司缺少吸引力。毒丸有很多变体
白衣骑士和白衣护卫（white knights and white squires）	这涉及请求一家公司将目标公司从不受欢迎的收购者手中救回。白衣骑士为收购方的对头。 白衣护卫和白衣骑士差不多，但不取得目标公司的控制权
拳头部门（crown jewels）	公司最有价值的资产可能是公司成为收购目标的首要原因。通过出售该资产或者开始安排出售或售后租回，公司就可以大大减少吸引力
帕克曼式防御（pacman defence）	这个防御措施是通过给袭击者树立一个对头收购方来完成的。 与其说帕克曼策略是防守策略，不如说是进攻策略，即抢先收购袭击者，先下手为强的反并购策略。只有在原始收购者是上市公司并有多样化股权的情况下才可行。这个策略表明公司的管理层支持此次收购，但不同意控制对方公司
诉讼或监管防御（litigation or regulatory defence）	目标公司通过申请一项由监管部门或者法院授权的调查来质疑收购。目标公司可以通过诉讼获得一个临时命令，要求收购者停止购买其股票

（1）收购前防守通常都包括公司章程的规定，凭此可以建立差别股票结构，在该结构下小股东可以行使不对称投票权，目标公司因此可以阻挠收购。

现在在英国实行的收购指令，给予有在规范市场上交易的、拥有投票权股票的公司选择突破条款的权利，如果他们愿意这样做的话，也就是说打破投票权的限制。

（2）收购后防守包括下列行动：出售公司的主要资产（拳头部门），为的是让目标公司没那么有吸引力；让现有股东能以很低价格购买股票（毒丸）。收购指令现在纳入了城市法典，要求在没有股东授权的情况下，管理层不得实施这样的防范行动。

第十章 融资并购

本章重难点分析

在这一章中将解决三个问题。第一,将讨论一个收购公司如何融资收购,是通过现金、股票还是二者结合,并讨论如何筹集现金。第二,将讨论评估财务报价对收购公司影响的方法,以及赞同或拒绝的标准。第三,将讨论估计要约对收购公司的财务状况以及业绩影响的方法。

本章内容会涉及一些计算,所以考生需要掌握公司估值的相关知识。然而,问题也不会全部是数值计算。可能会要求考生讨论为什么公司要选择特定形式的要约,收购的战略,对股东财富的影响,收购后发生什么。这一章所讨论的问题一般会安排在试卷的必答部分。

这一章主要讲融资合并的类型以及每种选择的成本与好处——如果公司涉及合并收购业务的话,就会用上本章的知识。

第一节 合并融资的方法

合并融资可以以现金、股份交换和可转换债券的形式进行支付。支付形式的选择将基于可用的现金、期望的财务杠杆水平、股东的税务状况和控制权的变化情况。

一、支付方法

收购的条款会涉及对目标公司股票的购买方式,是以现金或是以证券(股票,也可能是债券)的形式。用收购公司的股票去购买目标公司的股票,这种方式叫作以股换股,或是股票交换。

二、现金购买

如果以现金购买,那目标公司的股票将会被买断。例如,假设有两家公司的状况如下所示。

	大公司（美元）	小公司（美元）
净资产（账面价值）	1500000	200000
股数	100000	10000
利润	2000000	40000

大公司协商以 400000 美元收购小公司。结果大公司：

(1)净资产（账面价值）为 1500000＋200000－400000＝1300000 美元。
(2)股数 100000 股（不发生变化）。
(3)预期利润为 2040000 美元，减去利息（税后），也就是用于购买小公司的 400000 美元的机会成本。

三、现金收购的筹资

现金收购可以通过以下方式融资。

(1)公司留存收益。如果收购方的规模大于被收购方的规模，公司通过留存收益融资是一种较为常见的方式，但如果情况相反就不一定了。也有公司在准备收购前出让自己的资产以积累现金。

(2)发行债务得到的收入。公司可以通过发行债券来获得资金。但这并不是常用的方法，因为发行债券可能使市场察觉到公司收购另一家公司的意图，从而促使投资者购买目标公司的股票，使其股票价格上升。

(3)从银行贷款。这被当作短期筹资战略，当报价被接受后，公司就可以发行债券了。

(4)夹层融资。这可能是不进入债券市场发行债券的公司的唯一途径。

四、通过股份交换购买

一个公司可以通过发行股票来收购其他公司。这些新股可以通过下列方式发行：

(1)交换目标公司的股票。也就是说，若 A 公司收购 B 公司，A 公司可以发行股票然后给 B 公司的股东，用以交换他们手中的 B 公司股票。那么 B 公司的股东就变成了 A 公司的股东。这就是以有价证券为对价的收购。有价证券要约常常附带现金替代选择。

(2)在股票市场上筹集资金，然后用于购买目标公司的股票。对于目标公司的股东来说，这是现金收购。

有时，公司会通过股票交换的形式收购其他公司，但是股票立刻就在股票市场上出售以此来为出售者筹集资金。不论通过证券收购的细节如何，结果都是收购公司所发行的股票增加。

五、可转换债券的使用

证券对价的替代选择包括公司债券、贷款债券和优先股，上述替代选择并不经常使用，原因如下。

(1)很难估计一个对目标公司股东有吸引力的回报率。
(2)对收购公司的财务杠杆水平的影响。
(3)目标公司股东投资组合的结构变化。

(4)债券面临潜在销路不好的状况,也可能缺少投票权。

发行可转换债券可以克服上述一些问题,给予目标公司股东分享公司未来收益的选择权。

六、在现金要约与证券要约之间的选择

在现金要约与证券要约之间的选择(或二者的结合)取决于公司及其现存股东有多少种方法,以及目标公司股东的态度。

一般来说,公司如果认为自己股票价格被低估的时候就不会使用股票筹资。相反,认为自己股票价格被高估或正确估值时,就会使用股票来进行兼并。通过股票筹资收购时支付的溢价自然要大于用现金的时候。可能有会计原理支持,所以使用股票而不用现金,也有可能基于税费原因,考虑使用股票兼并。现金兼并会给目标公司的股东带来纳税义务。

收购公司董事会必须考虑的因素包括以下几个方面。

(一)公司与其现有股东

(1)稀释的每股收益。如果支付对价是股票,就可能出现现有股东的每股收益下降。

(2)公司成本。用债券融资来支持现金要约,可以享有利息抵税并且资本成本低于股票融资。可转换债券的票面利率低于一般股票。

(3)财务杠杆。高财务杠杆的公司可能不能再发行更多的债券来获得现金。

(4)控制权。如果发行大量新股,控制权可能变化很大。

(5)股权资本增加。如果支付对价是以股票的形式支付就可能出现该情况。这将需要召开股东大会来通过必要的议案。

(6)借款限额增加。如果借款限额要更改,必须召开股东大会。

(二)目标公司股东

(1)税。如果支付对价是现金,很多投资人就会马上背负缴税义务。

(2)收入。如果支付对价不是现金,那么意味着现有收入可持续,或者可以通过合适的资本利得或者是合理的增长预期来得到补偿。

(3)未来投资。想要保留目标公司股票的股东可能希望获得股票。

(4)股票价格。如果支付对价是股票,接受者就希望股票能保持价值。

七、夹层融资和收购

当收购中的支付对价是现金时,收购公司就要设法获得这笔现金,用来支付其购买的股票。偶尔公司手头会有足够的现金来购买目标公司的股票。更常见的情况是,现金需要筹集,可能是对现有股东进行配股,或更有可能是从银行或其他金融机构借款。

如果现金是通过借款来筹集,则借款一般是中期并有担保的。

然而,很多收购行动中给目标公司股东的支付选择是现金支付,收购公司的借款是:

(1) 短期的借款。
(2) 没有担保的(也就是次级债务,在借款人清算时优先权较低)。
(3) 因为没有担保,利率要远高于有担保的负债(通常比伦敦银行间同业拆放款利率高出 4%～5%)。
(4) 常常赋予债券人在收购结束后将债券转化为股票的权利。

这种借款就叫做夹层融资(因为处在股票与负债融资之间)——这是一种在管理层收购中也常常用到的融资形式。

八、获利能力协议(一种对赌协议)

购买对价不会在收购时一次付清,部分将会延期,根据目标公司是否达到一定的业绩指标来决定是否支付。

第二节 评估要约

合并双方公司的股东都会对合并对于股价和每股收益的影响十分敏感。

一、收购中公司股票的市场价值

股票的市场价格在收购中非常重要。假设 Velvet 公司正在考虑收购 Noggin 公司的股票。Noggin 公司现在的股价为每股 2 美元。Velvet 公司的股票为 4.50 美元,Velvet 报价为用其公司的一股来换 Noggin 公司的两股,也就是相当于每股市价为 2.25 美元的 Noggin 公司股票。只有当 Velvet 公司的股价保持 4.50 美元不变时,报价才有这个价值。如果股价跌了,那收购就没那么有吸引力了。

这就是为什么换股收购的公司十分重视在收购协商过程中股价不能下跌,至少在目标公司股东同意收购之前股价不能下跌。如果在收购过程中目标公司的股票市场价值上升了,那收购价格看上去就会偏低,收购就有可能失败,因为目标公司的股东会拒绝将股票出售给收购公司。

二、收购前后的每股收益

如果一个公司通过发行股票来收购另一家公司,每股收益会根据目标公司在被收购时的市盈率而上下波动。

(1) 如果目标公司在被收购时的市盈率高于收购公司的市盈率,收购公司股票的每股收益就会降低。
(2) 如果目标公司当时的市盈率较低,那收购公司的每股收益就会上升。

三、案例:合并与收购(1)

Giant 公司准备通过以两股换一股来收购 Tiddler 公司。两公司的详细情况如下:

	Giant 公司	Tiddler 公司
股数	2800000	100000
每股市价	$4	—
年收益	$560000	$50000
每股收益	20 美分	50 美分
市盈率	20	

用 Giant 公司的两股来交换 Tiddler 公司的一股，Giant 公司股价为每股 4 美元，则 Tiddler 公司的股票相当于每股 8 美元，该公司的每股收益则为 50 美分，该公司的市盈率为 16。这比 Giant 公司的低，因为 Giant 的市盈率为 20。

如果兼并不产生任何协同效应，而且无论 Giant 公司还是其新子公司 Tiddler 公司的收入都不增长，那么 Giant 公司的每股收益就会高于之前的，因为子公司是以较低的市盈率购买的。合并后结果如下：

	Giant 集团
股票数	3000000
每年收益	610000
每股收益	20.33

如果市盈率仍然是 20，每股市价将会是 4.07 美元，比收购前的价格高出了 0.07 美元。

四、案例：合并与收购（2）

Redwood 公司准备以股权交换的形式收购 Hawthorn 公司。Hawthorn 公司市盈率为 15。

	Redwood	Hawthorn
股数	3000000	100000
市价	$2	—
收益	$600000	$120000
市盈率	10	

Hawthorn 公司的每股收益为 1.2，那么每股价格就为 1.2×15＝18 美元。在这个股权交换的交易中，Redwood 公司要发行 9 股新股（每股价值 2 美元）来获得 Hawthorn 公司的 1 股，所以为完成收购要发行 900000 股新股。

收购完成后，扩大了的公司将会有发行在外的 3900000 股普通股，假设利润没有增长，总利润为 720000 美元。那么每股收益为 18.5 美分。Redwood 公司收购前的每股收益为 20 美分，因此每股收益下降了。这是因为 Hawthorn 公司的市盈率要高一些。

这种通过收购一个较低市盈率的公司来提高自己每股收益的方法叫作自助法。市场是否接受还存在争论。在没有协同或其他形式获利的情况下，市盈率在收购之后会下跌。

五、在有收入增长的情况下购买拥有高市盈率的公司

购买拥有高市盈率的公司会导致每股收益的下降，除非有收入增长来抵消这种下降。

例如，假设 Starving 公司要收购 Bigmeal 公司，以 Starving 公司的 2 股来交换 Bigmeal 公司的 3 股。两公司的详细情况如下：

	Starving 公司	Bigmeal 公司
股票数量	5000000	3000000
每股价格	$6	$4
年收益		
今年	$2000000	$600000
下一年	$2200000	$950000
每股收益	40 美分	20 美分
市盈率	15	20

Starving 公司收购了有更高市盈率的 Bigmeal 公司，只有被收购子公司的利润增长才能使扩大了的 Starving 集团的每股收益增长。

	Starving 集团
股票数量（5000000＋3000000×2/3）	7000000

收益：

(1) 如果没有利润增长（今年的 2000000＋600000）2600000 美元，则每股收益为 37.14 美分。

(2) 在有利润增长的情况下（下一年的 2200000＋950000）3150000 美元，则每股收益为 45 美分。

(3) 如果一个公司的收购策略是购买一个拥有更高市盈率的公司，那么每股收益增长的主要因素是目标公司有着良好的利润增长前景。

六、进一步思考：每股净资产和利润的质量

只有当以下优点出现时，被稀释的利润才会被接受：

(1) 利润增长。

(2) 收购所获得的利润质量很高。

(3) 利润的稀释被净资产的增长所弥补。

你可能会认为应该不惜一切代价避免利润被稀释。但是，有几种情况下如果可获得其他优势，收购中的利润稀释也可能被接受。

(1) 如上述案例利润的增长可能抵消了每股收益的稀释。

(2) 如果目标公司的利润质量要远高于收购公司的，公司可能会接受利润的稀释。

(3) 资产很少但利润很高的贸易公司，可能希望收购一家资产多但利润少的公司，这样可以使其资产和利润更能保持同步。在这种情况下，利润的稀释可以通过净资产的增长来得到弥补。

问题

无形（Intangible）公司发行了面值为 1 美元的普通股 2000000 股。净资产（不包括商誉）为 2500000 美元，每年利润为 1500000 美元。公司的市盈率为 8。有形（Tangible）公司发行了 1000000 股的普通股。净资产（不包括商誉）为 3500000 美元，年利润为 400000 美元。有形公司的股东接受了无形公司的完全收购，对有形公司股票估价为每股 4 美元。

计算收购前和收购后无形公司的每股收益和每股资产。

答案：

(a) 收购前无形公司的状况：

每股收益＝1500000/2000000＝0.75 美元

每股资产＝2500000/2000000＝1.25 美元

(b) 有形公司的每股收益为 0.4 美元(400000/1000000)，公司以 10 倍即 4 美元的价格被售出。由于收购对价是股票，无形公司的利润将会受到稀释，因为无形公司对于有形公司估价的倍数是高于其本身的。无形公司将要以每股 6 美元来新发行 666667 股普通股(4000000/6)，支付 4000000 美元的对价。收购后无形公司的状况如下：

每股收益＝1900000/2666667＝0.7125 美元（比原来的 0.75 美元减少了 0.0375 美元）

每股资产＝6000000/2666667＝2.25 美元（比原来的 1.25 美元增加了 1 美元）

如果无形公司的市盈率不变，为 8，那股票价格就会下跌将近 0.3 美元（每股收益减少的 0.0375 美元乘以 8 倍市盈率），但由于收购后的资产大量增加，公司的市盈率可能高于 8。

有形公司的股东将会收到无形公司的 666667 股，即无形公司用这些新增发的股票来交换有形公司的 1000000 股，即无形公司的 2 股股票来交换有形公司的 3 股股票。

(a) 利润 $：

有形公司的 3 股股票收益(3×0.4)	1.200
无形公司的每 2 股即将获得的收益(2×0.7125)	1.425
有形公司的每 3 股股票收益的增长	0.225

(b) 资产 $：

有形公司每 3 股股票的资产数(3×3.5)	10.50
无形公司的每 2 股将会获得的资产(2×2.25)	4.50
有形公司的每 3 股股票资产的减少数	6.00

有形公司的股东将以其资产来换得收益的增长。

第三节 收购对财务状况和业绩的影响

一、对利润的影响

如何评估合并对利润的影响？市盈率可以作为评估利润所受影响的粗略指标。收购公司的市盈率高于目标公司的越多，收购公司所获得的每股收益的增长就越多。当目标公司的市盈率超过收购公司时，就会出现每股收益稀释。目标公司的利润规模也很重要，目标公司的利润相对于收购公司的利润越多，合并公司的每股收益增长也就越多。以下的例子可以说明这些观点。

问题

Greer 公司计划通过股权交换来收购 Holt 公司。为了获得 Holt 公司的 1 股股票，Greer 公司要发行 1.5 股股票。两个公司的财务信息如下：

第十章
融资并购

	Greer	Holt
净收入	$400000	$100000
流通在外的股票	200000	25000
每股收益	$2.00	$4.00
每股市价	$40.00	$48.00

Greer 公司希望合并公司的市盈率为 15。那么收购后的股价应该是多少？

答案：

$$合并后的利润 = 400000 + 100000 = 500000 \text{ 美元}$$
$$合并后的股票数 = 200000 + (25000 \times 1.5) = 237500 \text{ 股}$$
$$合并每股收益 = 500000/237500 = 2.11 \text{ 美元}$$
$$预期的股票价格 = 15 \times 2.11 = 31.65 \text{ 美元}$$

问题

Romer 公司将通过换股来收购 Dayton 公司全部流通在外的股票。Romer 公司给 Dayton 公司的报价是每股 65 美元。两个公司的财务信息如下：

	Romer	Dayton
净收入	$50000	$10000
流通在外的股票数	5000	2000
每股收益	$10.00	$5.00
每股市价	$150.00	
市盈率	15	

要求：

(a) 计算 Romer 应发行的股票数；
(b) 计算合并每股收益；
(c) 计算新市盈率(用报价/目标公司的每股收益)；
(d) 比较新市盈率和原来的市盈率；
(e) 计算每股收益稀释前的最高价格。

答案：

(a) Romer 应该发行的股票为：$65/$150×2000 股 = 867 股；
(b) 合并每股收益：($50000 + $10000)/(5000 + 867) = $10.23；
(c) 新市盈率：$65.00/$5.00 = 13；
(d) 因为 13 倍的新市盈率比原来的 15 要低，所以合并公司的每股收益不会被稀释；
(e) 每股收益稀释前的最高价格：15 = 股票价格/5 美元，所以股票价格是 75 美元 1 股。75 美元是 Romer 公司在每股收益稀释前应该支付的最高价格。

二、对资产负债表的影响

在这个例子中我们将通过检查公司的资产负债表来查看收购对公司财务状况的影响。ABC 公司计划向 DEZ 公司报价，ABC 公司通过借款来为并购筹集资金。

ABC 公司的资产负债表如下：

资产 $m		负债 $m	
非流动资产	600	短期负债	30
股权投资	20	长期负债	100
应收账款	15	股本	15
现金	45	股本溢价	35
		留存收益	500
	680		680

DEZ 公司的资产负债表如下:

资产 $m		负债 $m	
非流动资产	80	短期负债	10
股权投资	5	长期负债	10
应收账款	25	股本	20
现金	10	股本溢价	30
		留存收益	50
	120		120

这是完全通过发行债券来进行现金收购。公司通过发行价值 1.2 亿美元的公司债券来完成这个收购。

收购之后的 ABC 公司的资产负债表如下:

资产 $m		负债 $m	
非流动资产	600	短期负债	30
股权投资	20	长期负债	220
应收账款	15	股本	15
现金	45	股本溢价	35
投资	120	留存收益	500
	800		800

合并资产负债表如下:

资产 $m		负债 $m	
非流动资产	680	短期负债	40
股权投资	25	长期负债	230
应收账款	40	股本	15
现金	55	股本溢价	35
商誉	20	留存收益	500
	820		820

第十一章
资金管理的作用

 本章重难点分析

本章重点讨论在跨国公司中的资金运作。资金运作主要解决的是短期筹集资金的决策问题,但同时要求与股东财富最大化的长期管理目标保持一致。

这一章将讨论资金运作是怎么处理公司短期资产管理的,存在哪些风险以及如何促进公司长期目标的实现。

第一节 净额结算

净额结算是指用贷方余额抵减借方余额结算完毕的过程,以至在实际支付货币时只需支付净额。2010 年 6 月考了一道 20 分的可选题。

和收支匹配不同,净额结算不是一种管理交易风险的技术方法。其目的很简单,在安排付款之前通过结清公司内部的余额以节省交易成本。很多跨国集团都推行集团内部交易。当位于不同国家的相关公司相互交易时,可能有以不同货币标价的公司内部债务。

一、双边净额结算

双边净额结算的例子中,只包括两个公司。小的余额被大的余额所抵消,差额是要支付的余额。

Barlow 公司和 Orange 公司都是一家瑞士公司持股的相关英国和美国的子公司,在 2011 年 9 月 30 日 Barlow 公司欠 Orange 公司 SFr 650000,而 Orange 公司欠 Barlow 公司 SFr 450000,双边净额结算可以减少公司内部债务数额,公司内部的两个余额相互抵消,只留下 Barlow 公司欠 Orange 公司的净债务 SFr 200000。

二、多边净额结算

多边净额结算是一个更复杂的程序,有两个以上公司的债务相互进行结算,用不同的方法安排多边净额结算。协议是由公司自己的财务部或公司银行来协调。

步骤如下:
(1)建一张表,把收钱的公司竖着放在左侧,把付钱的公司横着放在上部。
(2)列出每家公司相互欠的全部金额并转换成都认可的结算货币。
(3)把表格的横竖相加,确定每个公司的总收入和总支出。

问题

Maximillian Group 有三家公司:一家在德国,一家在香港,一家在美国。在 2011 年第一季度,发生了下列公司内部的交易:

		付款的子公司		
		德国	香港	美国
收款的子公司	德国	—	€10m	€6m
	香港	HK$5m	—	HK$20m
	美国	$12m	$16m	—

Maximillian 引入了一个多边净额结算系统,以最小化集团内部支付数额。使用美元作为结算货币,汇率如下:HK$11.2475=€1,€0.6919=$1,HK$7.7821=$1。

要求:
揭示多边净额结算对集团内部收支的效果。

答案:
记住上面的步骤顺序。美元是结算货币,因此我们把所有的收支金额都按给出的汇率转换成美元(以下多边净额结算的数据都以美元表示,单位:百万美元)。

		付款的子公司			总收入(横向相加)	总支出(竖向相加)	净收支
		德国	香港	美国			
收款的子公司	德国	—	14.4530	8.6718	23.1248	(12.6425)	10.4823
	香港	0.6425	—	2.5700	3.2125	(30.4530)	(27.2405)
	美国	12.0000	16.0000	—	28.0000	(11.2418)	16.7582

多边净额结算政策可以最小化集团的交易成本,并减少对外币对冲的需求。现在只需要两笔交易——香港子公司付给德国子公司 $10.4823m,香港子公司付给美国子公司 $16.7582m。"()"代表付款。

通过净收支这一列的数据相加,可以对货币转化的准确性进行检查。如果计算正确(且收支符号固定),则净收支所在列加总后的结果为 0。这是因为一个公司的支出就是另一个公司的收入,它们相互抵消了。

第十一章
资金管理的作用

问题

Robster、Gazza 和 Howard 是同一家集团的分部，Robster 在美国，Gazza 在英国，Howard 在新加坡。在本年过去的季度里三个公司之间发生了下列交易：

		付款的子公司		
		Robster	Gazza	Howard
收款的子公司	Robster	—	US＄50m	US＄20m
	Gazza	£15m	—	£25m
	Howard	S＄33m	S＄45m	—

结算货币为 £，上季度的汇率是 ＄1.5500＝£1，S＄2.800＝£1。

要求：

说明多边净额结算对集团总体和最终交易的影响。要求结算出净收支。

答案：

以下多边净额结算的数据都以英镑表示，单位：百万英镑。

		付款的分部			总收入（横向相加）	总支出（竖向相加）	净收支
		Robster	Gazza	Howard			
收款的分部	Robster	—	32.26	12.9	45.16	(26.79)	18.37
	Gazza	15.00	—	25.0	40.00	(48.33)	(8.33)
	Howard	11.79	16.07	—	27.86	(37.90)	(10.04)

最终的交易减少为两笔——Gazza 支付给 Robster 分部 £8.33m，Howard 支付给 Robster 分部 £10.04m。

第二节 资金管理

在一个现代化的公司中，资金管理（treasury management）覆盖了包括流动性管理、资金管理、货币管理和公司融资等在内的大部分领域。

一、资金管理

大公司在金融市场和货币市场上需要大量的长期资金和短期资金。为了有效地管理现金（基金）和货币，许多大公司都成立了独立的财务部门。

企业司库协会对资金管理的定义是：公司处理所有的财务事项、内部和外部产生的业务资金、货币和现金流的管理，以及公司财务的复杂战略、政策和程序。

在一些有规模的公司，财务部门也有可能很小，也许是由 3～6 个会计、银行人员或公司财务主管组成的一个小团体，他们对财务总监负责。在一些情况下，公司要处理大量的现金和外币事项，并且有大量的现金盈余，则财务部门规模可能会更大。

资金在公司各个层次的决策都起着重要作用。这些决策包括诸如股利政策或筹集资本的战略决策、诸如风险管理的战术决策以及诸如盈余资金投资的经营决策。

二、独立财务部门的优势

独立的财务部门,具有如下优势:
(1)集中化的流动性管理避免了混淆不同的当地银行账户的现金盈余及透支;
(2)大量的现金流能够对外协商出较低的银行收费;
(3)在有更好的短期投资的机会时,有大量的现金可用来投资;
(4)大量的借款相比小额的借款可能有更低的利率;
(5)货币风险管理更加有效,尽管不同子公司的现金流可能会不匹配,也会更少使用像期权合约等这样昂贵的对冲工具;
(6)比起一般的财务部门而言,独立的财务部门能够雇用到更加专业的人员;
(7)公司能够从专业化现金管理软件的使用中获益;
(8)拥有财务专家,能够提高战略计划和决策的质量。

三、集中化还是分散化的现金管理?

财务管理部门的集中化允许企业雇用专家、进行大量的现金流交易和充分利用较低银行费用的优势,避免混淆资金盈余和赤字。然而有些情况下,分散化的现金管理更能适应当地需求。

(一)财务部门集中化的优势

(1)集中化的现金管理避免了混淆不同的当地银行账户的现金盈余及透支,促进大量的现金流动,以协商得到较低的银行收费。
(2)在有更好的短期投资机会时,大量的现金可用来投资(例如货币市场存款、高利率账户和存单)。
(3)也许在欧洲货币或欧洲债券市场,大量借款可能实现,且大额借款比小额借款利率更低。
(4)外币风险管理在许多公司的管理中很有可能会更加有效。集中化的财务部门能够匹配一家子公司所赚取的收入和另一家子公司同种货币的支出。这样的话,在没有远期外汇合约和其他的"对冲"(降低风险)方法的情况下,能够避免不利汇率变动的亏损风险。
(5)一个专业化的财务部门会雇用在期权、欧洲货币市场、税收、转移价格和其他许多方面有丰富处理经验和知识的专家。而当地部门没有这样的专家。
(6)具有起预防用途的集中资金池,相比非集中化的财务管理,所需要持有的单个预防性余额的总和要更少。
(7)尽管有单个的利润中心,还是应该把注意力放在良好的现金、筹资、投资和外汇管理带来的对集团盈利业绩的贡献上。
(8)集中化通过使用标准的程序和风险监控,提供了一个更好地实施控制的方法。标准化的程序和绩效指标也可以创造可观的利润。

（二）分散化现金管理的优势

（1）资金的来源可以多元化，并和当地资产相匹配。

（2）可以授予子公司和分公司更大的自主权，因为分散化的现金管理功能能够让彼此之间的关系更加密切。

（3）分散化的现金管理的功能针对单个经营个体的需求可能会更加有效。

（三）跨国公司的集中化现金管理

如果跨国公司的现金管理一般是集中化的，每一个子公司都有交易目的所需要的最小的现金结余。所有的盈余资金都会汇入中心财务部门。

资金集中池里的资金会通过电汇或是全球范围内的银行信用设施等方式，快速地返回当地的子公司。跨国公司的开户银行能够指示子公司所在国家的分支机构为子公司垫付资金。

四、作为成本中心或利润中心的财务部门

如果财务部门重点是维持成本不要超出预算花费资金的目标，它通常作为成本中心运营。如果有大量的外汇交易或公司希望创造可观的利润，它可能会作为利润中心运营。

财务部门可能会作为成本中心或利润中心来进行管理。对大量的公司而言，独立子公司的财务部门和总公司的财务部门可能需要做出这样的决策。

在成本中心，管理者只需要在预定的资金支出目标之内来维持部门的成本。成本中心的方法表明，企业中财务部门对于其他部门来说扮演着为某一种标准服务的角色。财务部门更像是服务部门。

然而，许多公司能够从财务活动中创造大量利润。将财务部门作为利润中心来运营表明了这样一个事实，就是诸如预测这样的财务活动也可能会为公司创造收入，也因此会激励公司的员工。这也意味着财务部门在例如营运资本管理的过程中需要以更好的商业意识来运营。

第三节 使用期权管理风险

期权价值的改变可以通过对其参数（greeks）进行衡量而得到，也就是对其风险因素的衡量。

一、期权头寸中的风险因素

影响看涨或看跌期权价值的因素有：

（1）标的资产的价值。

（2）行权价格。

（3）无风险利率。

（4）波动性。

（5）到期日。

因为这些因素可能对期权价值有着不利影响，它们也被称为风险因素。

Black-Scholes 模型反映了期权价值与其影响因素的关系。模型主要有三个因素：
(1)股票价格, P_a。
(2)Delta 系数, $N(d_1)$衡量期权价格跟随估价的变动。
(3)$P_e N(d_2) e^{-rt}$代表的是必须和股票投资结合起来产生期权等价物的借款因素。

 考点

记住波动性是由标准差来表示的，而不是方差。方差是标准差的平方。

在模型中：
(1)股价与期权行权价格的差异($P_a - P_e$)是期权的内在价值。
(2)e^{-rt}是折现系数，反应的是期权将会在未来行权这个事实。
(3)模型非常依赖于σ(标准差，即公式中的s)，这个因素代表的是股价的变动。可能是通过历史动态计算得来，未来可根据不同的条件来应用。

二、衡量风险因素的影响：参数

参数是期权理论中的重要因素。
Delta——看涨期权价格的变化/股票价值的变化。
Gamma——Delta 价值的改变/股票价值的改变。
Theta——期权价值随着时间的变化。
Rho——期权价值随利率的变化。
Vega——期权价值随着变动率而变化，即期权费变化与标的物价格波动性变化的敏感性。
Black-Scholes 模型中的很多因素都可以分开来分析。它们被称为参数。

 考点

考试会对 Delta 对冲中的 Delta 计算进行考察。你可以不用计算其他的参数，但是你必须知道它们代表的是什么，用来做什么。

三、Delta

如果我们认可 Black-Scholes 模型，$N(d_1)$可用于指示期权出售人必须持有的标的股票的数量(或者其他工具)以用于对冲(减少风险)期权头寸。
合适的对冲比例$N(d_1)$称为 Delta 价值，也就是 Delta 对冲。如果价格变化很小的话，Delta 价值就是有效的。

关键术语

Delta＝看涨期权价格的变化/股票价格的变化($\Delta C/\Delta S$＝Delta)

Delta 用来衡量任意时间/价格点的期权价值斜率。例如，如果我们知道股票价格改

变了 3 美分,导致期权价格改变了 1 美分,那么
$$Delta = 1 \div 3 = 1/3$$
对于多头看涨期权(或者空头看跌期权),Delta 取值在 0—1 之间;
对多头看跌期权(或者空头看涨期权),Delta 的取值在 −1—0 之间。

四、Delta 对冲

Delta 对冲的过程可以体现 Delta 价值的重要性。Delta 对冲让我们能够计算出为了创造出一个期权的等价物,我们所需购买的股票的数量。我们知道:

购买看涨期权=购买股票组合+以无风险利率借款

因为借款的反向就是投资,所以:

购买看涨期权+以无风险利率投资=购买股票组合

因为购买看涨期权的反向是出售看涨期权,所以:

以无风险利率投资=购买股票组合+出售看涨期权

所以可以通过购买股票和出售看涨期权来估计投资风险,因为股票价格的不利变动可以被期权价格的有利变化所平衡。Delta 对冲告诉我们应该以什么样的比例购买股票,以及出售看涨期权。

只有在股价变动很小的时候 Delta 对冲才有效。在期权的不同时期,Delta 值也会跟着变化,所以为了保持 Delta 对冲头寸,期权出售人需要改变其持有数量。

问题

如果为了对冲公司所持有的 200000 股股票,Delta 值为 0.8,那么公司所需要出售的看涨期权数量是多少?假设以 1000 股为单位购买或出售期权。

答案:

Delta 值可以通过以下公式计算获得:

合约数量=股票数量/(期权 Delta×合约大小)=200000/(0.8×1000)=250

在这个例子中,如果股票价格上升 1 美元,看涨期权的价值会每份合约上升 800 美元(每股上升 80 美分)。然而,因为公司出售这些合约,所以公司所持有的股票价值的上升(200000×1),与公司所持有的期权合约的下降(250×800),是对称的。

随着 Delta 值的改变,投资组合需要随着改变。如果 Delta 值从 0.8 变为 0.9,为了保持对冲,需要增加额外的合约数量为 250×(0.9−0.8)=25。

五、Delta 值的其他方面

不同类型的期权和与股价相关的行权价格头寸的大致 Delta 值如下:

	实值期权	平价期权	虚值期权
多头看涨/空头看跌	接近 1	接近 0.5	接近 0
多头看跌/空头看涨	接近 −1	接近 −0.5	接近 0

在到期日,Delta 值如下:

	实值期权	虚值期权
多头看涨/空头看跌	1	0
多头看跌/空头看涨	−1	0

当期权是实值期权或者虚值期权时,影响 Delta 值的因素可以通过查看之前给出的 $N(d_1)$ 公式的变量来获得。这些因素是:

(1) 与股价相关的行权价格(也就是内在价值)。
(2) 到期日。
(3) 无风险利率。
(4) 股票收益的变动性。

六、Delta 因素的使用

Delta 因素常常在决定是出售或者购买期权时使用,同时投资者还要考虑各期权的 Delta 值及其趋势,即现在持有的期权的 Delta 值是越来越大还是越来越小?并不是所有的参数与所有的衍生产品相关,但是 Delta 与它们都相关。

七、Gamma

关键术语

Gamma＝Delta 值的变化/标的股票价格的变化

Gamma 十分重要,因为它衡量了当股价变化时 Delta 值的变化程度。我们从上面的内容知道,当期权是实值和虚值时,Delta 会跟着改变,但我们并不知道改变了多少。这就是 Gamma 的用处。

Gamma 值越高,期权卖方越难维持 Delta 对冲,因为相对股价的变化,Delta 值变化得更多。在衡量风险管理是否简单的问题上 Gamma 是十分有效的。对于即将到期,并且为平价的股票,Gamma 值是最高的。例如,假设一个期权的行权价格为 340 美分,并将在几分钟之内到期。

(1) 如果股价是 338 美分,那么期权行权的几率是非常小的。Delta 对冲率将会接近 0,换言之,没有对冲的必要。

(2) 如果股价突然上升到 342 美分,那么期权被行权的可能性就很大,Delta 对冲率会接近 1,意味着通过持有标的股票来进行对冲的需要。

表 11-1 总结了不同期权的 Gamma 和 Delta 头寸的种类。

表 11-1　不同期权的 Gamma 和 Delta 头寸的种类

类型	Delta 值	Gamma 值
看涨期权多头	＋	＋
看涨期权空头	－	－
看跌期权多头	－	＋
看跌期权空头	＋	－

注意对于看涨和看跌,Gamma 值是一样的。如果是看涨或者看跌的多头,Gamma 值会是正的。如果是看涨或看跌的空头,Gamma 值会是负的。

八、Theta

关键术语

Theta 是随着时间的变化期权价值的变化(特别是时间价值)。

期权价值由两部分组成,内在价值和时间价值。当期权到期时,期权时间价值为零。

所以,随着时间的流逝,期权的时间价值慢慢减为 0,Theta 衡量的是随着时间的流逝有多少价值流失,也就是期权持有人持有其期权会渐渐失去多少。如图 11-1 所示,Theta 通常以每天损失的量来表述,如果美元期权的 Theta 值为 -0.05,假设其他条件没有变化,则理论上一天会损失 5 美分。

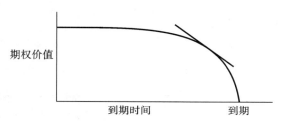

图 11-1 期权价格

平价期权有最大的时间价值,也就是有最大的 Theta 值。它们的时间衰减不是线性的,随着到期日的接近,Theta 值越来越大。相反的是,期权的实值或虚值越大,Theta 的衰减就越倾向于线性的。

总的来说,有负的 Theta 值的期权有着正的 Gamma 值(反之亦然)。一个正的 Gamma 值意味着从变动中可以获利。负的 Theta 值意味着如果标的资产不变动的话,头寸就会蒙受损失。

第十二章
管理外汇风险

本章重难点分析

本章重点是货币衍生工具如何用于管理交易风险。当汇率变动时,从事国际贸易的公司就会遭受相当风险,对其交易价值会产生巨大影响。公司有很多方法可以对冲交易风险,内部的、外部的方法都可以使用。理解各种控制交易风险方法的特征,在特定场景下采取最佳策略非常重要。

第一节 汇率

货币汇率的标价方法有直接标价法和间接标价法。

一、汇率

汇率是某种货币可以被交换成另一种货币的兑换比率。即期汇率(spot rate)是货币现在可以被交换的汇率。远期汇率(forward rate)是货币在未来某一天被交换的汇率。

每一种被交换的货币都有很多种汇率。在外汇市场上每一种货币都有汇率。外汇从业人员通过高卖低买获利,所以有两种汇率,即卖出汇率和买入汇率。

二、直接与间接货币报价

直接报价(direct quote)是1单位外币所对应的本币数额。

间接报价(indirect quote)是1单位本币所对应的外国货币。

货币可以使用直接报价或间接报价。例如,美元和欧元汇率可以以€/$=0.7745表示,或者以$/€=1.2912表示。换句话说,€0.7745=$1和$1.2912=€1。两种汇率互为倒数。

两种报价当中,都是等式右边的货币被估值。汇率等式表明1单位等式右边货币的价值,等式右边的货币被称为基础货币(base currency)。

第十二章
管理外汇风险

关键术语

如果是$1.500：£1 的形式报价，则$是对应货币（counter currency，也称为参考货币，被报价货币），£是基础货币。

用公式表示为：

1 基础货币＝××对应货币。

三、买入价/卖出价

关键术语

买入价（bid price）是银行愿意买入货币的汇率。

卖出价（offer price，ask price，询价）是银行愿意卖出货币的汇率。

如果一个进口商需要以外币支付给其供应商，他可以寻找银行卖给他所需要的外币数额。例如，银行的一个顾客是一家贸易公司，进口了一批货物，需要支付 1 万美元。

(1)为了支付货款，公司需要从银行那里获得（买入）1 万美元，换句话说，银行将会卖给该公司 1 万美元。

(2)当银行同意出售 1 万美元给公司时，它会告诉公司交易所用的即期汇率。如果银行的卖出汇率（报价、卖价）为$1.5500 兑换 1 英镑，银行会向公司收取：

10000/1.5500＝6451.61 英镑

类似的，如果一个英国的出口公司从一个客户手中收到了 10000 美元，该公司希望将美元卖出换成英镑（该公司的本币），所以会找银行来购买它的美元。因为出口公司将美元出售给银行，所以银行按照买入汇率（买价）来买入美元。

如果银行的买入汇率是$1.5595，银行将会支付给公司英镑本币的数量为：

10000/1.5595＝6412.31 英镑

注意，银行买入美元支付的英镑金额比卖出美元时收到的英镑要少，换句话说，银行通过交易赚取了净利润。买入汇率和卖出汇率之间的差价就是利润。例如，上面例子中的数字就说明，银行以 6451.61 英镑的价格出售了一笔美元，再以 6412.31 英镑的价格购买了相同数量的美元，银行获得了 39.30 英镑的利润。

如果你不清楚哪一个是买入汇率，哪一个是卖出汇率，请记住：银行报给客户的都是对客户不利的汇率。出口商要为外币支付更高的价格，而进口商则会收到更低的价格。

规则就是银行只会低买高卖。

问题

在以下两种情况下，如果要按照即期汇率兑换货币的话，计算出口商将会收到的数额，或者进口商将要支付的数额。忽略银行的佣金。

(a)一个美国出口商收到了一个丹麦客户支付的 150000 克罗尔（挪威货币）；

(b)一个美国进口商从一个日本供应商手中购买商品，要支付 100 万日元。

假设即期汇率为：

	银行卖出汇率(卖价)		银行买入汇率(买价)
丹麦 kr/$	9.4340	—	9.5380
日本 Yen/$	203.650	—	205.781

答案：

(a)银行被要求购买丹麦挪威货币，将支付给出口商 150000/9.5380＝15726.57 美元。

(b)进口商要求银行出售日元，需要支付 1000000/203.650＝4910.39 美元。

四、差价

买入汇率与卖出汇率之间的差额被称为差价。买入汇率与卖出汇率之间的差额可以涵盖交易者的成本和利润，被称为差价。差价有不同的报价方式。例如 £/$ 0.6500±0.0005，或者 £/$ 0.6495－0.6505。

问题

Pratt 公司是一家美国公司，从事进出口业务。在某个特定月份，该公司卖出货物给一家英国的 Posh 公司并收到了 500 万英镑。同一个月，该公司从一家英国供应商那里进口了一批商品，花费了 500 万英镑。

如果汇率是 £/$ 0.5075±0.0003，则计算英镑收款和美元付款的数额。

答案：

(a)作为出口商，Pratt 将支付更高的汇率来买入美元(卖出英镑)，也就是说，汇率报价是 0.5075＋0.0003＝0.5078，Pratt 公司将会收到
$$5000000/0.5078＝9846396 \text{ 美元}$$

(b)作为进口商，Pratt 公司将以更低的汇率卖出美元(买入英镑)，也就是说，汇率是 0.5075－0.0003＝0.5072，Pratt 公司将要支付
$$5000000/0.5072＝9858044 \text{ 美元}$$

五、内部对冲技术

内部对冲技术包括提前付款和拖延付款、以本币开发票、收支匹配、净额结算。

内部对冲技术比外部技术成本低，因此会被优先考虑。

(一)提前付款和拖延付款

提前付款指提早付款以回避由于货币汇率变动产生的额外成本。拖延付款是指如果货币汇率变动预期使得更晚付款会更便宜时，则推迟付款。

为了从外汇汇率变动中获利，公司可以使用提前付款或拖延付款。

问题

Williams 公司是一家美国公司，从英国进口货物。公司要在一个月后付给英国供货商 500000 英镑，假设当前汇率为 0.6450 英镑＝1 美元。

(a)如果美元兑英镑预期一个月后升值 2%，在两个月后再升值 1%，按照提前/拖延战略，Williams 公司的战略是什么？公司可以从该战略中获利多少？

(b)如果美元兑英镑预期一个月后贬值 2%，在两个月后再贬值 1%，按照提前/拖延

战略,Williams 公司的战略是什么？公司可以从该战略中获利多少？

答案：

(a)美元兑英镑升值：

这意味着两个月后支付的美元数要比一个月后到期时支付的数额要少。Williams 公司应为其付款采取"拖延"方法,即延迟一个月付款以减少美元成本。

付给英国供应商	一个月后	两个月后
汇率($/£)	£0.6579	£0.6645
支付的美元数	$759994	$752445

一个月后支付的美元 = £500000/0.6579 = $759994

通过推迟一个月付款,Williams 公司将节省 7549 美元。

(b)美元兑英镑贬值：

当美元贬值时,Williams 公司应尽早付款。由于美元贬值,支付英镑的美元数会增加,因此为了省钱,公司要提前付款。

付给英国供应商	一个月后	两个月后
汇率	£0.6321	£0.6258
支付的美元数	$791014	$798977

通过提前付款,Williams 公司将节省 7963 美元。

公司应当意识到提前付款会产生潜在的财务成本。它是用于付款的货币的利息成本。提前付款,可以获得早期结算折扣。在做出更优支付战略决策之前,公司应当将节省的数额和提前付款的财务成本进行比较。

(二)以本币开发票

回避交易风险的方法之一是出口商应当用本币对其国外客户开发票,进口商则应当与海外供应商协商以其本币来给自己开票。

(1)如果一个香港出口商可以用港币对国外进口商报价和开票,则交易风险转移给了进口商。

(2)如果一个香港进口商可以安排国外供应商用港币给其开票,则交易风险转移给了供应商。

出/进口商回避了交易风险,则交易中的另一方就承担了全部风险。由谁最终承担风险,取决于双方讨价还价的能力或是出口商的竞争状况。另一种方法可实现相同结果,即在谈判合同中预先确定外币的固定汇率。

(三)收支匹配

公司可以通过收支匹配来减少或消除其交易风险敞口。无论公司预期支出或收入同一种外币的可能性多大,都应制定计划用该种货币对收支进行抵消。公司在银行拥有外币账户,则匹配过程就很容易。

比起签订一个远期合约买入货币,再签订另一个远期合约来卖出该货币的方法,收支匹配的成本会更低。假设：①收入发生在支付之前；②以该种货币收支之间的时间差不会太长。

以某种货币表示的收支金额的差额,都可以用买入或卖出相应差额数量的远期外汇合约来约定。

第二节 远期合约

考点

在 2011 年 6 月有一道 30 分的必做题是关于外币对冲的。其中包括提出合适的对冲策略——利用远期汇率合约就是需要考虑的策略之一。

一、什么是远期汇率合约

关键术语

远期汇率合约(forward exchange contract)是:
(1)在银行和客户之间直接签订的、有约束力的合约;
(2)为了买入或卖出特定数量的指定外币;
(3)合约签订时就确定了以固定的汇率交易;
(4)在签合约时就同意了的未来一个时间要履行合约(交付货币并付款)(这个未来的时间既可以是一个特定的日期,也可以是两个特定日期之间的任何时间)。

远期汇率合约通过允许进口商或出口商与银行达成协议,在一个确定的时间,按照约定的汇率卖出或买入一定数量的货币来对冲交易风险敞口。交易者可以提前知道:
(1)将会收到多少本币(如果他卖出外币给银行);
(2)必须支付多少本币(如果他从银行买入外币)。
实际交易日当天的即期利率与远期汇率合约的结果无关。

二、远期汇率和未来的汇率变动

利率平价理论说明远期汇率由合约期间的利率差异决定。
假设某日汇丰银行的即期汇率报价是 1 英镑等于 1.353 欧元。
当天汇丰银行的 1 年期远期汇率报价是 1 英镑等于 1.340 欧元。
当时的 1 年期英国伦敦银行同业拆借利率(LIBOR)是大约 1%,欧元伦敦银行同业拆借利率是大约 0.05%。
用利率平价理论来预测实际的远期汇率:

$$F_0 = S_0 \frac{(1+i_c)}{(1+i_b)}$$

使用上述公式得到远期汇率:

$$F_0 = 1.353 \times \frac{(1+0.05\%)}{(1+1\%)} = 1.340 \text{(就是前面的实际远期汇率报价)}$$

第十二章
管理外汇风险

远期汇率反映了利率差异。它不是预测在假定的未来某天即期汇率应该是多少。未来的汇率主要依赖于未来的事件,经常与远期汇率差异极大。但是,远期汇率是基于现在的可得信息,对未来汇率预期价值的无偏预测。

如果远期汇率升水,用即期汇率减去升水得到远期汇率;如果远期汇率贴水,用即期汇率加上贴水得到远期汇率。

如果欧元兑英镑的远期汇率比即期汇率低,这意味着英国的利率(基础货币)更高。如果远期市场上英镑贬值,则欧元升值。因此欧元的远期汇率有时被称为对即期汇率升水。例如,上例中的远期汇率对即期汇率升水 1.3 欧分(欧元走强)。如果即期汇率是对英镑报价,那么用即期汇率减去升水得到远期汇率。这表明欧元走强,因为英镑走弱了。即期汇率€1.353−0.013=€1.34。

如果墨西哥比索对英镑的远期汇率比即期汇率高,这意味着英镑(基础货币)的利率比墨西哥比索低。如果远期市场上英镑走强,则墨西哥比索贬值。因此墨西哥比索的远期汇率称为对即期汇率贴水。如果即期汇率是对英镑报价,那么用即期汇率加上贴水得到远期汇率。这表明比索贬值,因为英镑升值了。

记住:加上贴水,减去升水。

三、远期汇率的预期理论

该理论说明远期与即期汇率之间的变动比率等于该期间即期汇率的预期变化。例如,给定预期的利率和通胀率。距离当前三个月的即期汇率预期等于当前的三个月远期汇率。

四、远期汇率的报价

远期汇率的报价也很类似,银行基于远期买入/卖出汇率的价格来报出差价。如 3 个月欧元兑美元远期汇率的报价为:

$$\$1.3495\sim1.3525=€1 \quad 或者 \quad \$1.3510±0.0015=€1$$

和即期汇率一样,银行经常报给企业对其最不利的汇率。如公司 3 个月后要卖欧元(银行买欧元,支付美元),银行报价美元 1.3495;如果公司要在 3 个月后买欧元(银行买美元,支付欧元),银行会为其卖出的每 1 欧元收取 1.3525 美元。

问题

一家美国公司 Washington 公司从英国的进出口商 London 公司那里购买货物。Washington 公司要在 3 个月后付给 London 公司 500 万英镑,想对外汇付款套期保值以减少交易风险。

£/$ 的即期汇率为 £0.6200~£0.6230=$1,3 个月远期汇率为 £0.6190~0.6210=$1。

答案:

如果 Washington 公司要在 3 个月后卖出美元买入英镑,即银行卖出英镑买入美元。银行报给 Washington 公司的汇率是对其最不利的汇率,即银行为从 Washington 公司手中收到的每 1 美元仅仅支付 0.6190 英镑,则 Washington 公司付给 London 公司的美元成本为£5000000/0.6190＝＄8077544。

问题

使用上例中的信息,计算如果3个月后London公司要付给Washington公司500万美元,则要用多少英镑来兑换?

答案:

London公司要卖出英镑买入美元,即银行卖出美元。银行会按高价卖出美元,给London公司的报价为:卖出1美元London公司要支付0.6210英镑。3个月后的总成本为＄5000000×0.6210＝£3105000。

五、即期汇率的移动

远期汇率是对未来的即期汇率的无偏估计。但是,在执行远期合约时的即期汇率可能会比合约中事先约定的远期汇率要更有利。无论到时即期汇率是多少,远期合约必须执行。合约持有人没有权利使之失效,不能按照到期日当天市场上的即期汇率来履行交易(必须按远期合约中事先确定的汇率来履行交易)。

例如,一个美国进口商在4月1日知道,他必须在一个月后即5月1日付给外国供应商26500瑞士法郎。他可以在4月1日与银行签订一个远期汇率合约,那么银行在5月1日以固定汇率SF2.6400＝＄1的价格卖给该进口商26500瑞士法郎。

美国进口商可以确定的是,不管5月1日当天瑞士法郎和美元的汇率是多少,他必须按照远期合约中规定的汇率支付26500/2.6400＝＄10037.88。

(a)如果5月1日当天的即期汇率低于2.6400,那么进口商就成功地在美元贬值的情况下保护了自己,避免了使用更多的美元支付这笔瑞士法郎。

(b)如果5月1日当天的即期汇率高于2.6400,意味着在远期合约下,进口商支付的美元比按照5月1日当天即期汇率所支付的美元数要多。他无法避免这笔多支付的金额,因为远期合约是有约束力的。

第三节 货币市场对冲

货币市场对冲(套期保值)包括借入一种货币,再转换为另一种货币作为存款,到期时间正好等于交易完成的时间,期望从有利的利率变动中获利。

考点

在2008年6月的考试中,有一个关于外币货币市场对冲(套期保值)的选答题。一个常见的错误就是错误估计了远期汇率。

一、利用货币市场

由于两种货币的远期汇率与利率之间存在密切关系,因此有可能用即期汇率和货币市场的借贷来"制造"一个远期汇率。这种技术称为货币市场对冲(套期保值)或者合成远期(synthetic forward)。

二、付款的对冲

假设一个英国公司在三个月后要向一个美国供应商支付美元还债。该公司现在没有足够的现金,但在三个月后就会有了。该公司还可以协商一个远期合约:

步骤 1:现在借一笔合适数目的英镑借款。
步骤 2:立即将英镑转为美元。
步骤 3:将美元存入美元银行账户作为存款。
步骤 4:当到了支付时间:
(a)从美元账户取出美元偿还供应商;
(b)偿还英镑借款。

考试中,表 12-1 的方法会有帮助。

表 12-1　进口商付款的对冲

	进口商	
	英国(£)	美国($)
现在	④从英镑账户收回资金 (1+借款利率)*	③存入美元账户的金额 (1+存款利率)*
三个月	⑤与远期对比	①支付供应商发票(美元数) ②用存款的美元支付

注:如果是 3 个月贷款,用年利率×3/12。

表格中的方法意味着:
(1)交易决定了公司是收款还是付款。
(2)偿还贷款。
(3)存入美元账户的存款数额(或贷款数额)。
(4)用英镑付款。

这与使用远期合约所达到的效果是一样的,所花费的成本也几乎是一样的(上述步骤⑤给了公司在货币市场对冲的成本,可以与远期合约的成本比较)。如果一个货币市场对冲与远期对冲的结果很不一样的话,那么投机者就可以在没有风险的情况下获得利润。所以市场力量使得两种套期保值的结果十分相似。

问题(货币市场对冲 1)

一个英国公司欠其丹麦供应商 3500000 克朗,要在三个月后归还。即期汇率为 Kr 7.5509-7.5548=£1。公司可以以年利率 8.60% 借入三个月的英镑借款,可以以 10% 的年利率进行三个月的克朗存款。计算货币市场对冲会花费多少英镑?

答案:

英镑三个月的借款利率为 2.15%(8.6%/4=2.15%),克朗三个月的存款利率为 2.5%(10%/4=2.5%)。公司现在要存入足够的克朗金额,以便三个月后本利和为 3500000 克朗。这意味着现在要存入的数额为

$$Kr3500000/(1+0.025)=Kr3414634$$

兑换这些克朗将会花费£452215(即期汇率为7.5509)。公司必须以2.15%的利率借入这样一笔金额,因此将来要偿还的金额为

$$£452215×(1+0.0215)=£461938$$

可以用下列表格来表示:

	进口商	
	英国(£)	丹麦(Kr)
现在	4.从英镑账户收回资金 Kr3414634/7.5509＝£452215	3.存入Kr账户的金额 Kr3500000/1.025＝Kr3414634
	8.6%×3/12＝2.15%(即1.0215)	10%×3/12＝2.5%(即1.025)
三个月	5.与远期比较 £452215×1.0215＝£461938	1.付给供应商Kr发票金额3500000 2.取出Kr存款金额(3500000)

注:* 记住年利率要乘以3/12。对冲成本为461938英镑。

问题

一家泰国公司欠一家新西兰公司NZ$3000000,三个月后支付。现在的汇率是NZ$1=泰铢19.0300-19.0500。泰国公司选择用货币市场对冲来管理汇率风险。当前两国的借款和投资年利率为:

	新西兰	泰国
投资	2.5%	4.5%
借款	3.0%	5.2%

要求:计算泰国公司使用货币市场对冲的成本。

答案:

	进口商	
	泰国(฿)	新西兰(NZ$)
现在	4.从泰铢账户收回资金 NZ$2981366×19.0500＝฿56795022	3.存入新西兰账户的金额 NZ$3000000/1.00625＝NZ$2981366
	5.2%×3/12＝1.3%(即1.013)	2.5%×3/12＝0.625%(即1.0625)
三个月	5.与远期比较 ฿56795022×1.013＝Bt57533357	1.支付供应商NZ$3000000 2.取出NZ$账户金额(3000000)

注:对冲成本为57533357泰铢。

三、外币收款对冲

从顾客那里收到的外币收款也可以用相似的技术来对冲。根据以下步骤可以制造一个远期汇率:

(1)以外币借一笔合适金额的资金。

(2)立即转换成本币。

(3)以本币存入银行。

(4)当收到供应商的款项时：

①归还外币负债；

②将钱从本币存款账户中取出。

可用下列表格表示(假设一个英国出口商从美国客户手中收到美元)：

	出口商	
	英国(£)	美国($)
现在	4.将$贷款存入英国银行账户 (1＋存款利率)*	3.取出$贷款 (1＋借款汇率)*
三个月	5.与远期比较	1.从出口中收到$ 2.用出口收入付清$贷款

问题(货币市场对冲2)

一家美国公司3个月后会收到一家瑞士公司的2500000瑞士法郎。即期汇率为SFr2.2498－2.2510＝$1。公司可以以年利率8%以美元在银行存3个月，以年利率7%向银行借3个月的瑞士法郎。请计算货币对冲的美元收款是多少？它等同于怎样的远期汇率效果？

答案：

3个月的美元存款利率为2.00%，3个月的瑞士法郎借款利率为1.75%。公司在当日应当借SFr 2500000/1.0175＝SFr 2457002。这些瑞士法郎将会转换成1091516美元。公司必须将这笔资金存入银行，3个月的利率是2.00%，3个月后会获得

$$\$1091516\times(1+0.02)=\$1113346$$

	出口商	
	瑞士(SFr)	美国($)
现在	4.将SFr存入$账户 SFr2457002/2.2510＝$1091516	3.取出SFr SFr2500000/1.0175＝SFr2457002
	8%×3/12＝2%(即1.02)	7%×3/12＝1.75%(即1.0175)
三个月	与远期比较 $1091516×1.02＝$1113346	1.从出口中收到SFr2500000 2.用出口收入付清SFr贷款(2500000)

这样，在三个月后出口商将收到$1113346。公司制造的有效远期汇率为2500000/1113346＝2.2455(即期汇率为1美元等于2.2510瑞士法郎)。有效远期汇率表明瑞士法郎对美元升值，因为瑞士法郎的利率低于美元的利率。

问题

一家澳大利亚公司四个月后将从一家日本公司手中收到JPY￥15000000，当前汇率为JPY￥62.6000－62.8000＝A$1。澳大利亚公司选择用货币市场对冲来管理汇率风险。两国当前的借款/投资年利率为

	澳大利亚（％）	日本（％）
投资利率	4.5	2.7
借款利率	6.0	3.3

计算澳大利亚公司利用货币市场对冲将会收到的数额。

答案：

	出口商	
	澳大利亚（A＄）	日本（JPY￥）
现在	4.将JPY￥贷款存入＄账户 JPY￥14836795/62.8000＝ A＄236255	3.取出JPY￥贷款 JPY￥15000000/1.011＝JPY￥14836795
	4.5％×4/12＝1.5％（1.015）	3.3％×4/12＝1.1％（1.011）
四个月	5.与远期比较 A＄236255×1.015＝A＄239799	1.从出口中收到JPY￥15000000 2.用出口收入付清JPY￥贷款（15000000）

澳大利亚公司将从货币市场对冲中收到A＄239799。

四、套利

关键术语

套利是通过发现两个市场上的价格差异，在不同市场上买入和卖出同种或本质相同的证券，目的在于获取无风险的利润。

套利可以发现下列差异：

(1)在两个市场之间，在一个市场买入，在另一个市场卖出。

(2)在两种产品之间，由于产品之间的相似性，建议应当以相同价格进行交易。

套利是短期的。当其他人看到并找出上述差异时，价差会收敛，当达到均衡时，找到这种差异的机会就消失了。

利率平价理论认为一年后的即期汇率能反映利率差异。但是如果现在报价的即期汇率与远期汇率之间的差异不能反映出两国利率之差，投资者就能找出其中的差异，他们可以：

(1)借入A货币。

(2)转化为B货币，并存一段时间。

(3)用远期合约在期末卖出B货币。

(4)期末清算投资，按远期合约将B货币换成A货币。

(5)归还所借的A货币，保留余额。

第十二章
管理外汇风险

第四节 选择对冲方法

考点

这是重要的一节,考生可能被要求在考试中比较不同的对冲方法,并评论最合适的对冲过程。2011年6月考试中的必选Section A题目,要求考生评论一家公司为了获得未来的外币收入,合适的对冲策略是什么。

当一家公司预期几个月后要收入或支出一笔外汇时,为了对冲外汇风险,它要在使用外汇市场还是货币市场之间做出选择。更节省开支的方案就是应当选择的方案,也可能是其他的方法,如提前支付。

问题

Trumpton是一家英国公司,从美国供应商那里买了货物,要在3个月后支付400万美元。公司的财务总监希望对冲外汇风险。公司通常会考虑以下几种方法:

(1)使用远期外汇合约;
(2)使用货币市场借贷;
(3)提前付款。

假设当前的年利率和汇率如下所示:

	美国		英国	
	存款利率(%)	借款利率(%)	存款利率(%)	借款利率(%)
1月	7	10.25	10.75	14.00
3月	7	10.75	11.00	14.25

即期汇率£1=$1.8625—1.8635
1月远期£1=$1.8565—1.8577
3月远期£1=$1.8445—1.8460

哪种方法对Trumpton公司最有利?忽略交易成本。

答案:

三种选择要在相同基础上比较,这意味着要计算出每种选择对Trumpton公司而言现在或3个月后的成本。3个月后Trumpton公司的成本由以下决定:

选择1:远期外汇合约。

Trumpton公司必须买美元支付给美国供应商。远期汇率合约中的3个月后买入400万美元的汇率为$1.8445=£1,则其成本等于$4000000/1.8445=£2168609.38,这是3个月后的英镑成本。

选择2:货币市场。

由于Trumpton公司最终是付款,因此使用货币市场就是贷出外币(以外币存款)。

	进口商	
	英国(£)	美国($)
现在	4.从英镑账户收回资金 $3931204/1.8625=£2110714	3.存钱入美元账户 $4000000/1.0175=$3931204
	14.25%×3/12=3.5625%(1.035625)	7%×3/12=1.75%(1.0175)
3个月	5.对比远期 £2110714×1.035625=£2187227	1.支付$4000000 2.取出$存款(4000000)

注:货币市场对冲成本为£2187227。

选择3:提前付款。

当支付的货币预期走强,外汇市场上远期报价表现为升水时,应考虑提前付款。

这里,提前付款(现在支付400万美元)的成本是

$$\$4000000/1.8625=£2147651.01$$

3个月的成本是损失的利息成本:

$$£2147651.01×(1+0.11×3/12)=£2206711$$

在这个例子里,成本(3个月后时)如下所示:

远期汇率合约　　　　£2168609
货币市场　　　　　　£2187227
提前付款　　　　　　£2206711

对Trumpton公司最有利的方法是远期汇率合约,因此公司将用远期汇率合约这种对冲技术来为该交易对冲交易风险。

问题

Weft公司是一个纺织品及纺织机械的进出口商。它位于英国,但与欧洲各国尤其是欧元区都有交易。Weft公司准备给德国的一个客户开出750000欧元的发票,3个月后收款。Weft公司财务主管考虑了两种对冲汇率风险的方法。

方法1:

借入750000欧元期限3个月,将借入的贷款换成英镑,用最终的收入去还清贷款。

方法2:

与银行达成一份3个月的远期汇率合约,银行卖给Weft公司750000欧元,即期汇率是€1.6006=£1,3个月远期汇率€1.5935=£1,3个月的借贷年利率为:€3%,£5%。

要求:两种方法中哪一种对Weft公司财务上最有利?

答案:

方法1:

Weft公司借入750000欧元。

	出口商	
	英国(£)	德国(€)
现在	4.存入英国银行的货币 €744417/1.6006=£465086	3.€贷款 €750000/1.0075=€744.417

续表

	出口商	
	英国(£)	德国(€)
	5%×3/12=1.25%	3%×3/12=0.75%
3个月	5. 对比远期 £465086×1.0125=£470900	1. 收到€750000 2. 用出口收入还清€贷款(750000)

注:用货币市场对冲,Weft公司将收到£470900。

方法2:

汇率在远期合约中已预先确定下来了,为1.5935欧元。3个月后收到的现金(欧元)可兑换为€750000/1.5935=£470662。

结论:基于上述计算,方法1获得略多一点的收入。但是差异很小,而且计算中没有包含银行佣金。

第五节 货币期货

关键术语

货币期货是交易双方在未来某一天以规定的汇率购买/出售规定数量货币的标准化合约。

一、货币期货的特征

期货是在有组织的交易所(如伦敦国际金融期货期权交易所)进行交易的标准化合约。它规定了货币数量和特定的时间期限。当成交了一份外汇期货合约,没有人(在交易当天)实际买入或卖出,参与者同意在特定的未来日期按预先设定的条款来买或卖货币,但很少有参与者会把合约持有到期。期货是一种衍生品(其价值来源于即期汇率的变动)。

期货比远期的交易性更好,信用风险也更小,因为交易所内有清算所,可以保证期货市场的所有交易者都可以履行其责任。期货合约在3,6,9,12月到期,其局限性之一是货币只能以美元买卖。

(一)最小波幅

货币期货的价格移动称为"最小波幅"。最小波幅是汇率的最小变动,通常是小数点第4位。

$$最小波幅价值 = 期货合约规模 \times 最小波幅(价格变动单位)$$

如果一个期货合约是62500英镑,变动规模是0.0001美元,则变动价值为6.25美元(变动规模及变动价值均以美元标价),这意味着价格上每变动0.0001美元,公司会盈利或损失6.25美元。如果汇率往公司有利的方向上移动0.004美元,即40个"变动点",则每份合约盈利40×6.25=250美元。

特定期货合约（包括最小波幅和变动价值）如表 12-2 所示。

表 12-2　特定期货合约

货币	合约规模	报价	最小波幅	合约波动价值
英镑	£62500	US$/£1	$0.0001	$6.25
加拿大元	C$100000	US$/C$1	$0.0001	$10.00
欧元	€125000	US$/€1	$0.0001	$12.50
日元	¥12500000	US$/¥100	$0.000001	$12.50
瑞士法郎	SFr125000	US$/SFr1	$0.0001	$12.50
澳大利亚元	A$100000	US$/A$1	$0.0001	$12.50

（二）基差风险

关键术语

基差风险是指因标的物资产（即期汇率）价格变动导致货币期货价格变化的风险。

基差是即期汇率与期货价格之间的差额。

基差风险是指因合约临近到期，期货合约价格随即期汇率而变化的风险。假设即期汇率与期货价格之间的差额（基差）随时间而下降，但存在风险，即基差并不以这种方式减少（产生了不完美对冲）。当合约持有到期时，没有基差风险。

为了管理基差风险，选择离实际交易有最近到期日期的货币期货就很重要。交易结束时，减少了未到期的基差。

例如，一家美国公司在欧洲做生意，在 5 个月后需要支付 500 万欧元。现在是 3 月 1 日，期货合约在相应的月末到期。即期汇率是 $1.2500/€1，当前有下列期货合约：

9 月　　　1.2456
12 月　　 1.2382

如果使用的是 9 月合约，有两个月的未到期基差。如果是 12 月合约则有 5 个月的未到期基差。假设基差以固定的比率下降。8 月 1 日的每一份合约未到期基差如下：

	9 月	12 月
期货价格	1.2456	1.2382
现在的即期汇率	1.2500	1.2500
差额	-0.0044	-0.0118
离合约到期月数	7	10
8 月 1 日合约的未到期比例	2/7	5/10
未到期基差	-0.0013	-0.0059

9 月合约的未到期基差相对更小。如果 8 月 1 日合约结算，离该时间越短，预测的期货价格与实际价格之间存在差异的风险就越小。

但是，此例中 9 月合约离到期还有两个月，不能保证期货合约价格会和在当日通过基差计算得到的预测价格完全相同。这就产生了一个问题,期货合约理论上给出了一个固定的利息成本,但是实际上也会发生变化,因此利息数额不是固定的,或者说是不可预测的。

(三)对冲效率

对套期保值者而言,唯一的风险是期货市场并不总是能提供完美的对冲。有两个原因会导致这一结果:

第一个原因是合约的份数必须是整数,这会引起总金额的不准确。

第二个原因是基差风险。投机者的行为会加大基差风险。

通过比较期货市场的盈利与货币或商品市场的损失(或者正好反过来比较),可以测算对冲的效率。

二、保证金和盯市

有两种保证金——初始保证金(initial margin)和变动保证金(variation margin,美国叫维持保证金,maintain margin)。

初始保证金类似于存款。当新建了一份货币期货时,交易者被要求存一部分现金(初始保证金)到期货交易所的保证金账户。初始保证金可以在交易者违约时起到抵押的作用。只要货币期货没有平仓,这些钱会一直保留在初始保证金账户。当汇率变动时交易所依据上述过程计算合约的损益。每天的损益都会被记录在保证金账户中,而不是在合约到期时作为一个总数来处理。这个过程称为盯市。

期货交易所每天监控着所有保证金账户。如果交易者出现了巨大损失,期货交易所会要求额外追加保证金(这称为变动保证金)。这实际上产生了不确定性,因为交易者事先并不知道要追加保证金的额度。

例如,现在是4月20日,Bison是一家美国公司,用期货交易所来对冲欧元收入,即通过达成期货合约来卖出欧元。1份欧元合约代表着125000欧元。Bison公司在4月20日达成了6月份合约,以每1欧元兑0.6916美元的汇率卖出欧元。价格每变动1个基点,合约价值变化12.50美元。如果欧元升值,Bison公司将遭受损失,因为它要反向交易即买入欧元来平仓合约,欧元升值意味着它买入成本更贵。期货交易所要求Bison公司为每份合约支付1250美元的初始保证金,并要求每份合约的维持保证金为1000美元。

接下来2天里期货价格变化如下所示:

4月20日　　0.6916
4月21日　　0.6930
4月22日　　0.6944

4月21日期货价格上升了0.6930-0.6916=14个最小波幅。欧元的升值给Bison公司带来了175美元的损失(14×$12.50),使其保证金账户的余额减少到1075美元(初始保证金1250美元减去175美元),这个余额仍然高于交易所要求的1000美元的维持保证金,因此不需要额外的支付。

4月22日欧元又继续升值了14个最小波幅(0.6944-0.6930),又产生了175美元的损失。现在 Bison 的保证金账户余额为 $900（$1075－$175＝$900），低于1000美元维持保证金的要求，交易所会发出追缴保证金的通知，Bison 必须支付 100 美元的维持保证金以使它的保证金账户恢复到 1000 美元。

三、合约类型

货币期货的局限性之一就是货币只能用美元进行买卖交易。下面是选择合约类型的基本规则。

（一）以外币付款（非美元）

如果打算在将来某个日期以外币（非美元）付款，则必须买入该货币。采用下列行动来对冲。

第一步：现在买入适当的外币期货合约（就像做了一份远期合约）。

第二步：在买入实际货币的那一天，卖出相同数量的外币期货合约（平仓）。

	现在	将来
期货市场		
行为	买期货	卖期货
外币		
行为	无	买入货币

（二）在将来收到外币

如果在将来某一天收到货币，则需要卖出该货币。采用下列步骤来对冲。

第一步：现在卖出适当的外币期货合约。

第二步：在卖出实际货币的那一天以美元付款。

	现在	将来
期货市场		
行为	卖期货	买期货
外币		
行为	无	买入货币

（三）非美国公司希望在未来某一天以美元付款

如果某公司来自于美国以外的国家，将要以美元在将来付款，则该公司需要买入美元。该公司不能买入美元期货，因此它必须卖出它的本币来对冲。

第一步：现在卖出它的本币合约。

第二步：在买入美元的那一天，买入相同数量的本币期货合约。

	现在	将来
期货市场		
行为	卖期货	买期货
美元		
行为	无	买入美元

(四)非美国公司在未来收到美元

如果某公司来自于美国以外的国家,将要在未来某一天收到美元,则该公司将需要卖出美元。它不能卖出美元期货,因此它必须买入本币期货来对冲。

第一步:现在买入本币期货合约。

第二步:在卖出美元的那一天,卖出相同数量的本币期货合约。

	现在	将来
期货市场		
行为	买期货	卖期货
美元		
行为	无	卖入美元

四、处理期货问题

处理期货问题包括以下几个阶段。

第一阶段:建立过程,包括下列步骤。

(1)选择哪个合约。公司必须选择合约的到期日要在标的物敞口之后。

(2)选择合约类型。一份 125000 欧元的合约可用来买或卖欧元。如果公司欠债是欧元支付,它就希望买入欧元,因此要买入欧元期货。

但一家收到美元的英国公司将希望卖出美元或买入英镑。由于合约是以英镑报价(一份合约为 62500 英镑),公司将要买入英镑期货。

(3)选择合约的数量。为了找到所要求的合约数量,公司要用被对冲的数额除以合约规模。

要计算到底需要多少期货的货币。用期货合约的当前价格除以合约规模。

第二阶段:公司需要使用基差的概念预测出期货收盘价。

第三阶段:收益对冲。

(a)计算期货市场的收益。

期货市场的收益=汇率的变动×一份合约的价值×合约数量

(b)计算净收益。

净收益=按收盘汇率转换得到的即期市场的支/收数额+期货市场盈利/损失

计算中使用的货币是被对冲的收/支货币的对立货币。因此,除非被对冲的是美元的收支,期货的损益必须用收益即期汇率进行换算。

期货的损益在合约期内可以累积,假定当合约到期时,要对冲这部分期货损益。

问题

假设现在是 4 月 1 日,一家美国公司从一家德国公司处买了价值 745000 欧元的货物,30 天后(5 月 1 日)付款。美国公司想对冲升值的欧元。当前即期汇率是 $0.9212＝€1,6 月份的期货汇率是 0.9245。一份 3 个月的欧元期货合约的标准规模是 125000 欧元,5 月 1 日的即期汇率是 0.9351。

要求:评价对冲。

答案:

第 1 步:建立期货。

(a)假设 3 个月期限的合约是最合适的。

(b)合约类型。美国公司需要买欧元(或卖出美元),因为期货合约是欧元,美国公司需要买入期货。

(c)合约数量。720000/125000＝5.76,即 6 份合约。

第 2 步:期货收盘价。

假设期货汇率和即期汇率之间的差额(基差)随时间而均匀减少,可以预测得出期货收盘价。合约是 3 个月期限,5 月 1 日距离到期日还有 2 个月,因此 5 月 1 日的基差只减少了三分之一,即还剩 4 月 1 日全部基差的三分之二。

	4 月 1 日	5 月 1 日
期货价格	0.9245	
现在的即期汇率	0.9212	
基差(期货－即期)	0.0033	0.0022(2/3×0.0033)
距 6 月合约到期的月数	3	2
5 月 1 日合约未到期的比例:		2/3

预计的期货价格＝5 月的即期汇率＋0.0022＝0.9351＋0.0022＝0.9373

(解释:4 月 1 日的期货价与即期价相差 33 个基点,根据距离到期时间(6 月到期)的月数,5 月 1 日的基差为 2/3×33＝22 个基点)

第 3 步:对冲收益。

(a)期货市场的收益:

期货开盘价	0.9245	以低价买入
期货收盘价	0.9373	按高价卖出
变动	0.0128	收益

期货损益＝0.0128×$125000×6＝$9600

(b)净收益:

	€	$
即期市场支付	(745000×0.9351)	696650
期货市场盈利		(9600)
		687050

在此情况下所担心的风险是美元的付款会增加,因为必须付款给欧洲供应商,需要为买入1欧元而支付更多的美元。因为在期末必须为买入1欧元而支付0.9351美元,而不是开始时的0.9212美元,因而出现了风险。买入欧元期货则转移了损失,因为期末欧元升值,卖出期货则收入更多。

通过把外汇交易成本与对冲损益相比,可以得出期货对冲的实际汇率。上例中:

净收益 687050 美元

外汇交易 745000 欧元

实际汇率＝687050/745000＝$0.9222 兑€1

近似的简便算法如下:

$$期货开盘价-收盘基差=实际汇率$$
$$0.9245-0.0022=0.9223$$

0.0022 见上例中第二步的分析结果。

结果略有差异是因为简便算法考虑到期货对冲是用了6份合约(而不是步骤1中的5.76份合约),但在考试中该简便算法很有用。

注意:

使用快捷方法的理由是:期货开盘价＝即期汇率收盘价＋收盘基差－期货价格变动

将上例重做一遍:

期货开盘价-收盘基差=即期汇率收盘价+收盘基差-期货价格变动-收盘基差

相同项消掉后,实际汇率=即期汇率收盘价-期货价格变动

前面例题的应用说明该方法是有效的(即期汇率收盘价 0.9351－期货价格变动 0.0128＝实际汇率 0.9223)。

五、需要记住的有用表格

考试中应记住以下几个有用的关于期货的表格。

(1)在未来日期的交易现在在未来的日期。

(2)收到货币卖货币期货买货币期货。

(3)付出货币买货币期货卖货币期货。

六、在远期合约和期货合约之间选择

期货市场对冲试图获得与远期合约相同的结果,即提前为将来收支的外币固定其汇率。但对冲的低效率意味着期货合约只能固定汇率服从于其误差范围。

远期合约是银行和客户之间通过柜台市场达成协议。期货合约是标准化合约,在期货交易所交易。

(一)货币期货的优点

(1)货币期货交易成本比远期合约低。

(2)货币期货无须知道货币收支的实际日期,因为只有到实际现金收支发生了,才对期货合约进行平仓。期货对冲给出了一个等值的期权远期合约。

(3)因为期货合约是在期货市场上交易,减少了交易风险,买卖合约变得容易。

(二)货币期货的缺点

(1)货币期货的合约不能按使用者的实际需求来量身定做。

(2)因为必须交易整数份合约,以及存在基差风险,会引起对冲的低效率。

(3)货币期货合约只有有限的几种货币。

(4)如果两种货币都不是美元,则两种货币之间要进行两次转化程序,而远期合约只进行一次,货币期货则更复杂。

(5)货币期货的使用市场有各种成本,包括经纪人的费用。

总体上,货币期货的缺点意味着货币期货市场比货币远期市场要小得多。

问题

Allbrit 公司是一家位于英国的公司,向美国进出口货物。5月1日它签了3份协议,全部于10月31日结算:

(a)卖给一位美国客户价值 205500 美元的货物;

(b)卖给另一位美国客户货物,价值 550000 英镑;

(c)从一位美国供应商手里买入货物,价值 875000 美元。

5月1日即期汇率是 \$1.5500−1.5520=£1,10月的远期汇率是 \$1.5100−1.5481=£1。英镑的期货合约交易价格为:

英镑期货(IMM)合约规模为 £62500。

合约结算日期	合约价格 \$/£1(美元升值)
6月	1.5370
9月	1.5180
12月	1.4970

合约最小波动价值为 \$6.25。

要求:

(a)如果远期市场可以进行全部交易,计算支付或收到的净英镑数额。

(b)论证如何建立期货对冲,如果到10月31日,即期市场美元价格变动为 1.5800−1.5820,英镑期货价格变动到 1.5650,计算期货对冲的结果。

答案:

(a)在用远期或期货合约约定任何交易之前,要把收入和支出进行匹配。英镑的收入不需要对冲。美元收入可以和美元支出匹配,在10月31日有净支付美元 669500。

5月1日买美元的即期汇率(银行卖价)是 1.5500,10月的远期汇率是 1.5100。

使用远期合约,美元付款的英镑成本是 669500/1.5100=£443377。10月31日将净收到英镑现金 550000−443377=£106623。

(b)第1步,建立期货。

①12月的合约。

②合约类型。在5月卖出英镑期货,卖出英镑来买入所需的美元。

③合约数量。把支付的美元转化成为英镑,因为合约货币是英镑。

使用12月的期货价格:

第十二章
管理外汇风险

$669500/1.4970 = £447228$

合约数量 $= £447228/62500 = 7.16$ 份合约（约等于7份）

第2步，期货收盘价格。

假设期货汇率和即期汇率之间的差额随时间而均匀减少，可以预测期货收盘价。5月1日距离12月的期货到期时间还有8个月，10月31日距离该合约还剩余2个月的时间，因此基差减少了6/8，即还剩5月1日全部基差的八分之二。

	5月1日	10月1日
期货价格	1.4970	
现在的即期汇率	1.5500	
基差（期货－即期）	−0.0530	−0.0133 [2/8×(−0.0530)]
距12月合约到期的月数	8	2
10.1 合约未到期的比例		2/8

10.1 预计的期货价格 = 10月的即期汇率 − 0.0133 = 1.5800 − 0.0133 = 1.5667

第3步，期货市场的结果。

① 期货市场收益：

开盘期货价格	1.4970	卖出
收盘期货价格	1.5667	买入
变动	0.0697	损失

期货市场损失 $= 0.0697 × 62500 × 7 = \$30494$

② 净收益：

即期市场付款	(669500)
期货市场损失	(30494)
	(699994)

按收盘即期汇率转化为 1.5800

银行卖低，因此使用 1.5800，$\$699994/1.5800 = £443034$

实际汇率 $= \$669500/£443034 = 1.5112$

简便方法：

开盘汇率 − 收盘基差 $= 1.4970 − (−0.0133) = 1.5103$

该例中收盘基差是负数。

第六节 货币期权

货币期权保护投资人不受不利的汇率变动的带来的损失，享受有利的汇率变动带来的好处。

一、介绍

关键术语

货币期权是一项权利，而不是义务，可以在未来某一日以某一规定的汇率（履约价格、行权价格）来购买或者出售规定数量的合约。

远期汇率合约是购买或出售既定数量外币的合约，交易人必须执行，因为合约具有约束力。

一个获得外汇抛补(foreign exchange cover,外汇银行的同业交易),并克服以上问题的替代选择就是货币期权。货币期权不一定被执行。当期权到期时,进口商或出口商可以执行期权,也可以让其失效。

期权的行权价格可以等于当前的即期价格,对期权持有者而言,行权价格也可能比当前的即期价格更有利或更不利。如同其他期权一样,购买货币期权要支付期权费(premium)。期权费的水平取决于下列因素:

(1)行权价格;
(2)期权的到期时间;
(3)汇率和利率的波动性;
(4)利率差异,影响银行收费的多少。

二、基本术语

关键术语

看涨期权(call option,买的期权),指买入合约中货币的权利。
看跌期权(put option,卖的期权),指卖出合约中货币的权利。
执行价格(exercise price),指履行期货交易的价格。
实值(in the money),当期权的执行价格比当前即期汇率更有利时,称为实值。
平价(at the money),当期权的执行价格等于当前即期汇率时,称为平价。
虚值(out the money),当期权的执行价格比当前即期汇率更不利时,称为虚值。
欧式期权(european option)只能在到期日执行。
美式期权(american option)可以在到期日当天及之前的任意时间执行。

看涨期权赋予期权的购买者按固定的汇率买入基础货币的权利(期权的卖方被要求按该汇率卖出基础货币)。

看跌期权赋予期权的购买者按固定的汇率卖出基础货币的权利(期权的卖方被要求按该汇率买入基础货币)。

执行价格也被称为履约价格(strike price)。这个价格需要和当前的即期汇率进行比较,以确定期权是否执行。例如,如果一家德国公司拥有购买英镑的看涨期权,执行价格为£0.9174=€1,当前即期汇率为£0.9200=€1(英镑贬值了),则该期权处于虚值状态(该期权不会被执行),因为当前即期汇率比期权的执行价格更有利。

三、期权类型——柜台交易和交易所交易

公司可以选择是否买入:

(1)从银行买入量身定做的货币期权,和公司的特殊需求相适应。这是在柜台交易的期权或协议期权。

(2)从期权交易所用特定的几种货币交易标准化的期权。这种期权叫作在交易所交易的期权或交易所期权。

(一)柜台交易期权

柜台交易期权能够直接购买,通常是固定日期的期权(欧式期权)。

第十二章
管理外汇风险

问题

假设现在是 3 月 1 日，Robin 公司预计在 6 月可以从一项欧洲投资的销售中获得 600 万欧元。公司希望用期权对冲这个潜在的收入。当前即期汇率为 \$1＝€0.7106，支付 15 万美元期权费，就可以按 0.7200 欧元的行权价格买入价值 600 万欧元的 6 月期权。

要求：

下面各种场景中，对冲的收益是多少？

(a) 6 月的即期汇率是 0.6500 欧元。

(b) 6 月的即期汇率是 0.7500 欧元。

(c) 投资没有产生销售收入。

答案：

(a) 即期汇率比期权汇率低，因此使用即期汇率。则 600 万欧元的价值为 6000000/0.6500＝\$9230769，扣除预先支付的期权费后为 9080769 美元。

(b) 期权汇率比即期汇率低，因此该期权会被执行。则 600 万欧元的价值为 6000000/0.7200＝\$8333333，扣除预先支付的期权费后为 8183333 美元。

(c) 如果投资没有产生收入，则期权就不再是必须的。期权将被放弃[如同(a)中的情况]。没有理由去执行期权，因为公司按照期权价格只能获得 8333333 美元（没考虑期权费），而直接按当前即期汇率，600 万欧元能兑换 6000000/0.7106＝\$8443568。公司放弃期权的成本就是 15 万美元的期权费。

（二）交易所交易的期权

想要购买期权来购买或出售英镑的公司可能要使用在美国市场的费城证券交易所交易的货币期权。假设 £/\$ 期权的价格如下。

费城 SE £/\$ 期权 £31250

行权价	看涨期权			看跌期权		
	八月	九月	十月	八月	九月	十月
1.5750	2.58	3.13	—	—	0.67	—
1.5800	2.14	2.77	3.24	—	0.81	1.32
1.5900	1.23	2.17	2.64	0.05	1.06	1.71
1.6000	0.50	1.61	2.16	0.32	1.50	2.18
1.6100	0.15	1.16	1.71	0.93	2.05	2.69
1.6200	—	0.81	1.33	1.79	2.65	3.30

注意以下几点：

(a) 合约规模是多大？

合约规模是 31250 英镑。

(b) 每个月份下面的数字的含义是什么？

这些数字是为 1 英镑支付的美元的成本（记住该市场是在美国）。例如，9 月的看涨期权的行权价格是 1.6100 美元，因此其成本为 \$0.0116×£31250＝\$362.50。

(c) 美元对英镑的看涨期权是什么？

看涨期权是出售英镑换取美元的期权。例如,英国进口商必须卖出英镑来获得美元,然后支付给美国的供应商。

(d)为什么行权价格为 1.5800 美元的 8 月看涨期权要比行权价格为 1.5900 美元的 8 月看涨期权更贵?

1.5800 美元比 1.5900 美元的价格更有利,因此要在期权中取得这样一个行权价格要花费更多。

(e)为什么虽然执行价格相同,但 9 月行权的看涨期权要比 8 月行权的看涨期权更贵?

例如,行权价格都是 1.6000 \$/£,9 月的看涨期权比相同行权价格的 8 月看涨期权价格要高。这是因为 9 月份的期权距离行权日的期限更长,期权行权获得收益的可能性也就越大。这个差异还反映了市场认为汇率在两个日期之间的变动方向。

(三)交易所期权和柜台交易期权

交易所期权和柜台交易期权两种期权各有优势。期权的选择依赖于特定的要求。

交易所期权的优势:

(1)交易所交易的期权是标准化的数额,因此是"可交易的",意思是能被卖给他人。柜台交易的期权是为了特殊目的而设计的,因而不可能再适合于其他地方。

(2)交易所交易的期权在所涵盖的时间方面更加复杂(美式期权),而柜台交易期权是固定日期(欧式期权)。

柜台交易期权的优势:

(1)交易所期权最长为标准的两年时间,而柜台交易期权可以有更长的期限,因而灵活性更大,能比交易要求更长期限内保护货币的变动。

(2)柜台交易期权是为特殊交易量身定做的,可以确保对货币汇率变动提供最大的保护。而交易所期权是标准化的数额,不允许有非整数的期权合约,所以可能不能全部对冲交易的全部金额。

四、选择正确的期权类型

选择期权类型的绝大多数例子都是关于套期保值者通过购买期权来减少风险。假设公司准备买入期权,该买看涨期权还是看跌期权呢?

(1)一家美国公司在将来要收到英镑,因此希望在将来卖出英镑,可以通过买入英镑看跌期权来对冲(如卖出英镑的期权)。

(2)一家美国公司在将来要付出英镑,因此希望在将来买入英镑,可以通过买入英镑看涨期权来对冲(如买入英镑的期权)。

(3)一家英国公司在将来要收到美元,因此希望在将来卖出美元,但它不能通过买入美元看跌期权来对冲,因为不存在这种期权。因此公司必须买入英镑看涨期权。

(4)一家英国公司在将来要付出美元,因此希望在将来买入美元,但它不能通过买入美元看涨期权来对冲,因为不存在这种期权。因此公司必须买入英镑看跌期权。

第十二章
管理外汇风险

五、选择价格和使用的合约数量

当一个非美国的公司希望用交易所期权买或卖美元时,就产生了一个问题,美元必须先转换成本币。为了这个目的,公司使用的最佳汇率就是执行价格,它意味着合约数量会随着公司选择的执行价格不同而变化。

六、当交易所期权仍然有时间交易时的平仓

实际中,大多数交易所期权被平仓了,这和期货合约一样,因为要求现金的日期与期权到期日不匹配。

期权的状况与期货一样。期权的到期时间必须在关键事件日期的当天或之后。如果你被告知公司在9月10日收到一笔付款,给你的选择有使用6月、9月或12月的期权:

(1)最可能选择9月期权,因为它的到期日期在9月10日之后是最接近的(9月30日)。

(2)也能选择12月期权。

(3)不能选择6月期权(因为6月期权在9月10日前到期)。

七、期权计算

如果期权计算看上去很复杂,则使用前面适用于期货的类似方法来评价期权的影响。

第1步:建立对冲。

(1)选择合约日期。

(2)决定要的是看涨期权还是看跌期权。

(3)决定执行价格。

(4)要求的合约是多少。

(5)计算期权费(期权费表中对应的期权价格×0.01)×合约规模×合约份数

第2步:确定收盘价。问题中会给你这个信息。

第3步:计算对冲收益。

你要在多个收盘即期汇率的条件下计算其收益。

(1)期权市场的收益,包括:

①执行价格;

②行权时的现金流;

③按即期汇率转换未覆盖的/过度覆盖的数额。

(2)净收益。

问题

一家英国公司欠一家美国供应商200万美元,要在7月份支付。假设即期汇率是£1 = \$1.5350—1.5370,英国公司关心美元可能走强。\$/£的期权合约货币数量为31250英镑(每1英镑的美元价格),详情如下所示,每份合约的期权费为:

	看涨期权			看跌期权		
执行价格	6月	7月	8月	6月	7月	8月
1.4750	6.34	6.37	6.54	0.07	0.19	0.50
1.5000	3.86	4.22	4.59	0.08	0.53	1.03
1.5250	1.58	2.50	2.97	0.18	1.25	1.89

当执行价格为1.525时,说明交易所期权如何被用于对冲。计算转换的英镑成本,如果7月的即期汇率为:

(ⅰ)1.4600—1.4620;

(ⅱ)1.6100—1.6120。

答案:

第1步:建立对冲。

(a)合约日期是什么时候? 7月。

(b)看涨或看跌? 看跌,英国公司要卖出英镑以收到所需的美元。

(c)执行价格是多少?   1.5250。

(d)多少合约?(2000000÷1.525)÷31250=41.97,即42份合约。

(e)执行价格为1.5250的7月看跌期权的期权费为1.25(记住1.25必须乘以0.01),期权费=(1.25×0.01)×合约规模×合约份数=0.0125×31250×42=$16406÷1.5350=£10688。

英国公司现在需要用美元支付期权费,因此银行按1.5350卖给英国公司。

第2步:收盘即期汇率和期货价格:(ⅰ)1.4600美元;(ⅱ)1.6100美元。

第3步:收益。

(a)期权市场收益。

看跌行权价	1.5250	1.5250
收盘价	1.46	1.61
合约是否履行	是	否
期权收益	£1312500	—

现货市场的余额:

	$
执行期权	2001563
交易价值	2000000
余额	1563

按即期汇率可换成   1563/1.46=£1071

(b)净收益。

	£	$
现货市场收益按收盘即期汇率可转化成 2000000/1.61	—	(1242236)
期权状况		
按收盘汇率对冲的差额		(1312500)
差额是一笔收入,因为欠的数额被过度对冲了		1071
期权费(当按开盘即期汇率兑换时期权费要单独相加)	(10688)	(10688)
	(1322117)	(1252924)

第十二章
管理外汇风险

即期汇率为（ⅰ）时，转换的英镑成本为1322117英镑，即执行期权，转换成本为1312500－1071＋10688＝£1322117。

即期汇率为（ⅱ）时，转换的英镑成本为1252924英镑，即执行期权，转换成本为1242236＋10688＝£1252924。

问题

Edted是一家英国公司，从一家美国供应商那里买了一批价值200万美元的货物。3个月后付款。假设Edted公司财务部正寻求用柜台交易期权来对冲风险，3个月后的美元看涨期权的价格为1.4800，要求：

忽略期权费成本，计算汇率如下所示时Edted公司付款的成本：(a)£1＝\$1.4600；(b)£1＝\$1.5000。

答案：

因为期权是柜台式期权，则可以有美元看涨期权来覆盖准确的数额。

(a)如果汇率为1.4600，期权会被履行，成本将是2000000/1.4800＝£1351351。

(b)如果汇率为1.5000，期权不会被履行，成本将是2000000/1.5000＝£1,333,333。

问题

假设Vinnick公司是一家美国公司，于5月15日从Santos一家西班牙公司处买了货物，3个月后要支付60万欧元。Vinnick公司不确定汇率往哪个方向变动，因此决定以€0.7700＝\$1的汇率价格买期权来为合约对冲。一份合约规模为1万欧元，汇率价位0.7700的期权详情如下：

当前即期汇率为0.7800，要求：如果8月份的即期汇率是（ⅰ）0.7500；（ⅱ）0.8000，计算交易的美元成本。

答案：

第1步：建立对冲。

(a)合约日期：8月。

(b)看涨/看跌：看涨，Vinnick公司要买欧元。

(c)行权价：0.7700。

(d)合约数量：600000/10000＝60份。

(e)8月看涨期权的数字是3.57，记住要乘以0.01。

期权费＝(3.57×0.01)×合约规模×合约份数＝0.0357×10000×60＝\$21420

第2步：收盘即期汇率和期货价格（ⅰ）0.7500；（ⅱ）0.8000。

第3步：收益。

(a)期权市场收益   \$ \$

 看涨期权行权价   0.7700   0.7700

 收盘价   0.7500   0.8000

 是否履行？   是   否

 期权收益   €600000   —

(b)净收益	$	$
按收盘即期汇率转换的现货市场收益	—	(75000)
期权状况	(779221)*	—
期权费	(21420)	(21420)
美元成本	(800641)	(771420)

注：* 处的 779221＝600000/0.7700。

> **考点**
>
> 考试时，如果期权被执行了，可以更快地说明损益情况。这意味着考生不必去评价期权是否会被执行，可以节省时间。考生的答案中要表述清楚，因为即期汇率比期权的汇率更有利，则期权不会执行。如果期权被执行，损益的计算说明了最差的情境。

八、货币期权的图示

假设一家英国公司预期 3 个月后会收到一笔美元的出口收入。图 12-1 表示不同策略（远期、期权和现货交易）下的损益情况。

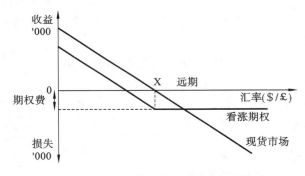

图 12-1　货币期权、远期和现货市场损益图

（1）在远期市场上卖美元买英镑，消除了所有的不确定性。收益用横线表示。

（2）如果 3 个月后的即期汇率结果比给定的每英镑兑美元数（图中用 X 表示）高或者低，那么现货市场的结果是净收益还是净损失，则依赖于和远期市场的比较。

（3）如果汇率比给定的每英镑兑美元数小，那么看涨期权不会履行。与现货市场策略（2）相比，货币期权使潜在收益减少了期权费的那一部分，但好处是潜在损失被限制住了，因为它不会超过期权费的价值。

九、货币期权与远期合约和期货合约的比较

使用货币期货将产生与使用货币远期相同的效果（忍受对冲效率低下）。当货币期权与远期合约和期货合约进行比较时，常常会有以下几种情形。

（1）如果货币变动是不利的，期权就会被行权，但是对冲一般都不如远期和期货的效

果更好,因为购买期权时有期权费的成本。

(2)当货币变动是有利的,期权就不会被行权,对冲效果一般比远期或者期货更好,因为期权允许持有者可以从汇率的改善中获利。

第七节 货币互换

一、互换程序

关键术语

互换是两个组织以契约方式同意交换不同条件付款的协议,如果以不同货币支付,一个是固定汇率,而另一个是浮动汇率。

在货币互换里,各方同意互换等值的货币一段时间,这涉及从一种货币到另一种货币的债务交换。主要债务(本金)的责任不转移。各方承担交易对手风险:如果其他方在支付利息上违约,最初的借款人保留对贷款人的责任。实际中,大多数货币互换在银行及其客户中发生,如果互换超过1年,才有必要签协议。

例如,一家美国公司X在法国有一个子公司Y,Y拥有葡萄园。假设即期汇率是$1=€0.7062,假设公司X希望获得160万欧元用于购买另一家法国红酒公司。同时,法国子公司Y希望筹集100万美元支付最近从美国进口的新设备。美国母公司X可以借入100万美元,法国子公司也可以借入160万欧元,每一个都代表另一方借款,再互换货币。

二、互换的好处

互换的好处有以下几点。

(1)灵活性。互换容易实施,也灵活,因为互换能以任意规模来实施,而且可逆。

(2)成本。交易成本低,只有法律费用。没有佣金或弃权费要支付。

(3)市场规避。各方都能获得所需要的货币,而不必遭受外汇市场的不确定性。

(4)融资途径。公司可以获得在另一个国家债务融资的途径,其货币不常见,信用等级比自己本国低,因此,可以从比自己本国的货币贷款利率更低中获利。

(5)财务重建。货币互换可用于重建公司负债的货币基础。当公司有海外贸易并收到外币收入,但其借款都用本币计价时,互换就很重要了。

(6)债务类型的转换。同时交换货币,公司可以将固定利率的债务转换成浮动利率的债务,或者正好相反。因此,除了获得货币互换的好处以外,还可以获得利率互换的某些好处。

(7)流动性改善。货币互换可以用来吸收某种不立即需要的货币的富余流动性,来创造另一种所需的资金。

三、互换的弊端

互换的弊端有以下几点。

(1)互换另一方的违约风险(交易对手风险)。如果一方不能满足互换支付责任,这意味着其他参与方不得不自己承担风险。

(2)定位或市场风险。一家主要业务位于财务领域以外的公司,为了投机获利,将不会增加财务风险。临时性的、小额的互换,对公司主业不会有较大冲击。

(3)政治风险。可能在货币互换的国家存在政治动乱或外汇管制的风险。

(4)协议费用。互换要给第三方支付协议费。虽然它看上去便宜,但这是因为中介机构不为互换承担责任。

举例如下:

第一步,Edted 是一家英国公司,希望在德国投资,从银行借了 2000 万英镑,利率为 5%。为了在德国投资,Edted 将 2000 万英镑按即期汇率 £1=€1.5 的价格兑换成了欧元。德国投资的盈利是以欧元计,但 Edted 必须为互换支付利息。Gordonbear 是一家欧洲货币区域的公司,Edted 与 Gordonbear 达成了以 2000 万英镑互换 3000 万欧元的协议。Gordonbear 是这笔交易的对手方,要为 3000 万欧元支付 6% 的利息。Edted 可以用它获得的 3000 万欧元在德国投资。

第二步,每年到支付利息时:

(a)Edted 从它的德国投资中收到 180 万欧元的现金汇款(3000 万欧元×6%)。

(b)Edted 将这 180 万欧元交给 Gordonbear,以便 Gordonbear 可以结算它的利息债务。

(c)Gordonbear 交给 Edted 公司 100 万英镑。

(d)Edted 同它的贷款人结算 100 万英镑的利息。

第三步,投资寿命期期末,原来的支付正好相反。Edted 偿还原先获得的 3000 万欧元,从 Gordonbear 手中收回 2000 万英镑。Edted 用这 2000 万英镑去偿还它原来从它的英国贷款人那里获得的贷款。

第八节 制定外汇对冲策略

怎样才能制定一个合适的策略,以达到减少风险,将成本控制在可接受的范围内,同时又不破坏公司与供应商和顾客的关系的目标?

制定合适的套期保值策略没有单独的最佳方法——每一种情况都有其优点。公司当然希望将风险降到最小,即提出最合适的方法。

问题

IOU 公司是一家在美国的大型公司,主要业务集中在美国和英国。该公司有一大笔英镑借款。假设该公司 10 月 31 日需要支付利息 725000 英镑,12 月 31 日支付 530000 英镑。IOU 公司的策略是对所有的外汇交易进行套期保值。

假设现在是 9 月 30 日,公司打交道的银行对 \$/£ 的报价如下:

即期	1 个月远期	3 个月远期
	中间汇率	中间汇率
1.5584~1.5590	1.5601	1.5655

美国证券交易所的 \$/£ 期权报价是(购买期权的支付价格,合约规模 £31250):

第十二章
管理外汇风险

执行价格	看涨		看跌	
（$/£）	10月	12月	10月	12月
1.56	2.02	3.00	1.00	2.16
1.57	1.32	n/a	n/a	n/a
1.58	0.84	2.12	2.18	3.14

财务主管考虑了两种套期保值的方法，远期或者期权合约。根据对目前经济预期的报道，市场预期未来三个月英镑相对美元会升值。财务主管认为英镑可能会贬值或者至少不变。他建议如果使用期权的话，应该购买行权价格为1.57的一个月的期权和行权价格为1.58的三个月的期权。

忽略交易费用。

要求：

(a) 提出建议，要求说明理由，最适合IOU公司即将在一个月后和三个月后支付的利息费用的外汇套期保值策略。你的答案应当包括适当的计算，使用问题中的数据来支持你的建议，以及讨论当从两种对冲机制中做选择时应当考虑的因素。

假设你是一家在亚洲的某国的国有邮政电信公司的财务经理人。该公司在本地和外国投机商人间进行定期结算。净收入或支出以美元计价。

(b) 解释可能影响该组织的主要外汇风险的类型，并建议公司用来减小这些风险应当考虑的政策。

答案：

(1) 即期市场：

公司预期支付£1255000（＝725000＋530000）。以9月30日的即期汇率1.5590转换成美元，应当支付1255000×1.5590＝＄1956545。

① 远期合约。

远期合约通过提前固定汇率来消除未来短期货币浮动的风险，如果使用远期合约，就会产生以下费用：

一个月：725000×1.5601＝＄1131073。

三个月：530000×1.5655＝＄829715。

总支付：1131073＋829715＝＄1960788。

远期合约意味着所支付的利息是一笔可以预计的数额，并且汇率损失的可能性减小了。但是，如果英镑贬值的话，IOU公司就无法获得汇率收益。

② 期权。

期权可以用来为所支付的金额设置一个上限，同时允许使用者能够获得有利的汇率变动的好处。

为10月付款设立的期权：

(ⅰ) 合约日期——10月。

(ⅱ) 期权类型——看涨期权：用$购买£。

(ⅲ) 行权价格——根据财务主管的推荐，选择$1.57兑£1。

(ⅳ) 合约数量：725000/31250＝23.2份合约，约等于23份合约。

对冲£31250×23＝£718750,剩下的£6250在远期市场上对冲。
(ⅴ)费用＝23×31250×0.0132＝＄9488。
结果：
如果美元币值汇率超过了1.57美元兑1英镑,期权将被行权。
23份合约以1.57美元行权：
期权结果1.57×23×31250＝＄1128438；
期权费用为＄9488；
由远期合约覆盖的没有进行对冲的部分为6250×1.5601＝＄9751；
净支付额＝1128438＋9488＋9751＝＄1147677。
为12月付款设立期权：
(ⅰ)期权日期——12月。
(ⅱ)期权类型——看涨期权。
(ⅲ)行权价格——选择＄1.58兑£1。
(ⅳ)合约数量：530000/31250＝16.96份合约,约等于17份合约。
对冲£31250×17＝£531250,差额转去远期市场(531250－530000＝£1250)。
(ⅴ)费用＝17×31250×0.0212＝＄11263。
结果：
如果美元贬值,1英镑汇兑高于1.58美元,期权就会被行权。
期权收益为1.58×17×31250＝＄839375；
期权费用为＄11263；
远期合约收入为£1250×1.5655＝＄1957；
净支付额为848681美元。
③均衡汇率。
期权的缺陷在于购买期权需要花费一笔支出。低于均衡汇率,期权的对冲结果要好于远期效果,均衡汇率可以这样计算(忽略所有合约的发行费用)：

$$均衡汇率 \times 对冲数额 + 费用 = 远期合约付款$$

$$10月的均衡汇率(£/\$) = \frac{1131073 - 9488}{725000} = 1.5470$$

$$12月的均衡汇率(£/\$) = \frac{829715 - 11263}{530000} = 1.5442$$

④建议。
只有当预计英镑很有可能贬值时才应该使用期权(但针对升值也需要采取保护措施)。如果如同市场预期那样,英镑有可能升值,那远期合约会带来更多价值。
(2)某国邮政电信公司的汇率风险。
①交易风险。
这种风险是指在合约确定的日期与现金结算的日期之间汇率不利的变动。
②经济风险。
这种风险是指长期汇率变动所导致的组织未来现金流现值的不利变化。
③净值。

第十二章
管理外汇风险

某国邮政电信公司会收到本国内的本币收入,但与美国的营运商有美元结算(支出或收入)。因为美元付款抵消了美元收款,所以看上去大多数货币风险都被对冲了。但是,虽然这是一个减少成本的好方法,它并不能除去货币风险。

④剩余风险。

虽然外汇交易多以美元主导,但汇率风险涉及公司进行交易的所有国家的货币。如果欠一家德国公司款项,而欧元相对于美元升值,那么交易的美元成本就会上升。同样,虽然所有交易都是短期的,但它们的联合效应使公司暴露在多种货币的持续汇率风险中。公司需要采取措施来处理这种经济风险。

⑤汇率风险管理。

在这种情况下管理汇率风险的一个方法是将每种货币的资产和负债进行匹配:

(ⅰ)公司应当查看有业务往来的每个国家,选择那些与其有重大交易业务量的国家,确定每一笔交易中与该国是有净收款还是净付款,以及净收/付款的平均值。

(ⅱ)如果与某国有净收款,那么就可以通过从这个国家借一笔款项,数额等于这段期间需要对冲的预计净收款,然后将这笔款项转换成本国货币。

(ⅲ)对于经常有净付款的国家,需要保持一个该国货币的存款账户。

⑥建议。

这种措施是为了对冲多国汇率风险,但可能会导致更高的货币交易成本,或者可能增加利息支出。所以这种措施对主要货币是可行的(美元、欧元等),对有大额交易量的亚洲国家的货币也可行。

第十三章
管理利率风险

 本章重难点分析

本章继续进行金融衍生产品的讨论和应用,重点集中于利率对冲。在利率变化时,有大额借款的公司会希望对冲利率的不利变动,它会对公司利息支付水平产生重大影响。同理,借出大量资金的公司也希望对冲利率的下降变化,这对它将收到的利息会有负面影响。

本章会关注利率衍生品的不同类型、特征以及它们是如何运作的。考生在特定场景下如何应用这些工具很重要,也要为对应场景推荐最佳工具。考生在进行评估时要熟悉不同工具的优缺点。

第一节 利率风险

利率风险是公司盈利能力或价值因利率变动而遭受的风险。

一、管理负债组合

公司财务主管负责管理公司的债务组合,即决定公司如何获得短期资金,以便达到以下目的:

(1)能够偿还到期债务;

(2)最小化公司所欠和被欠的债务中的内在风险和外汇投资风险。

有一些状况可能使公司因为汇率变动而处在风险中。

二、利率变动的风险

(一)固定利率债务和浮动利率债务

当市场利率变化时,有固定利率债务的公司可能会比有浮动利率债务的公司要支付更高的利率,或者正好反过来。对利率变化的预期将决定公司是选择以固定利率还是浮动利率来借入资金。利率的期限结构(不同期限的贷款利率)可以帮助企业预测市场对于

第十三章
管理利率风险

利率在未来变动的趋势。固定利率融资可能成本更高,但企业选择浮动利率融资则要冒利率反向上升的风险。

其他因素包括以下几种:

(1)融资期限(期限越长,对利率的预测就越困难)。

(2)固定利率与浮动利率的差额,加上协议或新筹资的成本。

(3)公司对融资风险的预测。

(4)现有的混合债务(更加多元化的融资有助于对冲各种可能性)。

(5)当前的流动性压力。如果公司在短期方面有弹性,它可能偏好于浮动利率债务以获得更低利率;为此公司要冒利率上升导致最终借款变得更昂贵的风险。

(二)债务的货币

如果本币汇率往不利方向变动,那么公司用本币借款会面临更高的成本,公司将会尽量将债务货币与基础资产/业务的货币进行匹配,用其产生的收入来支付利息和偿还贷款。

(三)贷款期限

公司可能被迫要更早地偿还贷款,从而导致公司要按更高的利率来再借款。

(四)定期贷款还是透支

公司可能更愿意使用透支,这样只有在需要资金时才为借入资金支付代价,银行会为提供这一便利而收取承诺费。公司也可能更偏向于定期贷款。但即使没有在整个定期贷款期间都使用贷款,也要为此支付利息。

(五)利率上升

公司计划在未来某一时刻取出借款,但会面临在借款期限开始之前利率已经上升的可能。这个问题可以用金融工具来固定利率或是用确定利率上限的方式来解决。

考点

考试中要小心关于影响公司风险态度因素的场景信息,如公司规模或公司的风险控制能力。这将决定债务组合的构成和用于管理风险的方法。

三、利率风险管理

如果公司面临利率风险,那么公司会寻求对冲风险。如果与公司总体现金流或风险控制相比,风险的大小不重要时,一个选择就是顺其自然。然后公司会接受利率变化的影响。

如果风险管理成本在使用衍生产品的成本和有效管理风险所要求的人力资源方面成本都很高,公司也会决定什么都不做。当公司相信不存在反向变化的机会时,公司会认为对冲没有必要。

公司的纳税情况在决定是否采取对冲风险时也可能是一个重要的因素。如果对冲有可能减少收益变化，当公司是高收益水平面对高税率时，就有税收优势。由于需要监控协议，以及需要满足国际财务报告准则的监管要求，公司也不愿意进行对冲。

考点

记住公司有可能会决定什么也不做来减少利率风险——在回答考试问题时考生要想到这也是一种状况。

四、利率风险管理技术

减少利率风险的方法包括以下几种：
（1）净额结算。核算公司全部财务状况，包括资产和负债来对冲风险。
（2）平滑。在固定利率借款和浮动利率借款之间维持平衡。
（3）匹配。将资产与负债匹配，得到一个固定利率。
（4）资金池。资金池意味着当考虑利率水平和透支限制时，公司可以请银行把该公司的所有子公司的金额集中在一起。可以减少利息支付，防止违反透支限制，给予公司通过更大金额的存款获得更好利率的可能。
（5）远期利率协议。
（6）利率期货。
（7）利率期权或利率保证。
（8）利率互换。

第二节　用远期利率协议对冲

关键术语

远期利率协议通常是在银行与公司之间达成的，是关于未来借款或银行存款的利率的协议。

一、远期利率协议如何工作

远期利率协议并不包括一方到另一方的实际资金转移。远期利率协议是按商定的利率借或贷最多12个月名义本金的协议。名义总额是计算得出的利息支付的数额。实际转手的只有按本金金额计算乘以交易利率（合约中约定的利率）与结算时当前的利率（参考利率）之间利差所得到的名义数额。

如果在远期利率协议达成和远期利率协议生效期间利率上升了（市场实际利率高于合约中约定的利率），借款人受到了保护，则不必支付更高利率。如果期间利率下降，借款人则必须偿还在约定利率和实际利率之间的差额。

例如，借款人希望对冲增加的利率，签订了一笔3个月后开始的3个月贷款。这被称为3×6远期利率协议。一个月后开始的3个月贷款叫作1×4远期利率协议。

重要日期：

交易日　　即期　　定价日　　结算日　　到期日

对上述日期的解释：

(1)交易日(trade date)：合约开始之日(或合约被交易时)。

(2)即期(spot date)：决定远期利率协议的利率的日子。

(3)定价日(fixing date)：确定参考利率的日期(同结算的远期利率协议进行比较,参考利率是在定价日当天的伦敦银行同业拆借利率(LIBOR))。定价日通常是结算日之前的两个营业日。

(4)结算日(settlement date)：名义贷款开始的日期。该日期用来计算名义本金的利息。例如,你开始的是一份3×6远期利率协议,就是在即期日之后的3个月后开始该贷款。

(5)到期日(maturity date)：名义贷款到期的日期。如一份3×6远期利率协议,该贷款是自结算日起算的3个月后到期。

问题

假设现在是6月30日,Lynn从10月1日开始需要一笔1000万美元的6个月期限的固定利率贷款。Lynn想用远期利率协议来对冲。6月30日的远期利率协议利率是6%。

远期利率协议的结果是什么？如果6个月的远期利率协议基准利率变动到(a)5%、(b)6.5%,则实际贷款利率分别是多少？

答案：

(a)由于基准利率(市场实际利率)降到了5%(Lynn按照5%来付息,低于远期利率协议中约定的利率,银行遭受了损失),Lynn要付给银行:名义金额×(远期协议利率－实际利率)。

利率分析如下：

支付远期利率协议差额(6%－5%)	(1%)
基础贷款利率5%	(5%)
净利率	(6%)

利息成本等于1000万美元贷款乘以利率6%,再乘以6个月(贷款期限)除以12个月(利率是年利率报价),即10000000×0.06×6/12＝$300000

换一种方式表示如下：

远期利率协议付款额10000000×(6%－5%)×6/12	(50000)
偿还基础贷款(本利和)5%×10000000×6/12	(250000)
净还款额	(300000)

实际(年)贷款利率＝$\frac{300000}{10000000}\times\frac{12}{6}=6\%$

(b)由于基准利率上升为6.5%(Lynn按照6.5%来付息,高于远期利率协议中约定的利率,Lynn遭受了损失),银行要付给Lynn:名义金额×(实际利率－远期协议利率)。

利率分析如下：

收到远期利率协议差额(6.5%－6%)	0.5%

基础贷款利率 6.5%	(6.5%)
净利率	(6%)

利息成本等于 1000 万美元贷款乘以利率 6%，再乘以 6 个月（贷款期限）除以 12 个月（利率是年利率报价），即 10000000×0.06×6/12＝＄300000

换一种方式表示如下：

远期利率协议收入 10000000×(6.5%－6%)×6/12	25000
以市场利率计算的基础贷款还款额 6.5%×10000000×6/12	(325000)
净还款额	(300000)

实际（年）贷款利率＝$\frac{300000}{10000000} \times \frac{12}{6} = 6\%$

二、远期利率协议的优势

（1）提供保护。远期利率协议可以保护借款人免遭高于协定利率的不利利率变动。

（2）灵活性。远期利率协议是灵活的，理论上可以安排任意数额和任意期限。尽管通常远期利率协议的数额高于 100 万美元。

（3）成本。远期利率协议很自由，在任何情况下成本都很低。

三、远期利率协议的劣势

（1）可用的利率。银行为远期利率协议设定的利率反映了银行对未来利率变动的预期。如果预计利率会上升，银行设定的利率可以比当前的可用利率更高。

（2）下降的利率。如果利率忽然下降，借款人不能从中获利。

（3）远期利率协议的期限。远期利率协议结束于利率定价日（定价日当天的市场实际利率已经确定了具体是谁向谁支付利差金额）。

（4）有约束力的协议。远期利率协议是有约束力的协议，因此很难再卖给其他人。

问题

Rumple 公司近期将进行短期投资，想借入 400 万美元，期限为 3 个月，3 个月后开始。但是当前利率是变动的，公司担心在开始使用贷款之前利率会有不利的变化。

当前的伦敦银行同业拆借利率（LIBOR），即基准利率是 3.5%，Rumple 公司的 3×6 远期利率协议报价为 3.75%。Rumple 公司现在可以此基准利率上浮大概 1% 的利率借款。

要求：如果 3 个月后的基准利率是（a）4%、（b）3%，为 Rumple 公司可能的远期利率协议结果提供建议。

答案：

（a）实际基准利率为 4%，高于远期利率协议利率（3.75%），所以银行要将差额作为补偿付给 Rumple，差额为 0.25%。Rumple 以最可用的利率来借款，利率为基准利率＋1%，即 5%。

Rumple 的净成本贷款利率＝5%－0.25%＝4.75%

（b）实际基准利率为 3%，低于远期利率协议利率（3.75%），Rumple 要支付 0.75% 补偿给银行。

Rumple 的借款利率为 3％＋1％＝4％

Rumple 净成本贷款利率＝4％＋0.75％＝4.75％

数量为 0.0475×3/12×4000000＝＄47500

第三节 利率期货

利率期货可用于对当前日期与设定借款资金日期之间的利率变化进行对冲,借款人卖出期货来对利率的上升进行对冲,贷款人则买入期货来对冲利率的下跌。

一、期货合约

利率期货和货币期货相似,可用来对标的物(利率)的变动进行对冲。

利率期货是和用远期利率协议对冲很相似的一种方法。只是其期限、数额和周期都是标准化的。例如,一个典型的短期利率期货是标准数额为 50 万英镑,期限是 3 个月。

有富余现金并希望投资/贷出的公司应买入期货。希望借入资金的公司应卖出期货。

在将来一段时间内有富余现金的公司会担心利率下降。公司可以签订一份期货合约,以固定的利率和固定的期限来对标准数额的货币(如 50 万英镑)进行存款并收取利息。因此应该买入期货。

如果在将来一段时间内公司预计有现金短缺,需要借入资金,那么公司会担心利率上升。公司可以签订一份期货合约,以固定的利率和固定的期限来对标准数额的货币(例如 50 万英镑)进行借款并支付利息。因此应该卖出期货。

二、期货合约报价

利率期货合约的报价由现行利率决定:

(1)对短期期货,如果 3 个月利率是 8％,则 3 个月的期货合约报价为 92(＝100－8);

(2)如果 3 个月利率为 11％,则 3 个月的期货合约报价为 89(＝100－11)。

问题

假设 Yew 获得了公司 3 个月期限、利率为 8％的 100 万欧洲美元贷款。该贷款在 3 月 31 日到期交割。在 1 月 1 日,公司财务主管认为利率接下来可能会上升,期货价格为 91,即收益率是 9％。假定一份标准合约规模是 100 万欧洲美元,公司卖出一份 3 个月期限的欧洲美元合约来对冲 3 月 31 日所要求的 3 个月期贷款的利息(卖合约即让卖方得到存款)。在 3 月 31 日即期利率为 11％,3 月份的期货价格是 89。期货合约对 Yew 影响有多大?

答案:

公司在 1 月 1 日卖出期货,价格为 91。

公司将在 3 月 31 日以 89(＝100－11)的价格买回期货。Yew 在期货合约上盈利了 2％。

期限为 3 个月、金额为 100 万欧洲美元的标准贷款的利润率为 2％,利润为:

$$\$1000000 \times 2\% \times 3/12 = \$5000$$

对冲有效地降低了净年利率。

三、使用利率期货

期货合约的卖方不必拥有基础资产工具,但是,如果买方要求的话,卖方需要在合约交付日进行交割。多数利率合约(不是所有的)不是用基础资产工具交割,而是用现金结算。

对有些投资者来说,利率期货是一种有吸引力的投机手段,因为它不要求合约的买方和卖方必须是合约名义本金的实际借款人和贷款人。

四、基差风险

利率期货也会产生基差风险。如果公司在合约到期之前还有未平仓的期货合约,就可能有基差风险。公司只能预计这将在对冲时的影响。"基差风险"指的是因基差可能导致不完美对冲的问题。在合约到期时,基差为 0。基差风险可以用基础证券的期货价与现货价(现金的市场价格)之间的差额计算出来。

如果 3 个月的伦敦银行同业拆借利率(LIBOR)是 7%,现在(3 月月末)3 个月英镑期货在 9 月的报价为 92.70,则基差为:

LIBOR(100－7)　　　　93.00
期货　　　　　　　　　92.70
　　　　　　　　　　　0.30%(或 30 个基点)

考点

考试中可能给考生其他的价格信息,让考生从中计算收盘期货价格。

利率基差风险的进一步原因是实际利率比标准合约的利率有着大得多的可能性。因此管理人员希望计算期货价格变动与基础资产价格变动两者之间的相关性。这可以被用来计算对冲比例。这被用于确定要求的合约总数量。Delta 对冲也被用来减少基差风险。

五、建立期货对冲

建立利率期货对冲的过程和货币期货的过程相似。下面的例子说明了这一过程。

问题

Panda 公司获得了利率为 8% 的 6 个月期限的 1000 万美元贷款。贷款将于 3 月 31 日到期。在 1 月 1 日,公司财务主管认为利率可能将会上升。期货价格为 91,即收益率是 9%。假设标准合约规模是 100 万美元,公司卖出美元的 3 月合约来对 3 月 31 日要求的 3 个月期限的贷款利率进行对冲(卖合约即委派卖方获得存款)。在 3 月 31 日利率为 11%,而期货价格跌到了 88.5 美元。要求:说明如何用期货对利率变动进行对冲。

答案:

采取下列步骤。

建立:

(a)什么合约:3 个月的合约(1 月 1 日—3 月 31 日)。

(b)什么类型:卖出(因为是借款,且利率预计会上升)。

(c)多少合约：$\dfrac{敞口}{合约规模} \times \dfrac{贷款期限}{合约的时间长度} = \dfrac{10000000}{1000000} \times \dfrac{6}{3} = 20$（份）。

期货收盘价＝88.5 美元

收益：

(a)期货收益：

以开盘利率	0.9100 卖
以收盘利率	0.8850 买
	0.0250 收入

期货收益：收入×合约规模×合约数量×$\dfrac{合约时间长度}{1\ 年}$

$\qquad\qquad = 0.0250 \times 1000000 \times 20 \times 3/12 = 125000$ 美元

（解释：0.025 是年利率，所以要乘以 3/12 转换为对应 3 个月的利率）

(b)净收益 $：

现货市场上支付利息 $10000000 \times 11\% \times 6/12$	(550000)
期货市场上收入	125000
净支出	(425000)

实际(年)利率＝$\dfrac{425000}{10000000} \times \dfrac{12}{6} = 8.5\%$

六、利率期货的优点

利率期货的优点包括以下几点：

(1)成本。利率期货的成本比较低。

(2)对冲数额。公司可以用相对较少的初始现金支出来对冲相对较多的现金敞口（保证金交易的方式，导致倍数放大效应）。

七、利率期货的缺点

利率期货的缺点包括以下几点：

(1)期限的灵活性。交易所的利率期货是固定期限的，常为 3、6、9、12 个月。合约是固定的大数额，因此可能不能完全匹配要对冲的数额。

(2)基差风险。公司易遭受期货合约价格没有按预期方向变动的风险。

(3)每日结算。公司必须每日结算合约损益。

问题

Rumple 公司现在正考虑用利率期货来对冲 400 万美元的贷款（原题中：借款 3 个月）。现在是 3 月 1 日，芝加哥交易所的标准化的 100 万美元 3 个月的合约的报价如下所示。注意这些价格按(100－年收益率)方式以基本点来报价。

3 月　96.00

6 月　96.10

9 月　96.20

合约假设于报价月份的月末到期。LIBOR 保持为 3.5％，Rumple 公司的借款利率为 LIBOR＋1％。

要求：假设 Rumple 公司以 LIBOR＋1％的固定利率获得了一笔贷款，说明当 LIBOR 是(a)4％、(b)3％时的期货合约收益。

答案：

问题的解答采用了与上面例子差异很大的方法。不用在每一步都转换成货币，我们用％表示答案，在期末转成货币。任意方法考官均可接受。

建立：

(a)什么合约？　　　　　3 个月的合约

(b)什么类型？　　卖出（因为 Rumple 公司是借款，预期利率会上升）

(c)多少合约？　$\dfrac{敞口}{合约规模} \times \dfrac{贷款期限}{合约的时间长度} = \dfrac{4000000}{1000000} \times \dfrac{3}{3} = 4$ 份合约

(d)日期？　　　　　　6 月（贷款开始的时间）

收盘价：

收盘价要通过基差来计算（基差信息由题目直接给出，具体如下）。

	现在:3 月 1 日	(a)6 月 1 日	(b)6 月 1 日
6 月期货	3.90	4.10	3.10
LIBOR	3.50	4.00	3.00
基差	0.40*	0.10**	0.10

* 这个基差代表着从 12 月初到 3 月末的 4 个月的基差总数。

** 一个月的基差为 0.1(0.40/4)，我们已知 LIBOR，因此在 3 月 1 日当天 6 月期货价格等于 LIBOR＋基差。

	(a)	(b)
收益		
实际贷款利率(LIBOR＋1％)	5.00	4.00
期货损益		
开盘利率（支出）	3.90	3.90
收盘利率（收入）	4.10	3.10
	0.20	(0.80)
利润损失		
净利率	4.80	4.80

注：固定收益为 $4.8\% \times 4000000 \times 3/12 = \$48000$。计算货币期货合约实际利率的捷径为

开盘期货价格－收盘基差＝实际利率

　　3.90　　－　0.1　＝　3.8

实际的 LIBOR 利率是 3.8％，Rumple 公司以 LIBOR 上浮 1％的利率借款，因此实际借款利率是 3.8％＋1％＝4.8％(答案相同，但更快捷)。

第四节　利率期权

利率期权允许公司限制因不利的利率变动导致的敞口，也可以从有利的利率变动中

第十三章
管理利率风险

获利。

一、什么是利率期权？

关键术语

利率期权赋予期权买方以权利而不是义务，使买方可以在未来到期日按议定的利率（履约利率）来进行交易。在期权到期日，买方必须决定是否履约。

如果市场利率比期权协议中指定的利率要低，那么期权买方（为了借出资金获得利息收入）不希望执行合约。相反地，如果市场利率上升以致在期权到期时高于期权指定的利率，那么为了贷款而持有的期权就不值得履约。

可以从商业银行那里买到量身定制的柜台交易利率期权，其价格、到期期限、计价货币和议定的利率都可以是特定的。期权的成本就是期权费。利率期权的报价比远期利率协议更灵活，也更贵。也可以使用交易所交易的期权，它们具有标准化的数额和期限。

二、交易所交易的期权

交易所交易的期权是利率期货期权，可以给予持有人在期权到期当天或到期之前，按照特定的价格，买入（看涨期权）或卖出（看跌期权）期货合约的权利。理解利率期权定价的最好方法是看价格一览表，如表13-1所示。

表13-1 英国长期国库券期货合约（LIFFE）£100000   (100ths of 1%)

执行价格	看涨期权			看跌期权		
	11月	12月	1月	11月	12月	1月
£113.50	0.87	1.27	1.34	0.29	0.69	1.06
£114.00	0.58	0.99	1.10	0.50	0.91	1.32
£114.50	0.36	0.76	0.88	0.77	1.18	1.60

表13-1表明，投资者为了购买在1月按每100英镑债券支付113.50英镑的价格来买入英镑期货合约的权利，需要支付$1.34/100 \times 100000 = 1340$英镑。

如果在12月份，1月期货报价低于113.50英镑（反映了利率在上升），期权不会被执行。在计算看涨期权的收益时，必须扣除期权费。如果期货价格走高，这可能是因为利率在下降，期权就会被执行。每份合约的盈利＝当前的期货价格－113.50－1.34。

三、交易所交易的看涨或看跌期权

关键术语

看涨期权（call option）是买的权利（按特定利率收入利息）。

看跌期权（put option）是卖的权利（按特定利率支付利息）。

使用交易所利率期权对冲，遵循和交易所交易的货币期权相同的原则。

（1）如果公司需要在将来某个日期对借款对冲（要支付利息），则要买入看跌期权来卖出期货。

(2)如果公司需要在将来某个日期贷出资金对冲(收到利息),则要买入看涨期权来买入期货。

问题

Panda 公司希望在 6 月借入利率固定的 400 万英镑,期限为 9 个月,希望保护自己利率不要高于 6.75%。现在是 5 月 11 日,即期利率是 6%,数据如表所示。

(100%)

实际利率/(%)	看涨期权			看跌期权		
	6月	9月	12月	6月	9月	12月
6.75	0.16	0.03	0.03	0.14	0.92	1.62
6.50	0.05	0.01	0.01	0.28	1.15	1.85
6.25	0.01	0.01	0.01	0.49	1.39	2.10

Panda 公司与银行在 6 月 12 日协商贷款(400 万英镑贷款看跌的利率在整个 9 个月期间都是固定的),并结束对冲。

如果 6 月 12 日的利率价格变动为(a)7.4%,(b)5.1%,对冲收益和实际贷款利率是多少?

答案:

要使用下面的方法(与货币期权类似)。

第一步:建立。

(a)什么合约?   6 月

(b)什么类型?   看跌期权(因为是借款,因此要支付利息)

(c)行权价格   93.25(100−6.75)

(d)合约份数?   400 万英镑/100 万英镑×9/3=12 份合约

(e)期权费 $12 \times \underline{0.0014} \times \dfrac{1000000}{(12/3)} = 4200$ 英镑

(查上面的期权报价表,执行价格 6.75% 的 6 月看跌期权费为 0.14,即 0.14/100=0.0014;计算中的 12/3 是为了转换为 3 个月)

第二步:收盘价   (a)7.4%   (b)5.1%

第三步:收益

期权市场收益	(a)	(b)
有权以 6.75% 支付利率	6.75	6.75
收盘价	7.4	5.1
是否执行?	执行	否
净头寸	£	£
现货(£4m×9/12×5.1%)		153000
期权(£4m×9/12×6.75%)	202500	
期权费	4200	4200
净损益	206700	157200

实际利率	(206700/4000000)×(12/9) =6.89%	(157200/4000000)×(12/9) =5.24%

考点

仔细读题并确定要使用的行权价格。如果利率是3%,则行权价为97.00。

问题

Rumble公司正在考虑使用期权对冲它的400万美元贷款的利率变动。现在是3月1日,LIBOR是3.5%,公司可以以LIBOR+1%的成本借款。如表所示。

执行价格	看涨期权			看跌期权		
	3月	6月	9月	3月	6月	9月
96000	0.120	0.195	0.270	0.020	0.085	0.180
96250	0.015	0.075	0.155	0.165	0.255	0.335
96500	0	0.085	0.085	0.400	0.480	0.555

要求:

假设贷款利率为LIBOR+1%,而LIBOR分别是(a)4%,(b)3%时,说明以3.75%(执行价格为3.75%)进行的期权对冲。

答案:

该方法也是将每一项作‰处理,并在期末转成美元。

建立:

(a)什么合约?　　6月

(b)什么类型?　　看跌期权(要支付借款的利息)

(c)行权价格　　96.250

(d)多少合约?　$\frac{敞口}{合约规模} \times \frac{贷款期限}{合约的时间长度} = \frac{4000000}{1000000} \times \frac{3}{3} = 4$ 份合约

(e)期权费

合约数×期权费×$\frac{合约规模}{12个月 \div 合约时间长度} = 4 \times 0.00255 \times \frac{4000000}{12 \div 3} = 10200$ 美元

收益:

	(a)	(b)
期权市场收益		
以x%支付利息	5%	4%
期权损益		
开仓——看跌	3.75%	3.75%
平仓——将来	4.10%	3.10%
	0.35%	不执行期权
净收益	5%+0.255%−0.35%=4.905%	4%+0.255%=4.255%

转化为美元	$0.04905 \times \$4000000 \times 3/12$ $= \$49050$	$0.04255 \times 4000000 \times 3/12$ $= \$42550$

四、利率上限、下限和上下限

关键术语

利率上限是设定了利率上限的期权。

利率下限是设定了利率下限的期权。

利用"上下限"协议,借款人可以在买入利率上限的同时出售利率下限,这样可以降低公司成本。

可能有各种各样的上限和上下限协议。上下限的成本比单独交易上限协议要低。但是,借款公司放弃了利率变动低于下限时的利益,以此作为降低成本的交换。

问题

假设某公司借款的现行利率是10%,公司财务主管认为利率上升超过12%将会对公司造成巨大的财务困难。主管将如何使用上限和上下限协议?

答案:

公司可以从银行买入一份利率上限。当利率上升超过12%时,银行将对公司进行赔偿。作为与银行协议的一部分,公司同意支付至少9%作为利率下限。银行将因为公司同意下限而付款给公司。换句话说,公司将下限卖给了银行,这部分抵消了上限的成本。如果利率跌到下限以下,银行将会获利。

(一)上限交易

假设你是一个借款者,买入了看跌期权(卖期货的权利)。执行价格是93.00,即利率是7%。

利率上升,则:

(1)如果你付款的利率上升到8%,那么期货价格将下跌到92.00;

(2)你将以92.00的价格买入期货,并按93.00卖掉来执行期权;

(3)通过买入再卖出期货所赚取的收益将被用来抵消你所要支付的8%利率,因此实际利率为7%。

利率下降,则:

(1)如果利率降到6%,你不会履行期权;

(2)因此无需买卖期货,仅仅支付6%的利率。

(二)下限交易

如果你正在投资/贷出资金,为了设立一个下限,你必须买入看涨期权,即买期货的权利。如果执行价格是95.00,即利率是5%。

利率下降,则:

(1)如果你收入的利率下降到4%,期货价格将上涨到96.00;

(2)但是你将以95.00买入期货来执行期权,然后以96.00再卖出;

(3)期货的盈利加上收到的4%利率,则实际利率为5%。

利率上升,则:

(1)如果利率上升到6%,不执行期权;
(2)收到6%的利率。

(三)上下限交易

如果你是一个借款人,上下限交易即你买入看跌期权并卖出看涨期权。假如执行价格是96,即利率是4%。
(1)买入上述的看跌期权;
(2)卖出看涨期权意味着你卖给别人从你手里买入期货的权利。
利率下降,则:
(1)如果利率降至3%,期货价格将涨到97.00;
(2)你将支付3%的利息;
(3)看涨期权的持有人希望执行期权,以96.00买入期货(获得更高的4%利息)。
因此:
(1)必须以97.00的价格买入期货,再按96.00卖给期权持有人,因而出现了损失。
(2)损失加上你要支付的3%利息,则实际净利率为4%;
(3)如果利率进一步降低,你支付的利率降低了,期权的损失变大,净支出恒等于4%的利率。
利率上升,则:
(1)如果利率上升高于4%,期权持有人将不会执行期权;
(2)你将支付超过4%的利息,但是可以用卖期货的盈利来进行抵消,实际利率是4%。

问题

Rumple公司认为利率期权太贵了,因此考虑用上下限来对冲贷款要支付的利率。当3个月的LIBOR分别是(a)4%,(b)3%时,上下限由3.75%的看跌期权和3.5%的看涨期权组成,说明上下限的收益。

答案:

建立:
(a)什么合约?　　　6月
(b)什么类型?　　　上下限(看跌+看涨)
(c)多少合约?　　　4份(和前面一样)
(d)期权费　　　　　0.255%−0.085%

收益:

	(a)	(b)
以 x% 支付利息	5%	4%
期权损益:		
以3.75%的看跌期权	0.35%的盈利	无
以3.75%的看涨期权		0.4%的损失
期权费	0.17%	0.17%
净损益	5%+0.17%−0.35%	4%+0.17%+0.4%
	=4.82%	=4.57%
转化为美元	0.0482×4m×3/12	0.0457×4m×3/12
	=$48200	=$45700

五、OTC 期权

OTC 期权是按照相关方在规模和时间方面的特殊需求而量身定做的。OTC 期权很特殊,因而比交易所期权更贵。因为它们在没有需求时不能被卖出,所以流动性更差。和交易所交易的期权一样,OTC 期权也有利率上限、下限和上下限。

六、期权的优缺点

期权的优点:
(1)上行风险。公司有权不履行期权,因此可以利用下降的利率。
(2)OTC 期权。根据公司的特殊要求量身定做,比交易所期权更灵活,对冲更精确。
(3)交易所期权对于不确定的交易有帮助。例如,你可能并不确定是否真的需要贷款,如果有证据表明期权不需要,则可以卖掉期权。

期权的缺点:
(1)期权费。与其他对冲工具的成本相比,期权费相对更贵。无论利率怎样变动,期权是否履行,都要支付期权费。
(2)上下限。如果公司有利率上下限,会限制公司利用更低的利率来降低利率上限的能力。
(3)到期时间。交易所交易期权的到期时间可能被限制在一年之内。
(4)交易所期权不能完全匹配对冲数量。如果公司购买了交易所期权,然而合约的数额是固定的,可能不能与对冲的数量相匹配。交易所期权合约数额大,也会阻止公司利用交易所期权来对冲小的数额。

第五节 利率互换

关键术语

> 利率互换是一种交易,通过发现不同市场上借款的利率差异,来减少固定或浮动利率贷款的利息成本。

利率互换允许公司利用固定利率债务与浮动利率债务的差异来获利。利率互换有两种:息票互换(coupon swaps,票面利率互换,即固定利率和浮动利率互换),与基差互换(basis swaps,基差互换指以不同参照利率互换利息支付,如美国优惠利率对 LIBOR)。

在息票互换中,支付固定利率利息的一方通过交换获得了浮动利率的支付(改变了任何一种支付)。支付浮动利率的另一方则收到了固定利率。

在基差互换中,在一种浮动利率基础上支付的一方(如 3 个月的 LIBOR 或 6 个月的 CD(大额存单)利率)会交换成在另外一种浮动利率基础上支付(如 6 个月的 LIBOR)。

大多数利率互换是息票互换。

一、安排互换

利率互换是两家公司之间,或一家公司与一家银行相互之间互换利率承诺的协议。

第十三章
管理利率风险

在某种意义上,每一方都模拟另一方的借款,具有下面的效果:

(1)有固定利率债务的公司进行互换,最后可以以浮动利率来支付利息。

(2)有浮动利率债务的公司最后可以支付固定利率的利息。

利率互换,如图 13-1 所示。

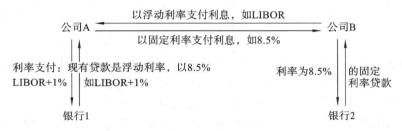

图 13-1 利率互换

在这个例子里,公司 A 使用互换,从以 LIBOR+1% 的浮动利率支付利息的方式,变成了以固定利率 9.5%(8.5%+1%)来支付利息。

互换可以与银行来安排,或是通过银行或其他金融中介找到交易对象。如果借助了银行,则要支付费用。但是比起公司自己去寻找交易对象,银行会更容易找到交易对象。银行也更有途径在多个市场找到更多的交易对象。

议定好了结算利率(通常是当前的市场利率),互换就结束了。

 考点

考试中,对于银行组织的互换,一个有用的方法是假设以 LIBOR 作为浮动利率。

问题

Goodcredit 公司的信用等级高,可以以 11% 的固定利率借款,或以 LIBOR 的浮动利率借款。当时 LIBOR 恰好也等于 11%。公司倾向于以浮动利率借款。

Secondtier 公司是一家信用级别较低的公司,其借款的固定利率成本是 12.5%,浮动利率成本是 LIBOR+0.5%。该公司倾向于以固定利率借款。

答案:

	Goodcredit 公司	Secondtier 公司	合计
公司希望	浮动利率	固定利率	
愿意支付(没有互换时)	(LIBOR)	(12.5%)	(LIBOR+12.5%)
能够支付	(11%)	(LIBOR+0.5%)	(LIBOR+11.5%)
潜在获利 1%			
平均分摊	0.5%	0.5%	
预期的结果	(LIBOR-0.5%)	(12%)	(LIBOR+11.5%)
互换			

支付能够支付的利息	（11%）	（LIBOR＋0.5%）	（LIBOR＋11.5%）
互换浮动利率	（LIBOR）	LIBOR	
互换固定利率（见草稿）	11.5%	（11.5%）	
净支付	（LIBOR－0.5%）	（12%）	（LIBOR＋11.5%）
愿意支付	（LIBOR）	（12.5%）	（LIBOR＋12.5%）
获利	0.5%	0.5%	1%

草稿：

互换的结果就是互换双方平分潜在的收益 1%。例如，Goodcredit 公司为固定利率贷款支付 11%，为互换的浮动利率贷款支付 LIBOR 的利率，它总共支付 LIBOR＋11%，然后通过互换收到固定利率 11.5%，因此，净支出 LIBOR－0.5%。

互换的结果是 Goodcredit 公司最终支付浮动利率的利息，但是比从银行得到的成本更低。Secondtier 公司最终支付固定利率的利息，也比其从投资者或银行得到的成本更低。

二、获利原因

如果双方最后都以此从银行得到更低的利率去支付利息，那么获利从哪儿产生？为了回答这个问题，列出一张两个公司可能从银行得到借款的利率表。

	Goodcredit 公司	Secondtier 公司	差额
能够以固定利率借款	11%	12.5%	1.5%
能够以浮动利率借款	LIBOR	LIBOR＋0.5%	<u>0.5%</u>
两者的差额			1.0%

Goodcredit 公司在两种贷款市场上都比 Secondtier 公司的信用等级高，但其在固定利率市场上具有相对优势。两类市场上 Goodcredit 公司的优势差额为 1%，可能代表着市场的不完美或是其他的原因。无论原因是什么，都表示互换协议能制造出潜在获利。为了获利则需要：

（1）每个公司都必须在它具有相对优势的贷款市场上借款。Goodcredit 公司在借固定利率时有最大优势，Secondtier 公司在借浮动利率时有最小劣势。

（2）各方事实上都想要的是与其相对优势相反类型的利率。Goodcredit 公司想要浮动利率，而 Secondtier 公司想要固定利率。

一旦每个公司确定了目标利率，可以有无限个互换协议，但会产生相同的结果。上面的例子只是其中之一。

问题

上面证明了互换发挥作用的一种方式（固定利率 12% 与浮动利率 LIBOR＋0.5% 的互换）。假如有另外一份互换协议，互换的固定利率是 11%。

	Goodcredit 公司	Secondtier 公司
能够付	（11%）	（LIBOR＋0.5%）
互换浮动利率		
互换固定利率		
净利率成本	（LIBOR－0.5%）	（12%）

答案：

	Goodcredit 公司	Secondtier 公司
能够付	（11%）	（LIBOR＋0.5%）
互换浮动利率	（LIBOR－0.5%）	LIBOR－0.5%
互换固定利率	11%	（11%）
净利率成本	（LIBOR－0.5%）	（12%）

草稿：

互换的结果就是互换双方平分潜在的收益1%。例如，Goodcredit 公司为固定利率贷款支付11%，为互换的浮动利率贷款支付LIBOR－0.5%的利率，它总共支付LIBOR＋10.5%，然后通过互换收到固定利率11%，因此净支出LIBOR－0.5%。

三、利率互换的优缺点

利率互换的优点：

（1）灵活性和成本。利率互换是灵活的，因为可以以任意规模来安排，必要时也可以反过来。交易成本低，没有中介机构时就更低。而且，成本比停止一笔贷款再获得另一笔新贷款的成本要低得多。

（2）信用等级。具有不同信用等级的公司在能给各自提供最好的价钱的市场上借钱，然后利率互换这个好处以减少各自的借款成本。这就是相对优势原则的例子之一。

（3）资本结构。利率互换不需要和贷款人重新协商，通过改变利息承诺的性质就可以重建资本结构。

（4）风险管理。如果利率预期上升时，通过将浮动利率债务换成固定利率债务可以管理利率风险。如果利率预期下降，通过利率互换可以把浮动利率投资换成固定利率投资。

（5）便利性。利率互换相对容易安排。

（6）现金流的预测。如果公司的未来现金流不确定，可以用利率互换来确保它有可预测的固定利率承诺。

利率互换的缺点：

（1）附加风险。利率互换存在交易对手风险。一方可能违约，另一方则有为其承担责任的风险。可以用中介来回避该风险。

（2）利率变动。如果公司获得了浮动利率承诺，则容易遭受利率的不利变动。如果公司获得的是固定利率承诺，则不能从有利的利率变动中获利。

（3）缺乏流动性。利率互换缺乏二级市场，很难清算（平仓）利率互换合约。

考点

要知道不同衍生产品的优缺点——当要求考生在特定场景下进行评论时会有用。

问题

Sealea Muller 公司希望为其在德国的一个投资项目融资，要以浮动利率借入3亿，期限5年。它能获得的最低利率是LIBOR＋0.75%。银行人员寻找到他们的一个客户公司——Overath Maier 公司，有兴趣做互换协议。Overath Maier 公司需要以固定利率计息的 3 亿欧元，其最低的利率是每年 10.5%。但是，该公司也能够以 LIBOR＋1.5% 的浮动利率来借入欧元。

Sealea Muller 公司能以 9% 的年利率发行 5 年期的固定利率债券。银行人员对双方收取每年 0.15% 的互换协议费。要求设计一个互换使双方都能获利。

答案：

	Sealea Muller	Overath Maier	合计
公司想要	浮动利率	固定利率	
愿意支付（没有互换时）	（LIBOR＋0.75%）	（10.5%）	（LIBOR＋11.25%）
能够支付	（9%）	（LIBOR＋1.5%）	（LIBOR＋10.5%）
手续费	（0.15%）	（0.15%）	（0.3%）
潜在收益（愿意支付与能够支付两者之间的差额－手续费）			0.45%
双方平分	0.225%	0.225%	
预期结果（愿意支付＋潜在收益）	（LIBOR＋0.525%）	（10.275%）	（LIBOR＋10.8%）
互换：			
能够支付	（9%）	（LIBOR＋1.5%）	（LIBOR＋10.5%）
互换浮动利率	（LIBOR＋1.5%）	LIBOR＋1.5%	
手续费	（0.15%）	（0.15%）	（0.3%）
净支付	（LIBOR＋0.525%）	（10.275%）	（LIBOR＋10.8%）
愿意支付	（LIBOR＋0.75%）	（10.5%）	（LIBOR＋11.25%）
获利	0.225%	0.225%	0.45%

两个公司各获利 0.225%，互换过程如下：

第一步：Seeler Muller 公司获得了 5 年期固定利率为 9% 的 3 亿欧元贷款。

第二步：Overath Maier 公司获得了浮动利率为 LIBOR＋1.5% 的 3 亿欧元贷款。

第三步：两个公司互换贷款本金。

第四步：互换的结果就是互换双方平分潜在的收益 0.45%。

例如，Seeler Muller 公司为固定利率贷款支付 9%，为互换的浮动利率贷款支付 LIBOR 的利率，并支付 0.15% 的费用，它总共支付 LIBOR＋9.15%，然后通过互换收到固定利率 8.625%，因此净支出 LIBOR＋0.525%。

第五步：第 5 年末贷款本金相互换回，两个公司再偿还各自的初始贷款。

第十四章 财务重组

 本章重难点分析

本章将讨论公司财务重组。当公司陷入困境或者想要转换经营主业时,就会发生财务重组或者和其他公司重组的情况。

在收购与合并中该方面的问题多数是计算(例如,估计管理层收购的融资组合)和叙述(讨论重组计划对各利益集团的利弊)的结合。考生可能会被要求提出一个重组计划以及一些替代计划(例如清算、出售部分公司或全部公司)。

第一节 财务重组计划

当公司陷入困境或者作为提高公司所有者价值的计划的一部分时,会制订财务重组计划。

一、防止业务失败的重组计划

(1)一家虽然不盈利但有着充足现金保持运营的公司,将进入破产清算,因为继续经营是不值得的,不过它可能成为一个成功的收购目标。

(2)一家虽然盈利但用光现金的公司,将会被未被偿付的债权人强制进入破产清算。这些债权人希望得到偿付,并且认为诉诸法律是他们能够获得偿付的最好方法。

不过,一家公司也许会处于破产清算的边缘,但是未来可能有盈利。在这种情况下,公司也许能够吸引新的资本,并且劝说它的债权人接受公司的证券作为支付品,从而能够实现资本重组,以便让公司继续经营。

二、创造价值的重组计划

当公司经营虽然没有陷入困境,但想要为其股东创造价值时,重组计划也会发生。管理层通过提高管理水平来增加企业价值:

(1)通过出售经营状况差的部门来减少成本。

(2)通过收购其他公司来获得收益或者成本经济,从而增加收益或者减少成本。

(3)改善公司的财务结构。

三、重组的类型

根据公司采取何种行动作为其重组计划的一部分,重组策略可以分为三大类:
(1)财务重组(改变企业资本结构)。
(2)资产组合的重组(通过兼并或者分拆,对公司的业务做出补充或者舍弃)。
(3)组织重组(改变企业组织结构)。

第二节 财务重组方式

关键术语

财务重组计划是指公司重组资本结构的计划,包含杠杆收购、杠杆资本重组以及债权股权互换。

管理层希望重组公司财务,可以有许多理由。当企业陷入困境或者将要进行破产清算时,重组计划就可能达成。企业欠下债务,然后债权人同意接受企业的债券(有时也包含股票)作为支付品。另外,为了日后的更好发展,企业也愿意进行一些财务重组。

一、杠杆资本重组

在杠杆资本重组中,企业将其大部分股权替换为债券(包括优先级和次级债券)。杠杆资本重组被企业用来防止被收购,过高的债务会让收购者丧失兴趣,他们不能够用目标公司的资产进行借款来为并购筹集资金。

为了逃避高负债可能带来的财务压力,进行杠杆资本重组的企业应该是相对无负债的,必须有稳定的现金流,并且不需要大量持续的资本性支出来维持其竞争地位。

二、债权股权互换

第二种改变资本的方式是债权股权互换和股权债权互换。在股权债权互换中,所有的特定股东都有权利把他们的股票转化为事先决定好数量的同公司的债券。债权股权互换则反其道而行之:将债券转化为事先决定好数量的股票。互换的价值由当前的市场利率决定,但是管理层通常会提供给参与互换的股票和债券持有者更好的交换价格。在互换发生后,原先的资产类别被新的资产类别所取代。

公司参与债权股权互换的一个可能原因是公司必须满足某些合约的规定,比如,保持债务和资本比例低于一定标准。同时,公司可以通过发行股票来避免支付债务的利息和本金,因为他们认为自己在未来没有能力偿付债务。前面提到的合约限制是由银行等其他借贷机构所施加的结果,或者是公司自我约束的结果,这些在招股说明书上有详细的说明。公司要对一定的估值需求进行自我约束,以此来吸引投资者购买股票。债权股权互换也有可能用来平衡公司的加权平均资本成本。

三、杠杆收购

杠杆收购是一种这样的交易：私人投资者通过债务融资购买整个公司或者公司的一部分。在杠杆收购中，和杠杆资本重组一样的是公司提高了其杠杆比例，而不同于杠杆资本重组的是公司不会进入股票市场。

四、股利政策

公司会改变它的股利政策（少发股利），将其作为财务重组的一部分并且提高了留存收益，从而增加了权益。

第三节 杠杆收购

在杠杆收购中，上市公司被特殊成立的私人公司收购。私人公司通过大量借款为收购融资。

一、私有化的程序

当一个由个体组成的小集团（包括股东、管理者以及或有或无的来自金融机构的支持）购买了上市公司所有的股票时，上市公司实现了私有化。这种重组形式在美国很常见，并且使公司停止在证券交易所上市。

二、杠杆收购的优点

杠杆收购的优点有以下几点。
(1) 节省了满足上市条件所要支付的成本。
(2) 使公司免受股票价格波动的影响。
(3) 使公司不太容易受恶意收购的影响。
(4) 管理者会关注于公司业务长期的表现而不是股东的短期期望。
(5) 在私人公司中，股东更接近管理层，减少了由于所有权和控制权分离所带来的成本（减少了代理问题）。

三、杠杆收购的缺点

杠杆收购的主要缺点是公司丧失了公开交易其股票的能力。如果一只股票不能交易，那么就会丧失一些价值。不过，公司成为私有公司的原因是其作为上市公司会有很多困难（比如监管更严格），并且它的股价也许会比较低。

第十五章 公司重组

本章重难点分析

本章将要讨论公司重组的方法,这些方法包括公司售出、资产分拆、分拆上市和管理层收购。

在收购兼并的问题上,多数问题都会涉及计算(例如,对管理层收购的融资组合的评估)和叙事分析(讨论一个重组计划对各利益方的影响)。考生可能会被要求向董事会提出各项建议(如停业清理、部分出售或整体出售)。

第一节 公司重组的方式

公司重组由业务组合重组和组织重组构成。

公司重组是为了追求长期战略以获得更好的业绩,或者是为了在现有结构和业务有问题的情况下存活下来。公司重组常常是公司治理有极端变化的情况下才会发生的,如收购和破产,但也可以是对产品市场压力和公司内部控制的反映。因为竞争、过度扩张、高成本和过多债务而遭受亏损的公司可以通过减少研发支出、降低负债水平、降低雇佣人数和在企业内部引进变化机制来改善。

本书将公司重组分为财务重组、业务组合重组和组织重组。后两种重组被统称为业务重组。三种重组互相联系,如果想要重组成功,可能三种重组都需要进行。

一、业务组合重组

业务组合重组是公司通过撤资、企业分解、资产分拆或者管理层收购的形式收购或出售资产或业务单元。

业务组合重组涉及一系列一次性的不同的交易,如出售业绩不好的资产、资产分拆和收购,这些对公司财务状况有永久影响。所以,业务组合重组可以视为增加公司业绩的战略的一部分,不仅涉及购买和出售公司,同时还涉及建立业绩监控和评价体系。

二、组织重组

组织重组包括公司结构的改变。例如,部门变化和层级结构变动。

组织重组涉及公司组织的重大改变。公司可能重新划分部门界限，压缩精简层级结构，使程序合理化；可能采用新的公司治理系统；可能减少雇员。

仅仅组织重组一项似乎对公司业绩不会产生很大影响。但与其他重组形式联合，则是提高公司业绩的强有力方法。

第二节 分 拆

分拆是一种业务组合重组战略，涉及处置或出售资产、基础设施、产品线、子公司、分部或产品单元。

分拆可以是公司自愿的，也可能是被迫的。公司可能出于战略、财务或组织方面的原因从其部分业务中自愿撤资。非自愿的分拆可能是出于监管或财务方面的原因。分拆的主要形式有：

（1）撤资（divestments）。
（2）企业分解（demergers）。
（3）出售（sell-offs）。
（4）管理层收购（management buy-outs）。

一、撤资

撤资是部分或完全出售或处置实物和组织资产，关闭机构，减少劳动力以获得资金投入其他战略领域。

在撤资的情况下，公司停止某一特定活动的运营，以便将资金集中在其他的事务上。撤资的基本原理是减少成本或者增加资产回报。撤资与其他的分割方式不同，撤资不需要构造新的公司。

进行撤资的原因多种多样。可能是为了逆转一项不成功的收购，特别是为了实现多样化而发生的收购，也可能是为了应对公司特定单位或生产线出现周期性的衰退。在退出过时的生产线方面，公司撤资是主动性行为，可以重新部署资源到有更高回报率的业务上。

当撤资作为公司改组战略对策的一部分时，从哪个资产撤资和收购哪个资产同样重要。公司必须决定是什么组成了核心业务，下一个增长机会在哪里。增长机会可能通过注重核心业务、自然增长、发展正确的生产线或收购、投资正确的市场来实现。

二、企业分解

企业分解是将一个公司主体分为两个或多个公司主体，以保证股票价格反映潜在业务的真实价值。企业分解是企业合并的反向，是将一个公司主体分为两个或多个独立公司主体。例如，ABC集团公司可能分解成两个独立运作的公司——AB公司和C公司。现有公司股东可以获得每个新公司的股票。企业分解，在严格意义上来说，是为了保证股价反映了潜在业务的真实价值。

(一)公司分解的优点

公司分解的优点有以下几点。

(1)公司分解的最大的优点就是其更高的运作效率和更多实现价值的机会。公司有两个部门,一个部门亏损,另一个部门则高速增长,如果把两个部门分开可能会更好。产生收益的部门可获得的价值远远超过了其对合并公司的贡献。

(2)即使两个部门都是盈利的,分解依然可以产生收益。管理人员可以集中于为每个公司个体创造价值,实现对每个公司最合适的财务结构,得到每个公司的完全价值。

(3)股东将继续拥有两个公司,即多元化投资保持不变。

(4)为了支持新投资和扩张而获得额外资金尤其是债务资金的能力会提升。

(二)公司分解的缺点

公司分解的缺点有以下几点。

(1)分解过程可能成本比较高。

(2)如果被分解的公司之前是按照规模经济形式运作的,那么分解后可能会损失规模经济带来的好处。

(3)分解后的小公司在收入、利润和地位方面都不及分解之前的集团公司。

(4)由(2)可能造成更高的成本收入比。

(5)用于支持新项目的额外融资能力,尤其是举债能力,可能会降低。

(6)被收购的概率增大了。当某公司的大部分被出售时,该公司的风险可能更大。如果一个公司相对价值较低的部分被分解的话,可能导致股东财富的减少。

三、出售

出售是撤资的一种方式,涉及将公司的一部分出售给第三方,通常是另一家公司。交易中多用现金。

(一)出售的原因

(1)作为其战略计划的一部分,公司决定要进行重组,将管理集中于几个特定的业务。如果把次要的业务出售,控制风险问题就可以迎刃而解。

(2)公司希望通过出售亏损的业务,来提高公司的利润。这可能以管理层收购的形式进行。

(3)为了保护剩下的部分不被收购,公司可能选择将对收购者很有吸引力的部分卖掉。

(4)公司可能缺少现金。

(5)营运现金流有很高风险的子公司可能被出售,以减少集团公司的整体风险。

(6)子公司也可能是出于收益的目的被出售。有些公司专门收购集团公司,然后把这个新兼并的公司分割开来出售,通过低买高卖来获得收益。

(二)清算

出售的一个极端例子就是将整个公司进行清算出售。在自愿解散中,股东们可能决定关闭整个公司,出售所有资产,并将净所得分配给股东。

第三节　管理层收购和管理层换购

管理层收购是公司管理层从股东手中购买部分公司或者整个公司。管理层收购是保持与子公司联系的最好方式。

(1)对于管理层来说,这是自己建立公司的方法。

(2)对企业集团来说,管理层收购可以视为撤资。

如果管理团队来自企业之外,就称作管理层换购(MBI)。管理团队由一群在运营特定类型企业方面具有专长的管理人员所组成。他们对在未来如何发展这类企业具有深刻理解。他们会寻求买入当前表现不佳但是具有未来强劲潜力的企业。

有时管理团队会联合公司现有的管理层(MBO)和新的管理人员(具有现在管理层所不具备的特殊技能,例如财务),被称为内外结合的管理层收购(BIMBO)。

一、管理层收购涉及的各方

管理层收购往往涉及三方:

(1)想要收购的管理层队伍。这支队伍应该有能力和技巧来说服其融资者,支持他们的收购行为。

(2)集团公司的董事,是做出撤资决定的人。

(3)收购队伍的出资方。因为他们承担了风险资本的风险,他们往往会希望在购得的公司中占有一定股份。通常,几个出资人共同为一个收购提供风险资本。

进行管理层收购的管理层队伍可能是旨在建立自己的公司,而不是只想做一名普通雇员;或者是在公司即将倒闭时避免被裁员。

二、管理层收购的原因

一个大集团的董事会可能会因为一系列的原因同意子公司的管理层收购。

(1)子公司可能已经处在集团主要业务的外围,不再与集团的整体战略相符。

(2)集团公司可能希望出售一个亏损的公司,而管理层队伍则认为他们可以提升子公司的经营业绩。

(3)母公司可能需要在短时间内筹集资金。

(4)子公司可能是刚被收购的集团公司的一部分,新的母公司想要出售刚获得的公司的一部分。

(5)最好的要约价格可能来自于想要进行管理层收购的管理层队伍。

(6)如果集团公司想要出售子公司,管理层收购可能更能获得管理层和雇员的合作。

(7)比起对外出售,这种安排更快。

(8)比起出售给第三方,母公司更容易与出售给管理层的公司保持利益链。

私人公司的股东可能同意管理层收购是因为他们需要现金,想要退休,或者是公司对他们而言收益不够多。

为了能够说服银行或者其他金融机构帮助他们成功运营公司,管理层应当准备一份商业计划,包括对公司的销售、成本、利润和现金流的估计。

三、风险投资人的作用

以往知识回顾。

风险资本(Venture capital)。

(1)风险资本顾名思义是有风险的资本,通常以股权作为回报。

(2)英国的风投组织有 3i 集团、Equity Capital 和清算银行旗下的各种风投子公司。

(3)风险资本一般用于向初创业或成长期的企业、管理层收购和从单个股东手中购买股份提供融资。

(4)风险资本也可以以风险投资基金的形式投资,把多个投资者提供的资金放在一起,应用于管理层收购和扩张项目。

(5)风险投资人通常要求以公司的股权来作为回报,也可能要求在董事会有代表人来保证其利益。

(6)风险投资人会预先确定撤资的方法,以确保在需要的时候随时能够轻易地变现其投资。

相对而言,风险投资人更倾向于管理层收购、管理层换购和公司扩张项目,因为如果投资新公司,风险投资人的投资风险更大,初期投资会花费更多。在英国投资的资本金额最少为 10 万英镑,平均投资额为 100 万—200 万英镑之间。

如果是为一个已建立的且有良好管理层的公司投资,通常收益率可能也就 25%—30%。这也许可以通过成功的投资获得,但显然也会有很多风险投资是失败的,风险资本的平均收益率为 10%—15%。对于公司现有的管理层和管理层换购来说,风险投资人不一定要提供全部的资金,一项 5000 万英镑的管理层收购可能包括大约 1500 万英镑的风投资金、2000 万英镑的负债和 1500 万英镑的夹层融资。

风险资本资金可能会要求:20%—30%的股权;指派董事的特殊权利;公司在新发行或者收购上要先征求他们的意见。

风险投资人通常会有一个预先决定了的目标退出日期,也就是他们可以将部分或全部投资从公司现有的管理层中收回的日期。在一开始,他们就会设立多种撤资方式,包括:

(1)在股票经历筛选后,在证券交易所将公司的股票出售给公众或者其他机构投资人,或在类似英国的目标市场上出售。

(2)将公司出售给另一家公司。

(3)公司或公司所有人重新购买风投人手中的公司股票。

(4)将风投人的股票出售给例如投资信托类的机构。

四、管理层收购中的融资安排

一般情况下,管理层收购队伍会持有公司的一小部分股票,而各种融资支持者持有公司的大多数股票。一个管理层收购可能有好几个融资支持者,每个支持者都以换得股权为目的提供资金。风险投资人通常希望经理人都承担一定的财务责任,经理人可以以个人名义向银行借款。

权益资金的提供者可能会将他们的部分投资以可赎回的、可转换优先股的形式投资。如果优先股的股利被拖欠的话,那么这些优先股就有投票权,在公司事务上的影响力会越来越大。他们以可赎回的形式发行,为的是当公司发展情况不好时可以抽出部分投资。以可转换的形式发行则是相反的原因:公司经营成功的话可以增加股权。

五、管理层换购

管理层换购是由公司之外的经理人组成的队伍,而不是由公司现有的管理层进行收购并运营公司。管理层换购一般是当公司的运营开始出现问题时,公司之外的一些经理人看到了机会,收购了公司,重塑其盈利能力。另一个原因是,当一个小型家族企业的主要股东想要退休时,就会出现管理层换购。管理层收购和管理层换购的很多特点都一样,包括融资。

当公司现有管理层被更有能力的管理层代替时,管理层换购对公司来说是最好的。然而,外来的经理人可能需要时间适应公司,当想要进行大的改变时也可能会遭到员工的抵制。

第四节 拆分和公司价值

拆分对公司价值的主要影响是通过资产收益率与资产 β 值来反映的。

拆分对公司价值的影响可以通过一个估值模型来估算,这个模型在本书前文中提到过。例如,重构后的增长率可以通过以下模型来计算:

$$g = b \times r_e$$

当公司从现有投资撤资时,会影响其预期资产收益率,好的项目提高资产收益率,而不好的项目则会减少降低资产收益率。

问题

一个多元化经营的石油公司(经营休闲旅游)的风险为 1.3。如果该公司从所有其他方面撤资,只专心经营石油行业,基于对其他有相似财务结构的石油公司的观察,其 β 值是 1.4。如果税率为 25%,产权比率为 0.3,计算在撤资后的公司经营风险。

答案:

公司资产 β 值为

$$\beta_a = \frac{\beta_e}{\left(1 + \frac{D}{E}(1-T)\right)} = \frac{1.4}{1 + 0.3 \times (1-0.25)} = 1.143$$

重组后,公司的资产风险从 1.3 降到了 1.14,也就是说权益的成本更低,所以权益的价值更高。

第十六章
跨国环境下的贸易和规划

 本章重难点分析

这一章关注公司做出财务决策时所面临的国际环境。讨论了国际贸易的各个方面以及对公司的利益和风险。还关注了跨国公司的战略决策,子公司与母公司之间产生的代理问题。

第一节 国际机构

一、世界贸易组织

世界贸易组织(WTO)是一个处理各国之间贸易规则的国际组织。世界贸易组织(简称世贸组织)成立于1995年。世贸组织已经超过100个成员国。其宗旨有:

(1)减少现有的自由贸易壁垒。

(2)消除国际贸易中的歧视,例如关税和补贴。

(3)在采取贸易保护措施之前,帮助各成员国通过贸易协商,来防止滋生贸易保护主义。

(4)作为论坛来协助自由贸易,例如管理协议,帮助各成员国协商并提供解决纠纷的方案。

(5)建立规则和指导方针,使世界贸易更加可预知。

(一)最惠国待遇原则

关键术语

最惠国待遇(MFN):是一项国际经济和贸易关系中的制度,它要求一国在商业、贸易等方面给予另一国的优惠不得少于给予任何第三国的优惠。

世贸组织通过最惠国待遇鼓励自由贸易,当一个国家对另一个国家给予关税减免时,必须对世贸组织的所有成员国提供相同关税减免待遇。

(二)对贸易保护主义措施的影响

尽管世贸组织已经降低了国际贸易保护的程度,但国际贸易仍然存在一些问题:

(1)在特殊情况(例如经济危机)时,允许在一些国家有贸易保护或特殊的低关税。

(2)一个加入世贸组织的国家可能不愿意对某些其他国家减免关税,但是世贸组织规定它必须对世贸组织的其他成员国减免相同的关税。

(3)尽管在降低关税方面取得了很大成功,但世贸组织在处理许多国家的非关税贸易壁垒方面问题的影响力较小。

尽管如此,世贸组织的存在是为了帮助企业进行国际贸易,即使一些企业可能暂时由于失去贸易保护而遭受损失,但企业最终能从更加自由的全球市场中获益。

二、国际货币基金组织

国际货币基金组织(IMF)和世界银行都成立于1944年,它们是作为联合国的重要机构来建立一个稳定的全球经济框架。国际货币基金组织成立的宗旨之一是为暂时存在收支逆差的国家提供融资。世界银行旨在支持经济发展和减少贫困。

(一)国际货币基金组织

世界大多数国家都是国际货币基金组织的成员国。国际货币基金组织作为国际组织的重要之处是监察成员国的贸易情况和货币汇率,以确保全球金融制度的正常运作,以及为暂时存在收支逆差的国家提供融资。

(二)国际货币基金组织和对收支困难国家的金融支持

如果一个国家的贸易账户出现国际收支困难,那么它必须借入资金或使用官方储备来弥补赤字。由于一个国家的官方储备不足以长期支持贸易账户的国际收支逆差,因此,它必须借钱来弥补赤字。

国际货币基金组织可以为成员国提供融资支持。国际货币基金组织的大多数贷款偿还期为3~5年。当然,为了发放贷款,国际货币基金组织必须先有资金。它的资金可以来自成员国的认购或配额。国际货币基金组织使用这些认购,将外币借给向国际货币基金组织寻求帮助的国家。

(三)国际货币基金组织的贷款条件

国际货币基金组织贷款给债务国的前提条件是根据每个国家的情况而有变化的,但一般情况如下:

(1)国际货币基金组织希望债务国能够尽早偿还贷款。为此,债务国必须采取有效的措施来改善国际收支状况。

(2)为了改善债务国的国际收支状况,国际货币基金组织通常会建议债务国采取措施以减少经济中对商品和服务的需求(如增加税收和削减政府开支),这将减少该国对商品的进口。然后该国可以把更多的资源或商品转移到出口市场,以增加出口市场的份额。

(3)伴随上述紧缩措施,债务国人民至少在短期内生活水平将下降,失业率可能会上升。这是债务国要成功地解决其国际收支和国际债务问题必然会遭受的短期困难。

国际货币基金组织对跨国贸易的影响如下：

(1)国际货币基金组织确保了本国货币转换为其他外国货币,保障了国际汇率的相对稳定。

(2)国际货币基金组织使那些难以偿还国际贷款的国家状况保持稳定,促进全球经济的繁荣。

但是,也有专业人士认为国际货币基金组织贷款所附带的严格条款导致债务国的经济停滞。国际货币基金组织强制实行的紧缩政策降低了跨国子公司在该国市场的收入,损害了其盈利能力。高利率会抑制债务国国内消费者对进口的需求,也会减少债务国国内投资,导致失业上升和企业信心的丧失。

三、世界银行

世界银行贷款给有信誉的发展中国家政府用于项目筹资,其政策是刺激经济发展和扶贫。世界银行包含两个机构:国际复兴开发银行(IBRD)和国际开发协会(IDA)。国际复兴开发银行重点关注信誉良好的发展中国家,而国际开发协会特别关注最贫穷的那些国家。两个机构的目的都是为与农业、电力、交通发展相关的项目提供资金,其条件诱人。国际复兴开发银行的贷款通常必须在15年内偿还清,国际开发协会提供的是无息贷款,期限长达40年。

世界银行通过帮助发展中国家的基础设施项目融资,带来了一定程度的金融稳定,也会对跨国企业产生影响。它允许跨国企业直接参与基建项目,为跨国企业在项目建设国家投资创立了平台。

第二节 分红能力

公司的分红能力可以用它的股权自由现金流(FCFE)来测度。

股权自由现金流可以测算在提供了维持现有资产和未来新资产的资本支出以后,从当年的现金流中还有多少可以回报给公司的所有者。理论上全部的股权自由现金流都可以作为股利发放,因为它可以100%用于该目的。但在实践中,只有部分被分给股东作为股利,因为管理层更喜欢平缓的股利模式。

股利不可能小于0,但是股权自由现金流可以为负数。即使利润为正数,但公司如果有大额的营运资本和资本性支出需求时,上述情况就会发生。小的高成长公司至少在早期会经常有负的股权自由现金流,因为它常常有大额的再投资需求。但是,当增长率和资本性支出下降时,股权自由现金流最终将变为正数。

考点

在2007年12月的考试中,一道30分的必做题中有6分考查如何计算一个跨国公司的最大分红能力。2013年6月考试的第4题也考了6分,因海外投资使公司分红能力增长10%,要求考生计算股利增长水平。

了解FCFE等式的各部分如何影响分红能力。

第十六章
跨国环境下的贸易和规划

一个公司的分红能力取决于其税后利润、投资计划和国外股利。

从现金预算理论出发,计算式为:

$$所得资金 = 所用资金$$

$$R_t + FD_t + \Delta S_t + \Delta B_t = OE_t + \text{Int}_t + \text{Div}_t + \text{Taxes}_t + \Delta I_t + \Delta WC_t$$

下标 t 按照时间来表示这些现金流的组成部分,其中:

R——国内企业的营业收入;

FD——国外分公司和子公司的股利;

ΔS——净权益发行额(如新发行的权益减去股票的净回购);

ΔB——净债务发行额(如新贷款减去净还款);

OE——营运成本;

Int——债务的利息,减去任何利息收入;

Div——普通股的股利;

Taxes——总税额;

ΔI——非流动资产的净投资(减去出售的资产);

ΔWC——营运资本的净投资,包括现金和有价证券。

重组上面的等式可以估算出公司可支付的股利,即分红能力(归股东所有,即股权自由现金流):

$$\text{Div}_t = [R_t - OE_t - \text{Int}_t - \text{Taxes}_t] + FD_t - [\Delta I_t + \Delta WC_t] + \Delta B_t + \Delta S_t$$

上式右边分别加上和减去折旧,虽然结果不变,但上面的等式经过重新组合后,就能变成股权自由现金流的计算公式。

$$\begin{aligned}\text{FCFE} &= [R_t - OE_t - \text{Dep}_t - \text{Int}_t - \text{Taxes}_t] + \text{Dep}_t + FD_t - [\Delta I_t + \Delta WC_t] + \Delta B_t + \Delta S_t \\ &= 税后净利润 + 折旧 + 国外股利 - 总净投资 + 净债务发行额 + 净权益发行额\end{aligned}$$

式中,Dep 表示折旧,股权自由现金流(FCFE)代表支付给股东的股利。这通常与给定年份的实际股利不同,因为公司会刻意在一段时期内让股利保持一致。下面我们将仔细分析总净投资、股份回购和国外股利这三个因素。

一、投资计划的影响

总净投资是决定支付给股东多少股利的重要因素。根据优序融资理论,用公司内部资金为投资融资是管理的第一选择,其次是借贷,最后是发行股份。结果就是,快速增长的企业经常伴随的是较少的股利。

二、股份回购的影响

选择回购股份的公司将资金从公司转移到股东。回购资金来源于公司的可分配留存收益。由于发行的股份减少了,股份回购的效果就是增加了每股收益(EPS)。一般来说,声明股份回购后,市场反应良好。其原理就是,当没有投资机会时,公司将富余的资金返还股东好于将资金留在公司。

股份回购作为一种分配方法,在美国比直接发放股利更为常用。因为股份回购是一种更好的税务处理方式,它所缴纳的资本利得税低于支付股利时要缴纳的所得税。

三、来自海外机构的股利

公司可以通过股利遣返的方式给普通股股东支付股利。遣返可以帮助母公司满足融资的需要，因为公司内部遣返的股利越高，给外部股东的股利就越多。当母公司的负债率高但又存在有利可图的国内投资机会时，它就要进一步利用分公司的资源。实际上，股利遣返表明大量的资金流向了美国公司。

遣返股利不仅仅局限于上市公司，未上市的公司也会因为市场施加压力而给股东分配股利。私营企业也极大地依赖其海外分公司为其股利分配提供资金。一般来说，即使股利遣返不能节税，股利遣返也依然存在。

第三节　转移定价

跨国公司设定转移定价不仅是为了收回其提供产品和服务的成本，也是为了达到税负最小化、抵消东道国政策影响等目的。

跨国公司向其子公司提供资本、技术和管理技能，从子公司得到股利、利息支付、使用费和许可证使用费等。同时，大量的产品和服务在公司内部转移。例如，子公司能向母公司提供原材料，而母公司能向子公司提供最终产品。对于公司的内部的交易，母公司和子公司都要收取费用。这种在跨国公司的全资子公司或部分所有的子公司之间所交易的产品、技术和服务的价格就称为转移定价。

关键术语

　　转移定价是指在工序或部门之间，或者在某集团的子公司之间交易产品和服务的价格。

用转移定价收回开支和获得利润是公司的政策之一。转移定价的依据包括：
(1)标准成本。
(2)边际成本：等于边际成本或边际成本加上毛利润。
(3)机会成本。
(4)全部成本：等于全部成本，或者全部成本加一定的价格。
(5)市场价格。
(6)市场价格减去折扣。
(7)协商价格，可以根据以上任一价格。

转移定价可以是边际成本或全部成本。如果没有利润或边际收益，那么它就是边际成本或全部成本加上边际利润。

建立在市场价格上的转移定价可以是以下这些方式：
(1)转移的产品和服务在外部市场售出的实际市场价格。
(2)实际外部市场价格减去产品在公司内部转移所节省成本的数额(如销售成本和坏账)。
(3)在外部市场销售的相似产品的市场价格。
(4)足够给予各方合理利益的价格。

第十六章
跨国环境下的贸易和规划

一、转移价格的优点

(1) 大多数情况下，当转移价格是市场价格时，将会出现内部转移，因为买入的分支机构能得到更好的服务、更高的灵活性，以及供给的独立性。

(2) 双方能从更低的管理、推销和运输成本中获利。

因此，如果把市场价格当作转移价格，那么进行决策时就要考虑怎样才能让整个公司或集团获得最大的利益。

二、转移价格的缺点

(1) 如果市场价格受不良经济环境影响，或者市场价格取决于产品利润提供给外部市场的产出量，那么这个市场价格可能只是暂时的。

(2) 在某些情况下，转移价格将抑制各部门用尽其所有闲置产能。相反，基于增量成本的价格能促使各部门用尽所有闲置资源，以对利润做出边际贡献。

(3) 许多产品没有相应的市场价格，所以需要选择类似产品的价格。在这种情况下，在公开市场上购买或销售的选择就不存在了。

(4) 如果转移的分公司试图对外卖出更多产品，就必须降低出售价格。

(5) 由于节省了销售成本，降低了坏账风险和可能的运输成本，内部转移价格往往比外部买卖更便宜。所以购买的部门希望在外部市场价格基础上享有折扣，它们也会协商出一个折扣价。

问题

假设在 Beeland 的一家跨国公司在 Ceeland 和英国都有分公司。英国的分公司加工机器零件，卖给 Ceeland 的分公司，单价为每件 B\$420。Ceeland 分公司再组装机器零件。英国分公司每件获利 B\$80，每年卖出 200000 件。

Ceeland 分公司继续花在零件上的成本为每件 B\$400，成品的售价为 B\$1050。

国外公司的所有利润都以股利的形式返回母公司。Beeland、Ceeland 和英国之间的双重税收条约允许用国外税负抵消其国内税负。

假设下表分别是三国使用的税率。

	英国	Beeland	Ceeland
所得税税率	25%	35%	40%
代扣的股利所得税率	—	10%	10%

要求：

如果英国分公司和 Ceeland 分公司之间的转移价格上涨 25%，那么对税额有什么影响？

答案：

当前状况如表所示：

(单位:千元)

	英国分公司 B$'000	Ceeland 分公司 B$'000	合计 B$'000
本地公司的收入和税			
销售收入	420×200＝84000	1050×200＝210000	294000
生产成本	(420－80)×200＝(68000)	(420＋400)×200＝(164000)	(232000)
应纳税的利润	16000	46000	62000
税(1)	16000×25％＝(4000)	46000×40％＝(18400)	(22400)
给 Beeland 的股利 (国外利润全以股利形式返回)	12000	27600	39600
代扣的税(2)	0	27600×10％＝2760	2760
Beeland 的收入和税			
股利	12000	27600	39600
加:支付的国外税	4000	18400	22400
应纳税的收入	16000	46000	62000
税(税率35％)	5600	16100	21700
国外税负抵免	(4000)	(16100)*	(20100)
在 Beeland 支付的税(3)	1600	—	1600
总税负(1)＋(2)＋(3)	5600	21160**	26760

注:* 表示在 Ceeland 国可抵税 18400B$,而在 Beeland 国的应纳税额只有 16100B$。
** 表示 18400＋2760＝21160。

英国分公司卖给 Ceeland 分公司的转移价格增加 25％,将产生如下表所示的结果:

	英国分公司 B$'000	Ceeland 分公司 B$'000	合计 B$'000
本地公司的收入和税			
销售收入	84000×(1＋25％)＝105000	210000	315000
生产成本	(68000)	(185000)*	(253000)
应纳税的利润	37000	25000	62000
税(1)	(9250)	(10000)	(19250)
给 Beeland 的股利	27750	15000	42750
代扣的税(2)	0	1500	1500
Beeland 的收入和税			
股利	27750	15000	42750
加:支付的国外税	9250	10000	19250
应纳税的收入	37000	25000	62000

第十六章
跨国环境下的贸易和规划

续表

	英国分公司 B$ '000	Ceeland分公司 B$ '000	合计 B$ '000
应付税金(税率35%)	12950	8750	21700
国外税负抵免	(9250)	(8750)**	(18000)
在Beeland支付的税(3)	3700	—	3700
总税负(1)+(2)+(3)	9250+0+3700=12950	10000+1500+0=11500	24450

注:* 表示[(420×(1+25%)+400]×200=925×200=185000。

** 表示可抵税总额为10000B$,而在Beeland国的应纳税额只有8750B$。

因此,这家公司应支付的总税额减少了B$2310000,实际为B$24450000。

第四节 世界金融市场的发展

一、全球信贷危机

全球信贷危机起源于将债务抵押债券出售给投资人。美国银行将国内次级贷款包装成住房抵押证券,即债务抵押债券(Collateralized Debt Obligation, CDO),然后卖给对冲基金和投资银行,因为买方认为这些债务抵押债券能带来高收益。然而,当这些投资的价值下跌时,投资银行就遭受到巨大损失。

企业受到什么影响呢?当投资银行信心长期低迷时,他们便不再向外发放贷款,就出现了现金流动性问题。银行间的贷款能为银行运转提供资金——没有它,银行就没有足够的资金给企业和个人发放贷款。由于银行贷款放缓,使得企业无法得到投资资金,导致产量下降。当企业削减产量和服务时,工人就会担心失业,因此会减少在非必要物品上的花费。这就使企业进一步减少产出以避免在存货上投入过多资金,工人就可能失业,消费更少,如此循环往复。

二、欧洲主权债务危机

虽然欧洲主权债务危机的产生原因很多,但其根源在于欧洲的单一货币。这意味着其欧洲成员国能够以比原来更低的利率进行借款。比如,因为德国有着良好的信用等级,根据单一货币的经济规则,希腊、葡萄牙、意大利等国的信用等级也得以提高。

部分欧洲国家利用提升的信用来支付不断增加的消费,因此产生了巨额的国际收支赤字。他们基于一定经济增长水平的预期使得其借款不断增加,但是2007年的金融危机使得这一预期破灭。

2010年以后,由于葡萄牙债务等级被降级,当2011年希腊的债务等级被降为"垃圾级"时,欧洲主权债务危机急剧上升。和2011年美国被降级的方式类似,这导致政府借款成本上升。

2012年1月,标准普尔把欧洲金融稳定基金的信用等级从AAA降到了AA+。

(一)紧缩措施

整个欧洲甚至全球已经实施了适当的紧缩政策,以便减少螺旋式上升的债务。

(二)金融危机传染

欧洲主权债务危机是一个典型的金融危机传染的例子。最初问题出在希腊和葡萄牙,当欧洲其他经济体失去信心时,危机就扩散到了整个欧洲。当一个国家遇到财政困难时会减少其进口,那么为其提供进口产品的国家就会相应遭受贸易额的减少。

不仅仅是欧洲遭受痛苦。当欧洲国家的经济增长变缓,紧缩政策开始生效时,世界经济都将受到影响。这导致债务国需要更多的借款来支付相应的支出,从而债务利息支出增加,最终债务评级降低。

(三)对企业的影响

当经济放缓时,出口型企业会遇到困难。由于政府债务评级降低,债务成本增加,政府通常以提升利率的方式将成本转嫁给企业和消费者。因此,有债务负担的企业会发现一方面销售收入在下降,另一方面利息支出也在上升。

为了应对这个问题,企业可能用涨价来抵消部分损失。消费者采取的方式是削减支出或者是减少昂贵必需品及服务方面的花费,他们无法负担更高的价格,只能减少消费。企业销售收入因此进一步减少,陷入了恶性循环,直到企业破产或是信心重新增长。

由主权债务危机引起的货币波动也对企业的业绩产生了重要影响。欧元由于主权债务危机而对美元贬值,因此,欧元区的企业从美国购买货物时支付的价格上升。

三、分组

组(tranche)就是投资人认为某一证券的负债结构内有不同层级的风险,而出资购买的其中一部分证券(通常是债券或其他的与信用有关的证券)。

(一)分组如何起作用

证券化交易的结构(分组)是标准的。在交易中,由抵押品产生的现金流被划分成几层票据,至少三层,可能多于五层(例如 A 级、B 级)。每一级就成为一组,它们在现金流中比其他次级组享有更多的优先权。

所有组一起构成了交易的资本结构或债务结构。它们一般按顺序排序,从最高级到最低级,越高级的组通常信用评级越高。例如,高级组的评级可能是 AAA、AA 或 A,较低级的组的评级可能就是 BB。当债务发行后,评级会浮动——高级组的评级甚至比低级组的级别都低(低于 BBB)。

典型的高级组的投资人有保险公司、养老基金及其他规避风险的投资单位。

低级组由于没有特定的资产作担保,风险更大。通常对冲基金和其他寻找高风险高回报的投资人会购买低级组。

例如,假设你售出了价值 100000000 美元的贷款。你将其分为 5 组,其中第 5 组是低级组,第 1 组是高级组。然后你卖出 20% 的贷款作为第 1 组,再卖出 20% 作为第 2 组,等等。

第十六章
跨国环境下的贸易和规划

(1)贷款的第一年,应偿付 100000 美元,实际偿付 100000 美元。每一组得到 20000 美元。

(2)第二年,应偿付 100000 美元,实际偿付减少了,只有 90000 美元。第 1、2、3、4 组中,每一组都得到 20000 美元,第 5 组承受损失,只得到 10000 美元。

(3)第三年,情况更糟,实际偿付只有 50000 美元。第 1、2 组仍然得到 20000 美元,第 3 组损失一半,得到 10000 美元,第 4、5 组什么也得不到。

(二)分组的好处

分组是分割风险的一个好方法。大家都知道风险投资就是冒险,分组能将风险分割,所以希望安全的人可以购买最上层的组(高级组),得到较少的利润。希望冒险的人可以购买较低层的组(低级组),因为他们冒了很大的风险,所以有可能赚到更多利润。

(三)分组的风险

(1)组别非常复杂,大多数投资人不理解每一组的风险。

(2)组别的划分可能不合适,打包(所有组捆绑在一起)的过程也很有误导性。一些高风险贷款可能被划分成组,比如贷款的 80% 作为绝对安全的投资卖出。投资人无法知道在他们试图得到"高级组"低风险的债券前进行了再分组。

考点

证券化和分组在 2010 年 6 月和 2015 年 12 月的考试中都有涉及,包括信用增强的目的和方法以及对证券化和分组的风险的讨论。

第五节 国际贸易的理论和实践

一、国际贸易理论

国际贸易将劳动分工和专业化的原理延伸到各个国家。国际贸易产生的基础是各个国家用他们的产品交换那些他们不能自己生产的产品。

国际贸易产生的原因有以下几个:
(1)不同的商品在其生产过程中需要不同比例的要素投入。
(2)经济资源在世界各地分布不均。
(3)资源在国家间流动是极其有限的。

因为资源很难在国家之间流动,因此需要这种资源的产品必须流动。贸易的主要原因是不同国家生产不同产品和服务的相对效率存在差异。

二、比较优势法则

比较优势法则的意义是:

(1)各国应该专注于他们生产的产品,即使他们在生产每一种类型产品方面效率(以绝对值的形式表示)较低。各国应该专注于他们具有比较优势的产品(他们在生产时相对更有效率)。

(2)应该允许进行国际贸易,不对进口或出口设任何限制,即应该是自由贸易。

三、国际贸易的优势

比较优势法则是鼓励国际贸易的主要优势。鼓励国际贸易还有其他的优势,具体如下:

(1)一些国家对于其所需的原材料会有剩余,而其他国家则缺乏这些原材料。盈余原材料的国家可以利用其资源优势出口。缺乏原材料的国家要么必须进口,要么接受资源匮乏对经济繁荣和生活水平的限制。

(2)国际贸易增加了世界市场上供应商之间的竞争。激烈的竞争可以减少某一种产品的市场被垄断者控制的可能性。激烈的竞争可以增强企业的竞争力,因此,使其更有效率,也更可能生产出高质量的产品。

(3)国际贸易为企业的出口创造了更大的市场,所以,一些公司可以通过从事出口活动从规模经济中获益。

(4)国际贸易可能有政治优势,因为贸易的发展为更紧密的政治联系提供了基础。

四、贸易协定

贸易保护的原因包括阻止进口廉价商品及其倾销,保护新生产业或夕阳产业。自由贸易会产生更激烈的竞争和更高的效率,并实现更快的全球经济增长。

(一)自由贸易

比如,欧盟是一个成员国之间进行交易的自由贸易区。然而,在实践中,自由贸易存在许多贸易壁垒,因为政府希望保护国内产业免受外国竞争。贸易保护主义实际上是为了阻碍比较优势法则发挥作用。

(二)保护主义措施

1. 关税或进口税

关税或进口税是对进口商品征税。关税的影响是提高本国消费者支付进口商品的价格,而支付给外国生产者的价格不变,甚至更低。差额部分转移到了政府部门。

例如,英国进口了外国的产品,以每单位100英镑的价格购买,这100英镑是付给外国供应商的,并征收20英镑关税,那么英国购买者的全部成本为120英镑,其中20英镑支付给了政府。

从价关税是指根据进口商品的价值按一定比例征收。从量关税是对每单位商品征收固定的税款。

2. 进口配额

进口配额是对允许进口到该国的产品数量的限制。配额对消费者财富的影响和进口关税相类似,但总体影响更加复杂。

(1) 国内外供应商享有更高的价格，而消费者更难购买到。
(2) 国内生产商提供得更多。
(3) 进口数量更少。
(4) 政府不获取任何收入。

对某个特定国家进口的禁令是完全禁止，即实际上是零配额。

3. 隐藏的出口补贴和进口限制

政府对出口的大规模补贴和援助，以及对进口遏制的措施会根据现实情况而定，例如：

(1) 针对出口的措施：出口信贷担保（对海外销售坏账的政府担保）、资金援助（如给飞机或造船业的政府补助），以及通过外交部进行国家援助。
(2) 针对进口的措施：复杂的进口法规和文件，或者进口商品需要特殊的安全标准等。

4. 政府采取措施将货币贬值

如果政府允许其货币贬值，进口产品将变得更加昂贵。尤其是当产品的需求和供给曲线有弹性时，将通过价格机制减少进口。

第六节　信用违约掉期

信用违约掉期（Credit Default Swap，CDS）是一种特定的双方协议，允许将第三方信用风险从一方转移到另一方。

一、信用违约掉期的概念

信用违约掉期和保险政策相似。当两方缔结信用违约掉期协议后，买方同意向卖方支付固定的差价。反过来，卖方同意如果违约，则向买方以票面价值购买特定的金融票据。你可以把这种交易比作购买了保险，比如发生火灾，购买保险的一方将得到被破坏或被损坏物品的金钱补偿。

信用违约掉期的差价就是买方在合同期内必须向卖方支付的年额（类似保险金），用名义金额的一定百分比表示。违约风险越大，差价越高。例如，如果参考实体的信用违约掉期差价是 50 个基点（或 0.5%），那么向银行购买价值 10000000 美元违约风险保护的投资人，每年必须向银行支付 50000 美元。除非信用违约掉期合同到期或参考实体违约，才会停止支付。

然而，与保险不同的是，信用违约掉期是没有监管的。就是说投资人之间可以自由缔结合同或掉期，不需要有人监督交易。

二、信用违约掉期市场

2007 年年底，信用违约掉期市场价值 45 万多亿美元——比美国、日本和欧盟加起来的国内生产总值总量的两倍还多。

当经济形势良好时，信用违约掉期是银行轻松挣钱的一个产品。良好经济形势下，企业鲜有违约，因此，信用违约掉期是筹资和赚取额外资金风险更低的方法。

三、信用违约掉期的用途——投机

信用违约掉期市场从最初的政府债券和公司债务扩展为结构性融资,然后进入二级市场,在这里投机性的投资者买卖这些金融工具,不与标的资产发生任何直接联系。他们的行为几乎就是在赌投资是否会成功。

例如,对冲基金认为 Drury 公司很快会在其 10000000 美元的债务上违约。因此,对冲基金会以 Drury 公司为参考实体,购买价值 10000000 美元的两年期的信用违约掉期违约保护,每年的差价为 500 基点(5%)。

假设一年后 Drury 公司违约了,那么对冲基金向银行支付了 500000 美元,却从银行得到了 10000000 美元(假设回收率为零)。银行将损失 9500000 美元,除非它在发生违约前设法抵消了其所持有的数量。

如果 Drury 公司没有违约,信用违约掉期合同将生效两年,对冲基金将向银行支付 1000000 美元,没有回报。银行盈利 1000000 美元,对冲基金损失同样的数额。

如果对冲基金在一段时间后决定清理债务,以锁定其收益或损失,会怎么样?比如一年后,市场认为 Drury 公司有极大的违约危险,差价从 500 基点增长到 1500 基点。对冲基金可能会以这个高利率向银行出售价值 10000000 美元一年期的违约保护合同。两年后,对冲基金将向银行支付 1000000 美元(2×5%×10000000),但得到 1500000 美元(1×15%×10000000),净利润为 500000 美元(只要 Drury 公司在第二年不违约)。

四、信用违约掉期的用途——对冲

信用违约掉期通常用于管理由于持有债务引起的信用风险(违约风险)。例如,一家公司债券的持有人可以签订信用违约掉期合同来保护买方并对冲风险。如果债券违约了,CDS 合同里的收益将用来补偿该债券的损失。

例如,养老基金持有 Drury 公司一笔五年期价值 10000000 美元的债券。为了避免因 Drury 公司违约造成的损失,养老基金从银行购买了名义金额为 10000000 美元的信用违约掉期。假设信用违约掉期以 300 基点(3%)成交,那么养老基金每年要向银行支付 300000 美元期权费。

如果 Drury 公司在这笔证券上没有违约,养老基金将向银行支付总额 5×300000=1500000 美元,五年结束后从银行收回 10000000 美元。虽然它损失了 1500000 美元,但养老基金避免了债券违约的风险。

如果两年后 Drury 公司违约了,养老基金将停止支付期权费,银行将退回 10000000 美元补偿损失。养老基金的损失就只有向银行支付的期权费而已(2×300000=600000 美元),但如果它没有规避风险的话,它将损失全部 10000000 美元。

教学支持说明

"ACCA全球考试通关中文辅导用书"系华中科技大学出版社重点图书。

为了改善教学效果,提高辅导用书的使用效率,满足ACCA专业授课教师的教学需求和ACCA学员的学习考试需求,"ACCA全球考试通关中文辅导用书"将向使用者(且仅向使用者)免费赠送相关教学考试辅导资料(包括ACCA各课程考试大纲的最新变化、最新考题分析、国际准则最新修订等内容),同时作者通过"ACCA考试通关辅导"QQ群为套书的使用者提供有关考试、教学的答疑服务。烦请授课教师和学员通过电话、邮件或加入"ACCA考试通关辅导"QQ群等方式与我们联系,获取"教学课件资源申请表"文档并认真准确填写发给我们,我们的联系方式如下。

地址:湖北省武汉市东湖高新区华工科技园科技园六路华中科技大学出版社有限责任公司营销中心

邮编:430074

电话:027-81321902

传真:027-81321917

E-mail:yingxiaoke2007@163.com

ACCA考试通关辅导QQ群号:530811244

教学课件资源申请表

填表时间：_____年___月___日

1. 以下内容请教师按实际情况填写，★为必填项。2. 学生根据个人情况如实填写，相关内容可以酌情调整提交

★姓名		★性别	□男 □女	出生年月		★职务	
						★职称	□教授 □副教授 □讲师 □助教

★学校		★院/系	
★教研室		★专业	
★办公电话		家庭电话		★移动电话	
★E-mail （请清晰填写）				★QQ号/ 微信号	
★联系地址				★邮编	

★现在主授课程情况		学生人数	教材所属出版社	教材满意度
课程一				□满意 □一般 □不满意
课程二				□满意 □一般 □不满意
课程三				□满意 □一般 □不满意
其他				□满意 □一般 □不满意

教 材 出 版 信 息						
方向一		□准备写	□写作中	□已成稿	□已出版待修订	□有讲义
方向二		□准备写	□写作中	□已成稿	□已出版待修订	□有讲义
方向三		□准备写	□写作中	□已成稿	□已出版待修订	□有讲义

请教师认真填写表格下列内容，提供索取课件配套教材的相关信息，我社根据每位教师/学生填表信息的完整性、授课情况与索取课件的相关性，以及教材使用的情况赠送教材的配套课件及相关教学资源

ISBN（书号）	书名	作者	索取课件简要说明	学生人数 （如选作教材）
			□教学　□参考	
			□教学　□参考	

★您对与课件配套的纸质教材的意见和建议，希望提供哪些配套教学资源：